AF567279

ro
ro
ro

rororo

Jens Mühling, geboren 1976 in Siegen, lebt seit 1997 in Berlin und hat dort in chronologischer Reihenfolge in den Ortsteilen Kreuzberg, Neukölln, Friedrichshain, Prenzlauer Berg und Schöneberg gewohnt. Er war mehr als zehn Jahre lang Redakteur des Berliner Tagesspiegels und hat drei Reportagebücher über Osteuropa geschrieben: «Mein russisches Abenteuer», «Schwarze Erde – Eine Reise durch die Ukraine» und «Schwere See – Eine Reise um das Schwarze Meer». Inzwischen pendelt er zwischen Berlin (Ortsteil Kreuzberg) und Shanghai (Ortsteil Xuhui).

JENS MÜHLING

BERLIN

SPAZIERGÄNGE DURCH ALLE 97 ORTSTEILE

Rowohlt Taschenbuch Verlag

5., aktualisierte und erweiterte Auflage,
September 2023

Originalausgabe
Veröffentlicht im Rowohlt Taschenbuch Verlag,
Hamburg, Dezember 2019
Copyright © 2019 by Rowohlt Verlag GmbH, Hamburg
Covergestaltung zero-media.net, München
Coverabbildung Alexander S. Heitkamp | www.buchstabenorte.de
Satz aus der Minion, InDesign,
bei Pinkuin Satz und Datentechnik, Berlin
Druck und Bindung GGP Media GmbH, Pößneck
ISBN 978-3-499-00058-4

Die Rowohlt Verlage haben sich zu einer nachhaltigen Buchproduktion verpflichtet. Gemeinsam mit unseren Partnern und Lieferanten setzen wir uns für eine klimaneutrale Buchproduktion ein, die den Erwerb von Klimazertifikaten zur Kompensation des CO_2-Ausstoßes einschließt.
www.klimaneutralerverlag.de

INHALT

BEZIRK NEUKÖLLN

BEZIRK PANKOW

BEZIRK REINICKENDORF

BEZIRK SPANDAU

BEZIRK STEGLITZ-ZEHLENDORF

BEZIRK TEMPELHOF-SCHÖNEBERG

BEZIRK TREPTOW-KÖPENICK

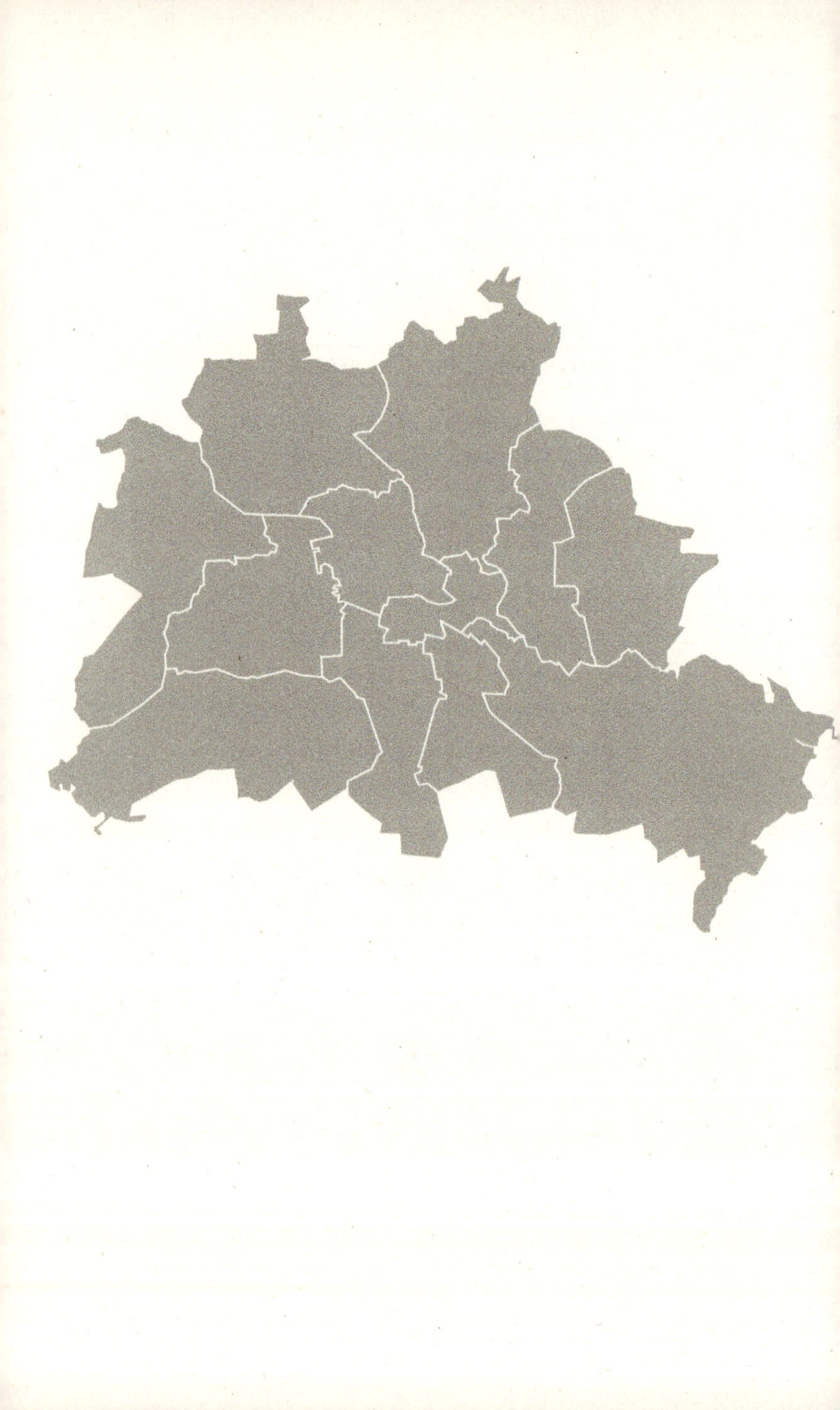

BERLIN

Fläche: 890,7 km²
Einwohner: 3 850 809
Davon weiblich: 50,6 %
männlich: 49,4 %
ohne Migrationshintergrund: 61,4 %
mit Migrationshintergrund: 38,6
ledig: 52,8 %
verheiratet: 33,2 %
verwitwet: 5,1 %
geschieden: 8,5 %
in Lebenspartnerschaft: 0,4 %
Bevölkerungsdichte: 4323 Einwohner / km²
Durchschnittsalter: 42,7
Beliebteste Babynamen: Emilia (Mädchen), Adam (Jungen)

VORWORT

An einem heißen Sommertag stieg ich in die S1, ließ das Stadtzentrum hinter mir und sah zu, wie Berlin ausdünnte. Südwestwärts drückte der Himmel die Häuser zu Boden – der blaue Streifen hinter den Zugfenstern wurde breiter, der graue schmaler. Als beide von der grünen Uferbewaldung des Schlachtensees abgelöst wurden, stieg ich aus.

Der S-Bahnhof Schlachtensee lag damals noch genau an der Grenze zwischen Zehlendorf und Nikolassee, zweien der insgesamt 96 Ortsteile, aus denen Berlin zu jenem Zeitpunkt bestand. Die drei Herren, die mich vor dem Bahnhofsgebäude in Empfang nahmen, sahen das allerdings anders.

«Willkommen in Schlachtensee», rief ihr Wortführer. «Willkommen in Berlins siebenundneunzigstem Ortsteil!»

Triumphierend grinsten die drei. So, dachte ich, sehen also Berliner Separatisten aus.

Die Begegnung war keine zufällige. Sie hatte mit einer Kolumne zu tun, die ich damals für den «Tagesspiegel» schrieb. Jede Woche porträtierte ich einen der Berliner Ortsteile. In mehr oder weniger zufälliger, nämlich alphabetischer Reihenfolge reiste ich kreuz und quer durch die ganze Stadt, um Berlins kleinste Verwaltungseinheiten abzuklappern. Etwa drei Viertel dieser Kiezwanderungen lagen zu jenem Zeitpunkt hinter mir – gerade eine Woche zuvor war ich in Rummelsburg gewesen (Ortsteil Nr. 74), als Nächstes hätte auf meiner alphabetischen Liste statt Schlachtensee eigentlich Schmargendorf gestanden (Nr. 75).

Wäre da nicht dieser Leserbrief gewesen. Er hatte mich ein paar Wochen zuvor erreicht, als ich gerade über Nikolassee geschrieben hatte, jenen Ortsteil, dem gemeinhin die westlichen

Hälften des Schlachtensees und der gleichnamigen Villenkolonie zugerechnet wurden, während ihre Osthälften zu Zehlendorf gehörten. Das aber, erklärte mir der empörte Leserbriefschreiber, sei eine große stadthistorische Ungerechtigkeit. Das komplette Gewässer und die gesamte Villenkolonie seien vielmehr Teil eines unterdrückten, weil offiziell nicht anerkannten Ortsteils namens Schlachtensee, für dessen Unabhängigkeit er seit geraumer Zeit mit einer Bürgerinitiative kämpfe.

Ein paar Wochen später stand der Leserbriefschreiber dann also vor mir: Dirk Jordan, der Simón Bolívar des Berliner Südwestens. Begleitet von zwei Mitstreitern führte er mich durch den Möchtegernortsteil Schlachtensee – vorbei am S-Bahnhof («älter als der von Nikolassee!»), der Villenkolonie («früher gegründet!»), dem Marktplatz («besserer Fisch!») und der berühmten Bankfiliale, die 1995 durch einen selbst gegrabenen, 20 Meter langen Tunnel ausgeraubt wurde («selbst unsere Diebe sind cleverer!»). Die Komparative prasselten nur so auf mich ein – in allen Punkten triumphierte Schlachtensee über die beiden Nachbarortsteile, aus deren gewaltsamer Umklammerung der Kiez endlich befreit werden musste.

Während ich stumm den kämpferischen Ausführungen der drei Ortsteildissidenten zuhörte, ging mir der eine oder andere Gedanke durch den Kopf, der mich bei meinen Berlin-Spaziergängen in den zurückliegenden anderthalb Jahren immer mal wieder beschäftigt hatte.

Begonnen hatte das ganze Projekt mit dem Gefühl, dass ich die Stadt nach rund 20 Jahren als Berliner und rund 15 Jahren als Berliner Journalist zwar in Teilen sehr genau, aber insgesamt nur sehr ausschnittsweise kannte. Wie ich in Gesprächen mit Freunden und Kollegen bald feststellte, war ich mit diesem Gefühl nicht alleine – selbst Menschen, die deutlich länger als ich oder sogar schon immer in Berlin gelebt hatten, bewegten sich in der Regel zwischen ihren Wohngegenden und den immer gleichen

Zentralbezirken hin und her, während sie von den übrigen Ecken der Stadt, vor allem von den entlegeneren, nur unklare Vorstellungen hatten.

Als ich durchzählte, in wie viele der damals 96 Berliner Ortsteile ich schon einmal einen Fuß gesetzt hatte, kam ich auf 41. Nicht einmal die Hälfte also, und selbst darunter waren noch einige, von denen ich nicht viel mehr als einen U-Bahnhof, eine Einkaufsstraße, ein Uni-Institut, den Ort eines journalistischen Termins oder die Wohnung eines Freundes kannte.

Dabei war ich so oft in all den Berliner Jahren morgens mit dem Gedanken aufgewacht: Du müsstest mal irgendwo hinfahren, wo du noch nie warst. Irgendwohin, wo du auch ohne guten Grund nie landen würdest, in eine der vielen kleinen unbekannten Ecken, aus denen diese große Stadt besteht. Wenn ich dann abends einschlief, hatte ich den Tag meist aber doch wieder nur in jenen altbekannten Innenstadtteilen verbracht, aus denen man ohne guten Grund schwer rauskommt, weshalb sich selbst die größten Städte oft verblüffend klein anfühlen.

Und so keimte langsam eine Idee in mir: ganz Berlin abwandern – Ortsteil für Ortsteil. Nicht lange überlegen, keinen Grund suchen, einfach blind hinfahren und loslaufen. Stromern, stöbern, Leute anquatschen, Abenteuer erleben. Die toten Winkel und blinden Flecken meines inneren Stadtplans mit städtischem Leben füllen, alle Puzzlestücke entdecken, aus denen Berlin zusammengesetzt ist, um am Ende das ganze Bild sehen zu können.

Ziemlich genau zwei Jahre habe ich mit diesen Wanderungen insgesamt verbracht. Von A bis Z, von Adlershof bis Zehlendorf bin ich durch die Stadt gereist, um in jedem Ortsteil einen Tag lang mein Berlin-Bild mit der Wirklichkeit abzugleichen. Nicht immer, aber verblüffend oft fühlten sich diese Touren tatsächlich wie Reisen durch eine fremde Stadt an – inklusive des Gefühls, plötzlich Dinge zu bemerken, die einem sonst nie auffallen würden, weil man in der Fremde die Augen instinktiv ein Stück weiter aufreißt als daheim.

Ich müsste lügen, wenn ich behaupten wollte, dass Berlin überall schön ist. Oder auch nur, dass die Stadt überall interessant ist. In weiten Teilen besteht sie aus drögen Einfamilienhausvierteln, tristen Betonblocksiedlungen, gesichtslosen Einkaufsstraßen und grauen Industriegebieten, aus austauschbaren Gartencentern, Parkplatzwüsten und Autobahnknoten. Ich habe viel Zeit damit verbracht, die Ödnis solcher Ecken auszukosten. Ich bin endlose Fernstraßen entlanggelaufen, die zum Entlanglaufen nicht gemacht sind. Ich habe Gespräche gesucht, wo mich hinter Vorgartenzäunen nur Hunde anbellten. Ich bin im Osten wie im Westen Berlins an der überwiegenden Hässlichkeit der Nachkriegsarchitektur verzweifelt. Ich habe mich von den Busfahrern der entlegensten Linien anschnauzen lassen. Ich habe sehr viele schlechte Currywürste gegessen.

Trotzdem gab es keine Kieztour, die nicht auf ihre Weise bereichernd gewesen wäre, weil sie mir eine Ecke der Stadt erschloss, von der ich vorher wenig bis gar keine Ahnung hatte. Neben unzähligen lokalen Entdeckungen, um die es auf den folgenden Seiten gehen wird, verdanke ich diesen Ortsteilwanderungen auch ein paar allgemeinere Erkenntnisse über Berlin. Etwa, dass es in kaum einer anderen Stadt so viele Friseure mit Kalauer-Namen geben dürfte (mein Favorit: «Mata Haari» in Friedenau). Oder, dass in Berlins zentralen Bezirken zwar die typischen fünfstöckigen Mietshäuser dominieren, gleichzeitig aber ein überraschend großer, wenn nicht gar der größere Teil der Stadtfläche mit Einfamilienhäusern bebaut ist, deren Bewohner im öffentlichen Stadtgeschehen unproportional wenig von sich reden machen. Dass die Nachkriegsarchitektur im Osten der Stadt auf eine andere Art hässlich ist als die im Westen, und dass dieser Unterschied kein zufälliger ist. Dass in Hermsdorf die Hunde anders bellen und die Busfahrer anders schnauzen als in Heinersdorf, und dass hier wie dort nur selten einer von ihnen beißt. Dass einem das immense Wohlstandsgefälle innerhalb dieser Stadt erst so richtig bewusst wird, wenn man einmal mitgehört hat, worum sich die Mittagsgespräche im Altglienicker Kosmosviertel und am Zeltinger Platz in Frohnau drehen. Nicht zuletzt, dass es in Berlin neben vielen schlechten Currywürsten auch ein paar ziemlich gute gibt – wo genau, steht in den Ortsteilporträts auf den folgenden Seiten, wo sich auch die kalauerigsten Berliner Friseurnamen finden.

Erwandert habe ich mir außerdem Antworten auf die Frage, was Berlins Unterteilung in Ortsteile eigentlich bedeutet. Die Stadt erlebte ihre letzte maßgebliche Ausdehnung im Jahr 1920, als die alten preußischen Gemeindegrenzen ruckartig auf Metropolenformat erweitert wurden. Das so entstandene «Groß-Berlin» war mit 878 Quadratkilometern Fläche und 3,8 Millionen Einwohnern auf einen Schlag die flächenmäßig zweitgrößte (nach Los Angeles) und der Bevölkerung nach drittgrößte Stadt der Welt (nach London und New York). Seitdem haben sich die äußeren Stadtgrenzen nur noch unwesentlich verschoben – bis heute hat Berlin ziemlich genau die Silhouette von 1920, die mit etwas Phantasie an ein Kotelett erinnert.

Berlins innere Grenzen dagegen blieben nach 1920 in ständiger Bewegung. Zahllose Gebiets- und Bezirksreformen – erst in der Weimarer Republik, dann im Dritten Reich, später in den geteilten Stadthälften der Mauerära sowie zuletzt mehrfach nach der Wiedervereinigung – haben die Anzahl und Dimensionen der Berliner Ortsteile stetig verändert. Das Ergebnis dieser jahrzehntelangen Grenzverschiebungen ist eine nicht immer ganz logische Stadtstruktur, deren Unstimmigkeiten mir bei meinen Wanderungen auf Schritt und Tritt begegneten. Der Halensee etwa liegt aus unerfindlichen Gründen nicht im gleichnamigen Ortsteil Halensee, sondern im Nachbarortsteil Grunewald. Der Wasserturm Hermsdorf findet sich in Frohnau, das Hundeauslaufgebiet Frohnau dagegen in Hermsdorf. Der Zentralfriedhof Friedrichsfelde ist im benachbarten Lichtenberg angesiedelt, der Bahnhof Lichtenberg in Rummelsburg, der Flugplatz Gatow in Kladow, die S-Bahnhöfe Wartenberg und Friedenau liegen in Neu-Hohenschönhausen beziehungsweise in Schöneberg.

Erkennbar decken sich die heutigen Grenzen der Ortsteile also nicht immer mit den historisch gewachsenen Stadtbereichen, deren Namen sie tragen. Konsequenzen hat das keine, da die Ortsteile verwaltungstechnisch ohnehin kaum von Bedeutung sind – die politische Gestaltungsmacht liegt bei den übergeordneten zwölf Bezirken, die anders als ihre 97 Untereinheiten eigene Rathäuser, Bürgermeister und Volksvertretungen haben. Die Ortsteile dagegen sind mehr oder weniger symbolische Einheiten. Sie sind weder mit den Wahlbezirken identisch noch mit den Postleitzahlbereichen, den Kirchgemeinden oder den Planungsräumen der Berliner Statistiker. In vielen Fällen sind sie nicht einmal deckungsgleich mit dem, was die Berliner als Anfang und Ende ihres jeweiligen Kiezes wahrnehmen – viele, die im Südwestteil von Schöneberg leben, halten sich für Friedenauer, viele Gesundbrunnener nennen sich Weddinger, für viele Rummelsburger ist der Kaskelkiez eine wichtigere Bezugsgröße als der übergeordnete Ortsteil, in dem ihr Kiez liegt.

Ihren Sinn haben die Ortsteile trotzdem, denn in der Regel sind sie in Berlin die kleinste Messeinheit der Selbst- und Fremdverortung. Sie sind die städtischen Schubladen, in die man sich und andere steckt, um miteinander über Berlin reden zu können, sie sind die simple Antwort auf die Frage: Und wo wohnst du so? Man könnte auch sagen: Sie sind Heimat. Genau das macht sie so wichtig für Lokalpatrioten wie die Separatisten von Schlachtensee.

Deren Unabhängigkeitskampf war inzwischen übrigens von Erfolg gekrönt. Knapp zwei Jahre nach meiner Begegnung mit Dirk Jordan und seinem Dissidententrupp wurde Schlachtensee von offizieller Seite in den Rang des 97. Berliner Ortsteils erhoben. Geändert hat sich dadurch für die Schlachtenseer wenig. Außer natürlich, dass ihnen in diesem Buch nun ein eigenes Kapitel gewidmet ist.

Ich erinnere mich gut an das Ende meiner Wanderungen. Angekommen beim Buchstaben Z, stand ich an einem nasskalten Januartag in Zehlendorf vor den nachgebauten Mittelalterhütten des Museumsdorfs Düppel. So also, dachte ich, während der Winterregen von den reetgedeckten Dächern troff, sah es in Berlin aus, als alles anfing: als sich im Spreeraum des 12. und 13. Jahrhunderts jene Siedler niederließen, aus deren Dörfern unsere Stadt wurde. Und wie im Zeitraffer spielte sich vor meinem inneren Auge ab, wie es weitergegangen war: wie die Stadt aus ihrer historischen Mitte am Spreeufer herausgewachsen und stetig größer geworden war, wie sie ein Dorf nach dem anderen verschlungen und überwuchert, wie sie ihr Umland allmählich erobert und gefressen hatte, bis sie am Ende aus jenen 97 Ortsteilen bestand, die mir nun in den Knochen steckten.

BEZIRK

CHARLOTTENBURG-WILMERSDORF

Fläche: 64,7 km² (entspricht 7,3 % der Berliner Gesamtfläche)
Einwohner: 341 155 (entspricht 8,9 % der Berliner Gesamtbevölkerung)
Davon weiblich: 51,9 % (Berlin gesamt: 50,6 %)
männlich: 48,1 % (Berlin gesamt: 49,4 %)
ohne Migrationshintergrund: 55,4 % (Berlin gesamt: 61,4 %)
mit Migrationshintergrund: 44,6 % (Berlin gesamt: 38,6 %)
ledig: 50,4 % (Berlin gesamt: 52,8 %)
verheiratet: 34,0 % (Berlin gesamt: 33,2 %)
verwitwet: 5,3 % (Berlin gesamt: 5,1 %)
geschieden: 9,7 % (Berlin gesamt: 8,5 %)
in Lebenspartnerschaft: 0,5 % (Berlin gesamt: 0,4 %)
Bevölkerungsdichte: 5 275 Einwohner / km² (Berlin gesamt: 4 323)
Durchschnittsalter: 45,2 (Berlin gesamt: 42,7)
Beliebteste Babynamen: Emilia (Mädchen), Noah (Jungen)

* * *

Charlottenburg-Wilmersdorfs gefühlte Mitte liegt da, wo die beiden namensgebenden Ortsteile des Bezirks aneinandergrenzen: rund um den Kurfürstendamm. Die alte Flanier- und Amüsiermeile war zu Mauerzeiten so etwas wie das Filetstück der westlichen Stadthälfte. Seitdem ist viel passiert – und nicht alles davon hat die innerstädtische Strahlkraft der sogenannten City West gemehrt. Dass etwa der Bahnhof Zoo nach dem Mauerfall zum Regionalbahnhof ohne ICE-Anbindung degradiert wurde, schmerzt eingefleischte West-Berliner bis heute. Doch obwohl die Ku'damm-Gegend im wiedervereinigten Berlin heute eher die zweite Geige spielt (böse Zungen würden sogar von der Bratsche sprechen), zählt sie nach wie vor zu den zentralen Geschäfts- und Ausgehvierteln der Stadt. Manche munkeln gar, sie werde gerade wieder hip. Und für die Charlottenburg-Wilmersdorfer bleibt sie eh der Nabel Berlins.

Die überregional bekannten Attraktionen des Bezirks liegen überwiegend im Ortsteil **Charlottenburg**: das gleichnamige Schloss, der Bahnhof Zoo, Museen, Galerien und Theater sowie der größte Teil des Ku'damms und die mit Abstand luxuriösesten Einkaufsmöglichkeiten der Stadt. Südlich des Ku'damms schließen die immer noch wohlhabenden, aber erheblich weniger glamourösen Wohnviertel **Wilmersdorf** und **Halensee** an, noch weiter Richtung Süden – und Richtung konservativ-bürgerlich – folgt **Schmargendorf**.

Weniger urban, dafür umso exklusiver sind die westlichen Villenviertel **Grunewald** und **Westend**. So etwas wie die Schmuddelecke des ansonsten gutsituierten Bezirks ist der Ortsteil **Charlottenburg-Nord**, dessen charakteristische Sozialbauten viele Berliner nur deshalb kennen, weil am U-Bahnhof Jakob-Kaiser-Platz einst die Zubringerbusse zum inzwischen geschlossenen Flughafen Tegel abfuhren.

CHARLOTTENBURG

Wo die Euros locker sitzen

Charlottenburg: ein derart weitläufiger, einwohnerreicher, geschichtsträchtiger und mit Touristenattraktionen gesegneter Ortsteil, dass es fast aussichtslos ist, ihm in diesem Rahmen gerecht zu werden. Von vornherein ließ ich deshalb bei meinem Besuch alle Sehenswürdigkeiten links liegen – und ging shoppen. Ich wollte mich auf das beschränken, was in dieser Stadt wirklich nur im luxusverliebten Charlottenburg geht: sinnlos Geld verprassen.

Staunend zog ich also durch die Edelläden rund um den Ku'damm und stellte mir vor, wie es wäre, nur das Teuerste vom Teuersten einzukaufen. Unter dem Vorwand, ein Hochzeitsgeschenk zu suchen, ließ ich mir im Showroom der Königlichen Porzellan-Manufaktur ein sechsteiliges Bauhaus-Kaffeeservice für 3124 Euro vorführen – und lehnte pikiert ab, als der Verkäufer mir das Zuckerdöschen gratis dazugeben wollte. Bei einem Innenausstatter in der Kantstraße erstand ich in Gedanken zwei Sofakissen für 255 Euro das Stück, bei einem Antiquar in der Fasanenstraße einen Russland-Baedeker von 1888 für 450 Euro, in der Havanna-Bar ein paar Häuserblöcke weiter eine Zehnerbox Cohibas für 410 Euro. Weil ich irgendwann nur noch auf die Preisschilder in den Auslagen achtete, fuhr mir am Savignyplatz fast ein Porsche Cayenne über die Füße. «Was kostet die Karre?», brüllte ich durchs offene Seitenfenster. Die sonnenbebrillte Fahrerin ignorierte mich.

Etwas Überwindung kostete es mich, den Schönheitssalon in der Grolmanstraße zu betreten, der im Schaufenster mit «Brustvergrößerungen für 24 Stunden» wirbt. Ließen sich hier, fragte ich mich, Charlottenburgerinnen für ihre Milliardärs-Dates aufpimpen? Unter dem durchsichtigen Vorwand, eine interessierte

Freundin zu vertreten, sprach ich klopfenden Herzens eine der märchenhaft hübschen Mitarbeiterinnen an. Die Behandlung, erfuhr ich, kostete satte 1000 Euro. «Kochsalzlösung», erklärte mir die Brustexpertin. «Ist nach 24 Stunden komplett verstoffwechselt. Die pullern Sie einfach wieder aus.»

Obwohl ich so kompetent wie möglich nickte, schien die Dame zu ahnen, dass ich nichts begriff. Es gehe hier nicht darum, sich auf ein besonderes Abend-Event vorzubereiten, erläuterte sie mir. «Das würde auch gar nicht funktionieren – die Lösung läuft aus den Einstichlöchern raus, damit machen Sie niemanden glücklich.» Vielmehr sei die Behandlung als optischer und psychischer Testlauf für eine dauerhafte Brustvergrößerung gedacht. «Wenn sich Ihre Freundin danach für eine Operation entscheidet, rechnen wir ihr die 1000 Euro natürlich auf den Preis an.» Ich versprach, meiner Freundin gut zuzureden.

Manche Preise wirkten rätselhaft. Bei einem Herrenausstatter in der Fasanenstraße kostete ein Polohemd ohne besondere Merkmale schwindelerregende 598 Euro. Vergleichsweise billig kamen mir dagegen die Austern in einer Ku'damm-Brasserie vor: Drei Stück nur zwölf Euro? Charlottenburg, you can do better!

Dann sah ich ihn. Er lief die Knesebeckstraße entlang, ein Mann um die 60, gekleidet mit müheloser Eleganz, umweht von unaufdringlichem Wohlstand, ein besserer Charlottenburger, als ich es je sein würde. «Entschuldigung», rief ich atemlos, «wo kaufen Sie Ihre Klamotten ein?» Der Mann zog amüsiert eine Augenbraue hoch. «So was kriegen Sie in dieser Gegend nicht», sagte er. «Da müssen Sie schon nach Paris.»

***

Gefühlte Mitte: Savignyplatz

Sektorenzugehörigkeit bis zur Wiedervereinigung: Britisch (West-Berlin)

Fläche: 10,6 km² (Platz 30 von 97)

Einwohner: 128 791 (Platz 5 von 97)

Bevölkerungsdichte: 12 159 Einwohner/km² (Berlin gesamt: 4323 Einwohner/km²)

Durchschnittsalter: 43,8 (Berlin gesamt: 42,7)

Verkehrsanbindung: Fern- und Regionalbahn (Bahnhöfe Charlottenburg, Jungfernheide und Zoo), S-Bahn (Linien S3, S5, S7, S9, S41, S42, S46), U-Bahn (Linien U1, U2, U3, U7, U9), Bus (diverse Linien)

Leute: Sophie Charlotte (Ortsteilnamensgeberin, Schlossherrin, Gattin von Friedrich I.), Rolf Eden (Playboy, bis 2002 Eigner der Ku'damm-Disco «Big Eden»)

Sehenswürdigkeiten: Schloss Charlottenburg (barocke Sommerresidenz von Sophie Charlotte, gebaut Anfang des 18. Jahrhunderts, Spandauer Damm 20–24), Kaiser-Wilhelm-Gedächtniskirche (neoromanischer Sakralbau mit Mosaikdarstellungen der Hohenzollerndynastie, gebaut 1895, zerbombt 1943, heute Ruine und Weltkriegsmahnmal, Breitscheidplatz), Jüdisches Gemeindehaus (Gemeindezentrum von 1959, Baudenkmal der Nachkriegsmoderne, Fasanenstr. 79–80), Europa-Center (Geschäfts- und Bürozentrum von 1965, West-Berliner Architekturwahrzeichen, Tauentzienstr. 9–12), Bikini-Haus (Einkaufszentrum von 1957, modernisiert 2013, Budapester Str. 38–50), Ludwig-Erhard-Haus (Wirtschaftszentrum, gebaut 1998, Fasanenstr. 85), Technische Universität (Straße des 17. Juni 135), Universität der Künste (Kunsthochschule, Hardenbergstr. 33), Villa Grisebach (Auktionshaus, Fasanenstr. 25)

Theater: Deutsche Oper (Opernhaus, Bismarckstr. 35), Theater des Westens (Musical und Operette, Kantstr. 10–12), Renaissance-Theater (Gegenwartsdramatik, Knesebeckstr. 100), Schillertheater (Boulevard, Bismarckstr. 110), Zoo-Palast (Filmtheater, Hardenbergstr. 29a)

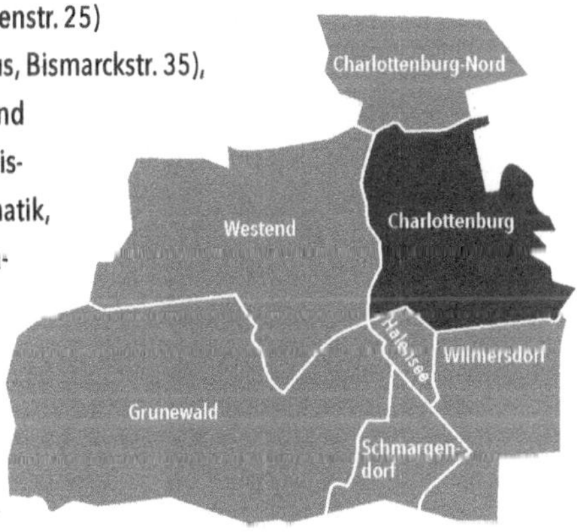

Museen und Galerien: Museum Berggruen

(Klassische Moderne, Schloßstr. 1), Museum für Fotografie (Sammlung der Helmut-Newton-Stiftung, Jebensstr. 2), Sammlung Scharf-Gerstenberg (Symbolismus und Surrealismus, Schloßstr. 70), Bröhan-Museum (Jugendstil, Art Déco und Funktionalismus, Schloßstr. 1a), Käthe-Kollwitz-Museum (Leben und Werk der Bildhauerin und Grafikerin, Fasanenstr. 24), Keramik-Museum (Schustehrusstr. 13), C/O Berlin (Foto-Galerie, Hardenbergstr. 22–24)

Grünste Ecke: Schlossgarten

Gute Currywurst: Bier's Currywurst (Ku'damm 195), Curry 36 (Hardenbergplatz 9)

Gute Kneipen: Schwarzes Café (Kantstr. 148), Paris Bar (Kantstr. 152), Zum Hecht (Kaiser-Friedrich-Str. 54)

Kalauer-Friseure: Haarscharf (Suarezstr. 48), James Blond (Wilmersdorfer Str. 69)

Ortsteilhymnen: Ich hab so Heimweh nach dem Kurfürstendamm (Bobby Kamp/Günther Schwenn, 1949), Auf'm Bahnhof Zoo (Nina Hagen Band, 1978), Zoo Station (U2, 1991), Westkreuz (Von Wegen Lisbeth, 2019)

CHARLOTTENBURG-NORD

Wo die Raucher Witze reißen

Vermutlich sind auch Sie schon einmal am Jakob-Kaiser-Platz aus der U7 gestiegen, um mit dem Flughafenbus weiter nach Tegel zu fahren. Vielleicht haben auch Sie sich beim Umsteigen gefragt, ob es in Berlin einen hässlicheren Ort gibt als diese Bushaltestelle, wo Sozialbauten achtstöckig den Himmel verdunkeln und Autos zwölfspurig die Luft verpesten. Eventuell hat es auch Sie geärgert, dass die Stadt Ihnen den Weg in den Urlaub ausgerechnet mit diesem Anblick vermiest, den Sie noch ein bisschen kränkender fanden, als Sie nach dem Urlaub wieder am Jakob-Kaiser-Platz ankamen und deprimiert in die U7 stiegen. Sie fragten sich, wozu man überhaupt in eine Stadt zurückkehrt, die sich zur Begrüßung von ihrer garstigsten Seite zeigt.

So ist Charlottenburg-Nord.

Es fühlte sich ziemlich seltsam an, mit der U7 am Jakob-Kaiser-Platz anzukommen und nicht in den Flughafenbus zu steigen. Ich wartete, bis alle Touristen ihre Rollkoffer in den X9er gewuchtet hatten, dann kehrte ich dem Kurt-Schumacher-Damm den Rücken, duckte mich unter einer Platane hindurch und betrat einen Trampelpfad, der ins Sozialbauviertel führte. Es kam mir vor, als durchschreite ich ein Geheimportal, an dem ich vorher tausendmal ahnungslos vorbeigelaufen war. Ich war Alice, und die Welt hinter den Spiegeln hieß Charlottenburg-Nord.

Zum Alice-Gefühl passte, dass mir auf den Wiesen zwischen den Hochhäusern lauter Kaninchen über den Weg hoppelten. «Die stehen hier unter Schutz», erklärte mir eine ältere Dame, die ihren Dackel ausführte. «Das wissen die auch. So zahme Kaninchen gibt's sonst nirgends. Die schert's nicht mal, wenn ich mit dem Hund an ihnen vorbeilaufe.» Vielleicht lag es an den Kaninchen, vielleicht aber auch an den hohen Kiefern, Kastanien und Robinien, dass mir das Viertel von innen nicht halb so abschreckend vorkam wie von außen. Mit ein bisschen Phantasie konnte man sich sogar einbilden, dass das stetige Rauschen in der Luft dem Wind in den Bäumen zu verdanken war – und nicht der nahen Stadtautobahn.

Im «Brinks Treff» am Heckerdamm lief Cat Stevens. Ein paar ältere Pilstrinker unterhielten sich über ihre Nikotinsucht, einer gab Lungenkrebslyrik zum Besten: «Siehst du die Leichen dort am See? / Das sind die Raucher von HB. / Siehst du die Leichen dort am Strand? / Das sind die Raucher von Stuyvesant.» Ein paar Zuhörer lachten. Andere husteten.

Nach Osten hin drängten sich Kleingärten bis an die hohen Mauern der Justizvollzugsanstalt Plötzensee. Beim Lesen der Vereinsprosa in den Aushangkästen stieß ich auf diese Meldung: «Multi-Kulti-Fest am 24. Juni 2017 fällt leider aus, wegen Mangel an Beteiligung der verschiedenen Kulturen.»

So schroff der Ortsteil auf den ersten Blick wirkte, so viel gab es bei näherem Hinsehen zu entdecken. Das Freibad im Volkspark Jungfernheide. Die verstörende Hinrichtungsbaracke der Gedenkstätte Plötzensee. Das eindringliche Totentanzgemälde von Alfred Hrdlicka im Gemeindezentrum am Heckerdamm. Schließlich das Kloster der «Unbeschuhten Karmelitinnen», in dessen kleinem Gartenlabyrinth die Nonnen nicht barfuß, sondern in Sandalen einherschritten.

Als ich abends wieder den Jakob-Kaiser-Platz erreichte, hatte ich das Gefühl, einen langen Flug hinter mir zu haben.

* * *

26 **Gefühlte Mitte:** U-Bahnhof Jakob-Kaiser-Platz

Sektorenzugehörigkeit bis zur Wiedervereinigung: Britisch (West-Berlin)

Fläche: 6,2 km^2 (Platz 63 von 97)

Einwohner: 19 371 (Platz 58 von 97)

Bevölkerungsdichte: 3126 Einwohner/km^2 (Berlin gesamt: 4323 Einwohner/km^2)

Durchschnittsalter: 43,7 (Berlin gesamt: 42,7)

Verkehrsanbindung: Regionalbahn (Bahnhof Jungfernheide), S-Bahn (Linien S41, S42), U-Bahn (Linie U7), Bus (diverse Linien)

Leute: Harald Poelchau (Antifaschist, in der Nazi-Ära Gefängnispfarrer in der Haftanstalt Plötzensee)

Sehenswürdigkeiten: Gedenkstätte Plötzensee (ehemalige Gefängnisbaracke, in der zu NS-Zeiten Regimegegner hingerichtet wurden, Hüttigpfad 16), Gemälde «Plötzenseer Totentanz» von Alfred Hrdlicka (im Ökumenischen Gedenkzentrum, Heckerdamm 226), Maria Regina

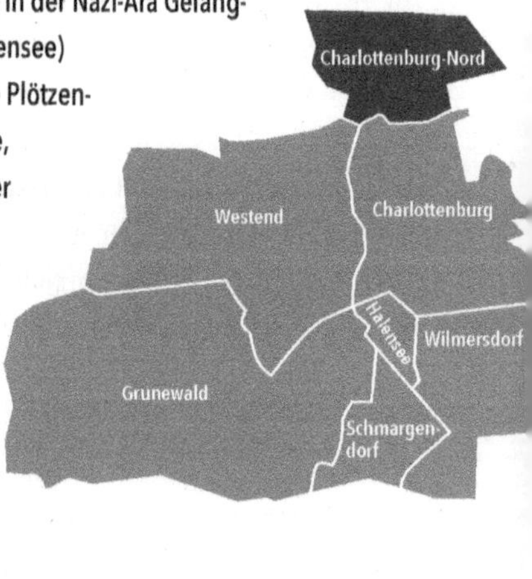

Martyrum (katholische Gedächtniskirche für Glaubensverfolgte der Nazi-Ära, Heckerdamm 230), Karmelitinnen-Kloster (Heckerdamm 230), Großsiedlung Siemensstadt (Wohnanlage der Berliner Moderne, UNESCO-Weltkulturerbe, zwischen Goebelstaße und Heckerdamm)

Grünste Ecke: Volkspark Jungfernheide

Gute Kneipe: Brinks Treff (Heckerdamm 225)

GRUNEWALD

Wo die Sphinxen überborden

Ich habe Grunewald mit den Augen eines Verzweifelten gesehen, mit den Augen eines Kaisers, eines Hipsters und eines Bekehrten.

Aber der Reihe nach.

Am Anfang war Grunewald wüst und leer. Man schrieb das Jahr 1157, Berlin gab es noch nicht, auch keine Ortsteile, nur einen Wald am Havelufer. Von der anderen Flussseite (wo noch nicht Spandau lag) waberte im Juni jenes Jahres Kriegsgeschrei über den Fluss, dann trieb ein Mann, der Slawenfürst Jaczo, sein Pferd ins Wasser, auf der Flucht vor Albrecht dem Bären und seinem Heer. Vergeblich rief der schwimmende Fürst seine heidnischen Slawengötter um Hilfe an – und schwor schließlich, den Glauben seiner germanischen Verfolger anzunehmen, falls deren Gott ihn retten sollte. Als er glücklich das andere Ufer erreichte, hängte Jaczo seinen Schild an eine Eiche und lebte fortan als Christ.

Albrecht der Bär wiederum gründete nach seinem Sieg über die Slawen die Mark Brandenburg, wo sieben Jahrhunderte später der romantische Preußenkönig Friedrich Wilhelm IV. ein Denkmal für Fürst Jaczo aufstellen ließ, eine steinerne Eiche mit steinernem Schild. Es ziert bis heute einen Hügel am östlichen Havelufer, und als ich davor stand, sah ich Grunewald mit den Augen eines Bekehrten.

Noch einmal ein halbes Jahrhundert später starb Wilhelm I., Sohn des Jaczo-Verehrers und Kaiser des nunmehr geeinten Deutschlands. Zu seinen Ehren wurde 1899 am Havelufer südlich der Steineiche der Grunewaldturm erbaut, ein gotisches Backsteingetüm, in dessen Eingangshalle ein Marmor-Wilhelm mit kolossalem Backenbart steht. Ein Kellner des Turmrestaurants schloss mir die Tür zur Wendeltreppe auf. Ich erklomm die 204 Stufen bis zur Aussichtsplattform, ließ den Blick über die Bäume schweifen und sah Grunewald mit den Augen eines Kaisers.

Kurz nach Wilhelms Tod wurde am westlichen Ende des Ku'damms die «Millionärskolonie Grunewald» angelegt, Berlins prächtigstes Villenviertel. Nobler als hier kann man in dieser Stadt bis heute nicht wohnen. Lange lief ich staunend zwischen den überbordenden Steinfassaden mit ihren Greifen und Sphinxen, Drachen und Schlangen, Löwen und Putten umher, bis ich schließlich am Herthasee die selbst für hiesige Verhältnisse überkandidelte Villa Walther erreichte. Ihr Erstbewohner, der Architekt und Baurat Wilhelm Walther, soll sich mit diesem Prestigeprojekt finanziell derart übernommen haben, dass er sich kurz nach dem Einzug in einem Turmzimmer erhängte. Er dürfte nicht der einzige Bewohner dieses Ortsteils gewesen sein, den die Sucht nach Repräsentation ruinierte. Ich versuchte, mir die grausige Turmzimmerszene vorzustellen, und sah Grunewald mit den Augen eines Verzweifelten.

Wieder ein halbes Jahrhundert später wurden im Wald die Trümmer von zwei Weltkriegen zum Teufelsberg aufgeschüttet, auf dessen Gipfel die US-Armee eine gigantische Abhöranlage errichtete. Zwischen den pittoresk verfallenen Kuppeltürmen laufen heute junge Hobbyfotografen aus aller Welt herum, weil man nur hier Berlin-Selfies schießen kann, auf denen Graffiti UND Ruinen UND die Havel UND der Sonnenuntergang UND der Kalte Krieg zu sehen sind. Ich zückte mein Handy und sah Grunewald mit den Augen eines Hipsters.

* * *

Gefühlte Mitte: Herthasee

Sektorenzugehörigkeit bis zur Wiedervereinigung: Britisch (West-Berlin)

Fläche: 22,3 km² (Platz 4 von 97)

Einwohner: 11 269 (Platz 76 von 97)

Bevölkerungsdichte: 504 Einwohner/km² (Berlin gesamt: 4323 Einwohner/km²)

Durchschnittsalter: 48,1 (Berlin gesamt: 42,7)

Verkehrsanbindung: S-Bahn (Linien S3, S5, S7, S9, S41, S42, S46), Bus (diverse Linien)

Leute: Jaczo (slawischer Fürst), Wilhelm I. (deutscher Kaiser)

Sehenswürdigkeiten: Grunewaldturm (Aussichtsturm am Havelufer, gebaut 1899), Abhöranlage am Teufelsberg (im Kalten Krieg Spionageeinrichtung der US-Armee, heute Ruine und Sprayer-Paradies), Schildhorndenkmal (Skulptur zum Andenken an den christlich bekehrten Slawenfürsten Jaczo, Schildhorn-Landzunge am Havelufer), Mahnmal Gleis 17 (Gedenkanlage für jüdische Berliner, die von hier aus in Ghettos und Konzentrationslager deportiert wurden, am S-Bahnhof Grunewald), Palais Mendelssohn (Anwesen der Bankiersfamilie von Mendelssohn, gebaut Ende des 19. Jhdts., heute Hotel, Bismarckallee 23), Wissenschaftskolleg zu Berlin (interdisziplinäres Forschungsinstitut, Wallotstr. 19)

Grünste Ecke: Grunewald

Ortsteilhymne: Im Grunewald ist Holzauktion (Otto Teich/Franz Meißner, 1890)

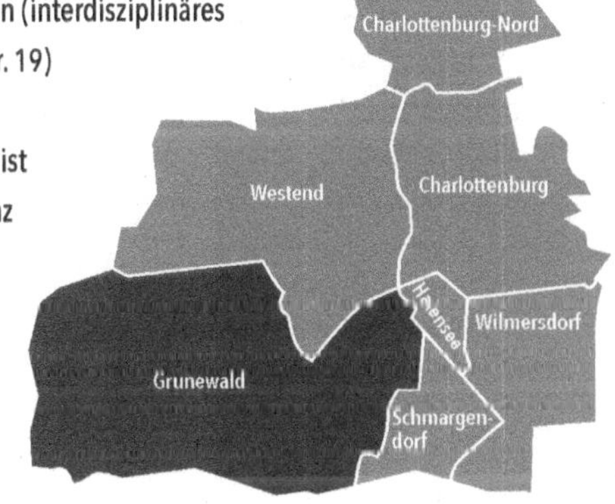

HALENSEE

Wo die Promis Wurst verschmähen

Als 2006 aus Wilmersdorf der neue Ortsteil Halensee herausgelöst wurde, zog die Bezirksverwaltung seine westliche Grenze genau zwischen dem namensgebenden See und Berlins größtem Bordell, dem Artemis. Ergebnis: Zu Halensee gehört jetzt der Puff, aber nicht der Halensee – der liegt im Nachbarortsteil Grunewald.

Im Geiste wird der See mit seinen luxuriösen Ufervillen von den Halenseern trotzdem gerne eingemeindet. Die Promidichte an seinen Ufern sei die höchste in Berlin, versicherte mir ein älterer Herr, mit dem ich vor einer Currywurstbude am Ku'damm ins Gespräch kam. Als ich nachfragte, wer denn da so wohne, zuckte er mit den Schultern. «Det sind diskrete Leute. Uff der Straße erkennt unsereiner die nich, die sehn im echten Leben janz anders aus wie im Fernsehen.» Die Currywurstverkäuferin fügte hinzu, dass an ihrem Stand noch nie ein Promi aufgetaucht sei. «Keen Wunder, die essen lieber so Teller, wo außer drei Blatt Salat nüscht druff ist.»

Ich kann den Promis dieser Stadt nicht raten, in den Ortsteil Halensee zu ziehen. Das scheint meist kein gutes Ende zu nehmen – an vielen Häusern erinnern hier Plaketten an örtliche Berühmtheiten, die unter unguten Umständen anderswo den Tod fanden. Die Schriftstellerin Else Lasker-Schüler (Katharinenstraße 5) starb 1945 verarmt in Jerusalem. Ihr Mann, der Publizist Herwarth Walden, kam 1941 in einem sowjetischen Knast um. Der Polarforscher Alfred Wegener (Georg-Wilhelm-Straße 9) erfror 1930 im grönländischen Eis. Der Schauspieler Albert Bassermann (Joachim-Friedrich-Straße 54) starb 1952 während eines Flugs von New York nach Zürich. Rudi Dutschke wohnte nicht in Halensee, wurde hier aber 1968 angeschossen und erlag 1979 in Dänemark den Folgen dieses Attentats.

Etwas besser erging es Vladimir Nabokov. Anders als sein Bruder Sergej, der 1945 im KZ Neuengamme ermordet wurde, wanderte er rechtzeitig aus und starb nach einem erfüllten Literatenleben 1977 in der Schweiz. Man kann es Nabokov nicht verübeln, dass ihm Deutschland nicht in bester Erinnerung blieb. In «Die Gabe» lässt er seinen Helden Fjodor in einer Berliner Straßenbahn darüber nachdenken, weshalb er die Einheimischen so verachtet: «… wegen der Vorliebe für Zäune, Reihen, Mittelmäßigkeit; wegen der Klosettwitze und des rohen Gelächters; wegen der Dicke des Hinterteils beider Geschlechter; wegen des Mangels an Feingefühl; der Akkuratesse in den Gemeinheiten …»

Es muss der Ortsteil Halensee gewesen sein, der Nabokov auf solche Gedanken brachte, denn hier, in der Nestorstraße 22, lebte er von 1932 bis zu seiner Emigration im Jahr 1937. Im Erdgeschoss des Hauses liegt heute die Kneipe «Kleine Weltlaterne». Ich fand sie geschlossen vor, aber zufällig lief mir der Wirt über den Weg, der gerade dabei war, zwei Pakete Katzenstreu ins Haus zu tragen. Nabokovs ehemalige Wohnung, erzählte er, liege im dritten Stock. «Steht leer», fügte er hinzu. «Die Hausverwaltung sucht einen Nachmieter.»

Ich traute meinen Ohren nicht.

Als ich am nächsten Werktag die Hausverwaltung anrief, beschied mir eine Mitarbeiterin, die Wohnung sei gerade vergeben worden. Obwohl ich gar keine Wohnung suchte, hat es mich selten so geschmerzt, zu spät dran zu sein.

* * *

Gefühlte Mitte: Kurfürstendamm

Sektorenzugehörigkeit bis zur Wiedervereinigung: Britisch (West-Berlin)

Fläche: 1,3 km² (Platz 96 von 97)

Einwohner: 15 682 (Platz 69 von 97)

Bevölkerungsdichte: 12 387 Einwohner/km² (Berlin gesamt: 4323 Einwohner/km²)

Durchschnittsalter: 45,5 (Berlin gesamt: 42,7)

Verkehrsanbindung: S-Bahn (Linien S3, S5, S7, S9, S42, S46), Bus (diverse Linien)

Leute: Rudi Dutschke (Politaktivist, wurde 1968 in Halensee angeschossen), Vladimir Nabokov (Schriftsteller, lebte in den 1930er Jahren in Halensee)

Sehenswürdigkeiten: Artemis (Berlins größtes Bordell, Halenseestr. 32–36), Gedenktafel für Rudi Dutschke (am Ort des Attentats, Kurfürstendamm 141)

Gute Currywurst: Franky's Currystation (bekannt aus dem gleichnamigen Lied von Gunter Gabriel, Kurfürstendamm/Henriettenplatz)

Gute Kneipe: Die kleine Weltlaterne (Nestorstr. 22)

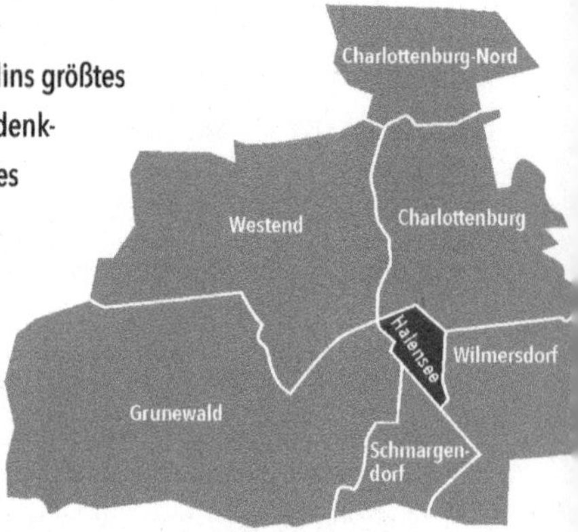

SCHMARGENDORF

Wo die Liebe den Tod besiegt

Im kleinen Ortsteil Schmargendorf gibt es zwei Butter-Lindner-Filialen, eine Wiener-Conditorei-Filiale, eine Udo-Walz-Filiale, viele große Autos und viele schicke Villen. Im Vergleich zum Rest des wohlhabenden Südwestens machte Schmargendorf auf mich trotz all dieser Preziosen einen eher bodenständigen, um nicht zu sagen berlintypisch wurstigen Eindruck. In der Rheinbabenallee fiel mir ein Mann auf, der auf dem Fahrersitz seines geparkten Porsche Cabrios eine Currywurst vertilgte. Das Bild schien mir den Ortsteil ganz gut zusammenzufassen.

Ansonsten begegneten mir in Schmargendorf zwei Häuser mit schwerer Vergangenheit. Das eine steht in der Heydenstraße 30, eine weiß getünchte Villa, die sich in den 1930er Jahren Leni Riefenstahl bauen ließ. Das andere, ein fünfstöckiges Mietshaus, steht nicht weit entfernt in der Friedrichshaller Straße 23, und ein Stolperstein vor der Haustür erinnert an eine seiner beiden prominenten Bewohnerinnen: Felice Schragenheim, Jahrgang 1922, deportiert 1944. Nicht auf dem Stolperstein stehen die berühmt gewordenen Kosenamen, die sich Felice Schragenheim und ihre Geliebte Elisabeth Wust hier in den Kriegsjahren zuflüsterten: Aimée und Jaguar.

Im April 1943 zieht die versteckt lebende Jüdin Felice bei der deutschen Hausfrau Elisabeth ein. Ihre Schmargendorfer Nachbarin Leni Riefenstahl verfilmt zu diesem Zeitpunkt Eugen d'Alberts Oper «Tiefland». Bei den Aufnahmen in Berlin kommen zwangsrekrutierte Sinti- und Roma-Komparsen zum Einsatz, die nach dem Dreh in Auschwitz ermordet werden.

Am 2. September 1943, ein halbes Jahr nach ihrer ersten Liebesnacht, schenken Felice und Elisabeth einander Eheringe. Leni Riefenstahl heiratet am 21. März 1944 den Gebirgsjägeroffizier Peter Jacob.

Am 21. August 1944 fahren Felice und Elisabeth mit ihren Fahrrädern zur Havel. Am Flussufer nehmen sie mit dem Selbstauslöser von Elisabeths Leica ein Foto auf, das die beiden in Badekleidern zeigt, sich küssend. Es wird das letzte Bild der Liebenden sein. Bei der Rückkehr lauert ihnen in der Schmargendorfer Wohnung die Gestapo auf.

Leni Riefenstahl verkauft nach dem Krieg ihre Villa in der Heydenstraße und zieht nach Bayern, wo sie 2003 im Alter von 101 Jahren stirbt.

Elisabeth Wust sucht lange erfolglos nach ihrer deportierten Geliebten, deren Spuren sich in Auschwitz verlieren. Nach zwei misslungenen Selbstmordversuchen lebt sie bis zu ihrem Tod im

Jahr 2006 in der Schmargendorfer Wohnung, wo sie ihre Geschichte im hohen Alter der Schriftstellerin Erica Fischer anvertraut.

Die Buchhandlung in der Breiten Straße hatte «Aimée und Jaguar» nicht vorrätig. Seit der Verfilmung sei das Interesse am Buch etwas abgeflaut, verriet mir die Buchhändlerin, die, wie der Zufall es will, heute im Hofgebäude von Elisabeth Wusts ehemaligem Wohnhaus lebt. Im Buch, erzählte sie mir, sei beschrieben, wie Felice am Tag ihrer Festnahme um ein Haar der Gestapo entkam. Sie stürzte durch die Wohnungstür ins Treppenhaus, rannte hinab in den Hof und versteckte sich in der Hinterhauswohnung einer Nachbarin. Leider beobachtete sie dabei ein anderer Nachbar, der sie aus der Wohnung zerrte und der Gestapo übergab.

«Ich hoffe bis heute», sagte die Buchhändlerin, «dass das nicht meine Wohnung war.»

* * *

Gefühlte Mitte: Rathaus Schmargendorf
Sektorenzugehörigkeit bis zur Wiedervereinigung: Britisch (West-Berlin)
Fläche: 3,6 km² (Platz 82 von 97)
Einwohner: 23 797 (Platz 52 von 97)
Bevölkerungsdichte: 6634 Einwohner/km² (Berlin gesamt: 4323 Einwohner/km²)
Durchschnittsalter: 46,6 (Berlin gesamt: 42,7)
Verkehrsanbindung: S-Bahn (Linien S41, S42, S46), U-Bahn (Linie U3), Bus (diverse Linien)
Leute: Felice Schragenheim (Jaguar), Elisabeth Wust (Aimée)
Sehenswürdigkeiten: Rat-

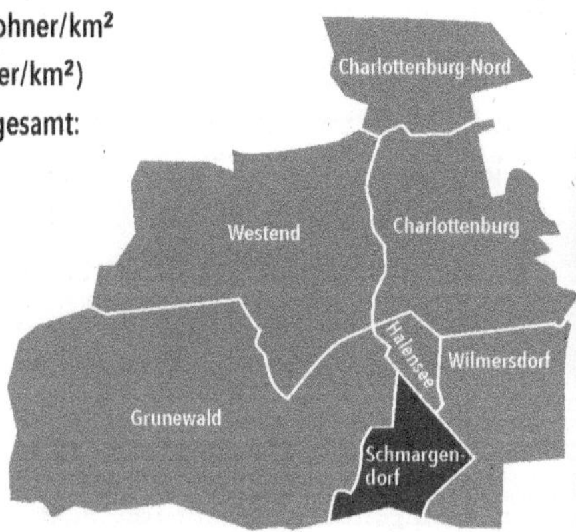

haus Schmargendorf (neogotischer Backsteinbau von 1902, Berkaer Platz), Dorfkirche (mittelalterliche Feldsteinkirche, Breite Straße 38a), Kreuzkirche (expressionistischer Sakralbau von 1929, Hohenzollerndamm 130), Wohnhaus von Elisabeth Wust (Friedrichshaller Straße 23), Wohnhaus von Leni Riefenstahl (Heydenstraße 30)

Grünste Ecke: Grünanlage am Sommerbad Wilmersdorf

Kalauer-Friseure: Hauptsache (Heiligendammer Str. 17A), Kurz oder Lang (Zoppoter Str. 9)

WESTEND

Wo die Winde ostwärts wehen

Das Berliner Westend ist nach dem Londoner West End benannt, sieht aber rund um die gleichnamige S-Bahnstation erst einmal mehr nach dem Londoner East End aus. Eine schmutzgraue Betonbrücke führt über die Gleise hinweg in den Ortsteil hinein, flankiert von Kebabbuden, dem Friseurladen «Afric Haircare» und dem «Sleep Cheap Hostel (10 €/night)».

Aber dieser erste Eindruck trügt.

Ost und West sind in Berlin derart politisch überformte Begriffe, dass ihre Bedeutung im stadtplanerischen Kontext etwas aus dem Blick geraten ist. In London war es wie etwas später in Berlin vor allem der vorherrschende Westwind, der den industrialisierten Städten ihre ständisch geprägte Geographie einblies: Die stinkenden Fabriken und dazugehörigen Arbeiterviertel landeten im Osten, die Fabrikeigentümer und Bankiers ließen sich im Westen nieder, wo die dicke Luft des Proletariats selten ankam.

So war es auch im Berliner Westend, wo ab den 1860er Jahren ein findiges Entwicklerkonsortium parzellierte Baugrundstücke an den frischgebackenen Industrieadel der Stadt verkaufte. Die Villen, die hier in der Folge entstanden, liegen heute im Areal zwischen Spandauer Damm, Reichs- und Königin-Elisabeth-Straße, einem keilförmigen Stück *poshness*, das seinem Londoner Vorbild so nahe kommt, wie man ihm in Berlin eben kommen kann. Hier leben und lebten wohl die meisten jener Promibewohner, deren Liste bei Wikipedia eine der längsten unter den Berliner Ortsteilen ist.

Beim Schlendern durch den Rest des weitläufigen Westends hatte ich den alten Song der Pet Shop Boys im Ohr: West! End! Girls! Dadam-dadam! Irgendwann fing ich an, zu dieser Melodie alle lokalpatriotischen Ladenbezeichnungen vor mich hin zu summen, die mir unterwegs begegneten: West! End! Grill! Dadam-dadam! West! End! Klause! Dadam-dadam! West! End! Velo! Dadam-dadam! West! End! Bestattungen! Dadam-dadam …

Summend umrundete ich das Olympiastadion, passierte den Funkturm und das Messegelände, lief schließlich am toten ICC vorbei, dessen bizarre Aluminiumsilhouette wie ein gestrandetes Schiffswrack an Berlins Westküste liegt. Rund um das stillgelegte Congress Centrum schlingt sich einer der irrsten und fußgängerunfreundlichsten Verkehrsknoten der Stadt, auf dessen fahrzeugumtosten Mittelinseln, so munkelt man, schon Menschen beim Warten auf grünes Licht verhungert sein sollen. Voller Mitleid dachte ich an all die armen Handelsvertreterchen, die bei ihren Berliner Messebesuchen auf dem abendlichen Weg vom Ibis-Hotel zum Steakhaus genau hier den Ausbruch lange unterdrückter Nervenleiden erlebt haben müssen.

Am Ende des Tages landete ich im Wiener Conditorei Caffeehaus am U-Bahnhof Neu-Westend. Es liegt gleich neben Butter Lindner und scheint für den gut betuchten Teil der Westendler Bevölkerung so etwas wie der In-Treffpunkt des Ortsteils zu sein. Wenn man hier Kaffee bestellt, fragen die Kellnerinnen freundlich nach, ob es denn Filter oder Crema sein soll, und wenn man Crema sagt, fühlt sich das nicht ganz *comme il faut* an. Alle hier tragen Kaschmir oder wenigstens Merinowolle, und alle, wirklich alle, lesen den «Tagesspiegel» – andere Zeitungen als das alte Berliner Westblatt scheint es hier gar nicht zu geben. Ich trank meinen Crema mit dem Gefühl, im Zuge meiner Ortsteilexpeditionen endlich den heimlichen Westpol der Stadt entdeckt zu haben.

* * *

Gefühlte Mitte: Theodor-Heuss-Platz

Sektorenzugehörigkeit bis zur Wiedervereinigung: Britisch (West-Berlin)

Fläche: 13,5 km² (Platz 16 von 97)

Einwohner: 40 984 (Platz 34 von 97)

Bevölkerungsdichte: 3031 Einwohner/km² (Berlin gesamt: 4323 Einwohner/km²)

Durchschnittsalter: 47,2 (Berlin gesamt: 42,7)

Verkehrsanbindung: Fernbus (Zentraler Omnibusbahnhof), S-Bahn (S3, S5, S7, S9, S42, S46), U-Bahn (Linie U2), Bus (diverse Linien)

Leute: Conrad Bechmann (Gastwirt, gründete in den 1840er Jahren das erste Ausflugslokal im heutigen Westend), Johannes und Heinrich Quistorp (Bodenspekulanten und Gründer der Villenkolonie Westend), Curd Jürgens (Schauspieler, wuchs in Westend auf und beschrieb den Ortsteil 1976 in seiner Autobiographie «… und kein bisschen weise»)

Sehenswürdigkeiten: Olympiastadion (gebaut für die Olympischen Spiele 1936, heute Heimspielstätte von Hertha BSC, Olympischer Platz 3), Funkturm (West Berliner Architekturwahrzeichen, gebaut 1926, Hammarskjöldplatz), Messegelände (Messedamm), Internationales Congress

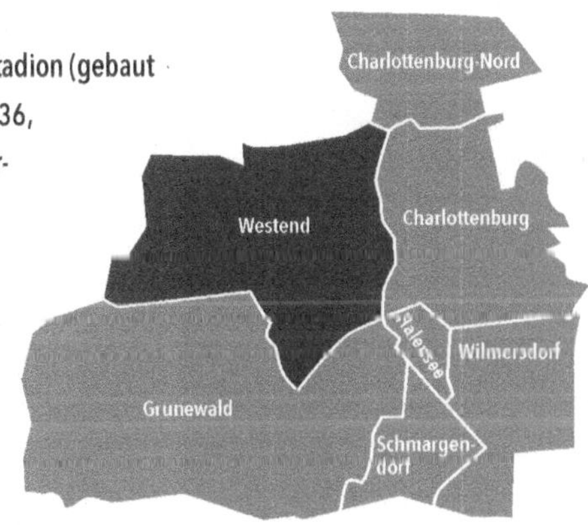

Centrum ICC (postmoderne Kongresshalle von 1979, derzeit ungenutzt, Messedamm 22), Corbusierhaus (in den 1950er Jahren nach Plänen von Le Corbusier erbautes Wohnhochhaus, Flatowallee 16), Haus des Rundfunks (Sitz des Rundfunks Berlin-Brandenburg, Masurenallee 8–14), Waldbühne (Freilichtkonzertbühne, Glockenturmstr. 1)

Museen und Galerien: Georg-Kolbe-Museum (klassische Moderne und Gegenwartskunst, Sensburger Allee 25/26), Sportmuseum (Ausstellung zu den Olympischen Spielen 1936, auf dem Olympiagelände, Hanns-Braun-Str./Adlerplatz), U-Bahn-Museum (Berliner Nahverkehr, Erich-Kurz-Str. 4, Eingang im U-Bahnhof Olympiastadion), West-Alliierte in Berlin e. V. (Privatausstellung zu den drei West-Berliner Besatzungsmächten, Olympischer Platz 7)

Grünste Ecken: Olympiapark, Murellenberge und Schanzenwald, Fließwiese Ruhleben, Brixplatz, Park Ruhwald, Friedhof Heerstraße

Gute Kneipe: Westendklause (Reichsstr. 80B)

Ortsteilhymne: West End Girls (Pet Shop Boys, 1984)

WILMERSDORF

Wo die Bauern Kasse machten

In der Auenkirche im alten Dorfkern von Wilmersdorf kam ich am Vorabend des Dreikönigstags mit einer Gemeindeschwester ins Gespräch, die einen der drei Könige im Arm trug. Sie war dabei, die Krippenfigur näher an das Jesuskind heranzurücken, pünktlich zum 6. Januar. Wie sich herausstellte, hatte die recht kleine Gemeindeschwester den recht großen König selbst getöpfert, wie auch den Rest der tönernen Krippe.

Stolz zeigte mir die ältere Dame ihr Werk, dem sie im Laufe mehrerer Jahrzehnte immer neue Figuren hinzugefügt hatte, viele davon mit zeitgeschichtlichen Bezügen. Es gibt in der Wilmersdorfer Krippe einen Drogensüchtigen mit Spritze im Arm, der wie ein Kind vom Bahnhof Zoo aussieht; einen Verkündigungsengel, der seine Botschaft auf einem Plakat vor sich herträgt, wie es die Berliner Studenten in den 1970er Jahren taten; einen Obdachlosen mit Schnapspulle, dessen Gesichtszüge mich irgendwie an Harald Juhnke erinnerten. Ich kann mir nicht vorstellen, dass irgendein anderer Berliner Ortsteil eine derart komplexe Weihnachtskrippe hat.

Die Gemeindeschwester zeigte mir auch noch die Sakristei, in der ein altes Schwarzweißfoto der Auenkirche hängt. Es muss Anfang des 20. Jahrhunderts aufgenommen worden sein, denn es zeigt die Kirche noch am Ufer des Wilmersdorfer Sees, den es heute nicht mehr gibt. Er wurde um das Jahr 1915 herum zugeschüttet, vor so langer Zeit also, dass sich wohl kaum noch ein lebender Bewohner des Ortsteils an ihn erinnern kann, nicht einmal die sprichwörtlichen «Wilmersdorfer Witwen», jene verhärmten Gattinnen gefallener Nazi-Militärs, die im Berlin-Musical «Linie 1» dem Dritten Reich nachweinen.

Dabei war der See einst das Herz von Wilmersdorf. An seinem Ufer gründete ein findiger Gastronom namens Otto Schramm in den 1880er Jahren eine Badeanstalt und den «Tanzpalast Schramm», der für das damalige Berlin so etwas wie das Berghain seiner Zeit gewesen sein muss. «Wat meenste, morjen jehn wa bei Schramm een danzen», so lautete nach Überlieferung des Schriftstellers Hanns Fechner die Formel, mit der im späten 19. Jahrhundert junge Berlinerinnen zu elektrisieren waren.

Schramm war der Sohn eines sogenannten «Wilmersdorfer Millionenbauers», jenen von Fechner porträtierten Landwirten, die durch Bodenverkäufe reich wurden, als die rasant wachsende Stadt ihr ländliches Umfeld schluckte. Auf dem Wilmersdorfer Friedhof unweit der Auenkirche bestaunte ich die üppigen Familiengräber der Schramms, der Blisses und all der anderen zu Wohlstand gelangten Bauern des Ortsteils, bevor ich in der entgegengesetzten Ecke des Friedhofs die weitverzweigten Urnenhallen entdeckte. Winzige Grabnischen stapeln sich dort vielgeschossig bis unter die Decke, das Gebäude wirkt wie ein

Plattenbau der Toten. Ähnlich wie die Wilmersdorfer Weihnachtskrippe, dachte ich, ist auch der Wilmersdorfer Friedhof eine Art maßstabsverkleinertes Berlin, in dem sich das soziale Gefüge der Stadt spiegelt.

Am Ende des Tages stand ich überwältigt vor dem riesigen Wohnkomplex, mit dem in den 1970er Jahren die Autobahn an der Schlangenbader Straße überbaut wurde – am einen Ende rasen die Autos rein, am anderen rasen sie wieder raus. Obwohl mir ein Anwohner versicherte, dass es sich im Inneren des irren Bauwerks ganz gut lebe, stellte ich mir den Architekten als einen Menschen vor, der zwanghaft die Grenzen des Menschlichen überschreiten muss. Just als ich das dachte, fiel mein Blick auf das Namensschild eines griechischen Restaurants im Erdgeschoss des Autobahnhauses: «Prometheus». Der Feuerbezwinger, der Menschenbeglücker, der Götterherausforderer. Wie passend.

* * *

Gefühlte Mitte: Wilhelmsaue

Sektorenzugehörigkeit bis zur Wiedervereinigung: Britisch (West-Berlin)

Fläche: 7,2 km² (Platz 52 von 97)

Einwohner: 101 261 (Platz 9 von 97)

Bevölkerungsdichte: 14 148 Einwohner/km² (Berlin gesamt: 4323 Einwohner/km²)

Durchschnittsalter: 45,8 (Berlin gesamt: 42,7)

Verkehrsanbindung: S-Bahn (Linien S41, S42, S46), U-Bahn (Linien U3, U7, U9), Bus (diverse Linien)

Leute: Christian und Auguste Blisse (Millionenbauern und Philanthropen der

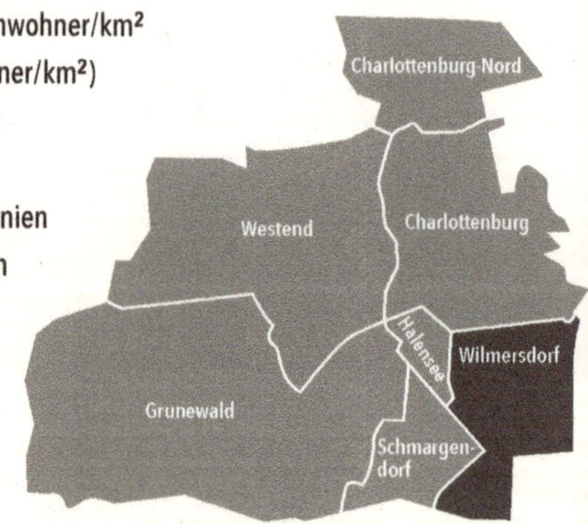

Berliner Gründerzeit), Otto Schramm (Gastronom und Gründer des «Tanzpalasts Schramm»), Marlene Dietrich (Schauspielerin, lebte ab 1914 bis zu ihrer Emigration 1933 in wechselnden Wohnungen an der heutigen Bundesallee)

Sehenswürdigkeiten: Wilhelmsaue (ehemaliger Dorfkern), Auenkirche (neogotischer Sakralbau von 1897, an der Wilhelmsaue), Wilmersdorfer Friedhof (Grabstätten der Millionenbauern, Kalischer Str. 17), Russisch-Orthodoxe Christi-Auferstehungs-Kathedrale (neobyzantinischer Sakralbau von 1938, Hohernzollerndamm 166), Wilmersdorfer Moschee (älteste Moschee Deutschlands, gebaut 1928, Brienner Str. 7/8), Autobahnüberbauung Schlangenbader Straße (Wohnkomplex der 1970er Jahre, über der A104), Thaiwiese (südostasiatischer Streetfoodmarkt, an Sommerwochenenden im Preußenpark)

Theater: Haus der Berliner Festspiele (Festivaltheater, Schaperstr. 24), Schaubühne am Lehniner Platz (Ensembletheater, Kurfürstendamm 153), Bar jeder Vernunft (Kabarett, Schaperstr. 24)

Grünste Ecken: Preußenpark, Volkspark Schöneberg-Wilmersdorf

Gute Currywurst: Krasselt's (Hildegardstr. 17)

Gute Kneipe: Café Menta (Emser Str. 24)

Kalauer-Friseur: Köpfchen (Wilhelmsaue 8)

Ortsteilhymne: Wilmersdorfer Witwen (Song aus dem Berlin-Musical «Linie 1», Birger Heymann/Volker Ludwig, 1986)

BEZIRK

FRIEDRICHSHAIN-KREUZBERG

Fläche: 20,4 km² (entspricht 2,3 % der Berliner Gesamtfläche)
Einwohner: 293231 (entspricht 7,6 Prozent der Berliner Gesamtbevölkerung)
Davon weiblich: 48,9 % (Berlin gesamt: 50,6 %)
männlich: 51,1 % (Berlin gesamt: 49,4 %)
ohne Migrationshintergrund: 52,1 % (Berlin gesamt: 61,4 %)
ledig: 64,4 % (Berlin gesamt: 52,8 %)
verheiratet: 25,9 % (Berlin gesamt: 33,2 %)
verwitwet: 2,6 % (Berlin gesamt: 5,1 %)
geschieden: 6,6 % (Berlin gesamt: 8,5 %)
in Lebenspartnerschaft: 0,6 % (Berlin gesamt: 0,4 %)
Bevölkerungsdichte: 14 382 Einwohner/km² (Berlin gesamt: 4323)
Durchschnittsalter: 45,2 (Berlin gesamt: 42,7)
Beliebteste Babynamen: Emilia (Mädchen), Adam (Jungen)

***

Berlins kleinster Bezirk ist zugleich der mit den wenigsten Ortsteilen: Er besteht, genau wie sein Name, nur aus Friedrichshain und Kreuzberg. Die beiden liegen links und rechts der Spree und sind nur an einer Stelle miteinander verbunden: der Oberbaumbrücke. Die verlor, als 1961 die Mauer gebaut wurde, ihre Brückenfunktion – fast 40 Jahre lang gab es keine direkte Verbindung zwischen Friedrichshain und Kreuzberg. Erst nach der Wiedervereinigung wurden beide Ortsteile zum gesamtdeutschen Bezirk gebündelt, dem einzigen außer Mitte, in dem sich ehemalige Ost- und Westteile der Stadt mischen.

Trotz der unterschiedlichen politischen Vergangenheit verbindet einiges die ungleichen Nachbarn. Wegen ihrer engen Bebauung mit den typischen fünfstöckigen Mietskasernen bilden sie gemeinsam den mit Abstand am dichtesten bevölkerten Bezirk (mehr als 14 000 Einwohner pro Quadratkilometer), dessen Bewohner gleichzeitig das niedrigste Durchschnittsalter der Stadt haben (38,8 Jahre). Letzteres dürfte zu etwa gleichen Teilen am Nachtleben und an der politischen Linksneigung des Bezirks liegen. Der Ortsteil **Kreuzberg** steht bereits seit der Studentenrevolte von 1968 an der Spitze des antistaatlichen Widerstands in Berlin: Hier formierte sich die militanteste Hausbesetzerszene der Stadt, hier lieferten sich Demonstranten nicht nur am 1. Mai regelmäßig Pflastersteingefechte mit der Polizei, hier vertonte Rio Reiser mit seiner Band Ton Steine Scherben den Klassenkampf. Im einstigen Arbeiterviertel **Friedrichshain** wiederum war die sozialrevolutionäre Idee schon zu Weimarer Zeiten verwurzelt, bevor die Einheitssozialisten der DDR sie etwas in Misskredit brachten. Nach der Wende sprang der Funke des Revoluzzertums dann schnell wieder von Kreuzberg auf Friedrichshain über, wo eine verjüngte Hausbesetzerszene in den 1990er Jahren ihr neues Zentrum rund um die Rigaer Straße fand.

Beide Ortsteile bilden zusammen heute so etwas wie die Berliner Avantgarde im Kampf gegen Faschismus, Ausbeutung, Sexismus, fossile Brennstoffe, Gentrifizierung, Fleischkonsum, Pelzmäntel, Nationalismus, Massentierhaltung und so ziemlich alles andere, was sich irgendwie dem Feindbild des globalisierten Kapitalismus unterordnen lässt. Kein Wunder, dass im Wahlkreis 83, der mehr oder weniger identisch mit Friedrichshain-Kreuzberg ist, die Grünen bei allen sechs Bundestagswahlen seit 2002 ein Direktmandat gewannen.

FRIEDRICHSHAIN

Wo die Mauer ewig währt

Um den Touristen unmissverständlich klarzumachen, wo sie hier gelandet sind, haben Berlins Verkehrslenker unmittelbar vor den Mauerresten an der East Side Gallery eine kleine Schikane eingebaut: Etwa hundert Meter weit verläuft hier der Fahrradweg über den ohnehin nicht sehr breiten Bürgersteig. Natürlich nimmt kein Tourist die weiße Bodenmarkierung wahr – die Leute schauen ja die Mauer an. Klingelnd und pöbelnd kämpfen sich deshalb sture Radfahrer durch die Massen: «Eeeeey! Fuck you, you fucking tourists!» Als Gast bekommt man hier einen ganz guten, nämlich schlechten Eindruck vom Sozialverhalten der Einheimischen.

Ist überhaupt eine merkwürdige Ecke, diese East Side Gallery. Auf dem Grünstreifen zwischen Mauer und Spree, in Steinwurf-, aber außer Sichtweite der Touristen, entdeckte ich zwei Dutzend Zelte, in denen Obdachlose kampierten. «Hinten die Polen, daneben die Rumänen, hier die Deutschen», erklärten mir drei ältere Tippelbrüder namens Paul, Uwe und Karl-Heinz. Alle waren östlich der Mauer aufgewachsen und lachten mich aus, als ich fragte, ob es in der DDR Obdachlose gegeben habe. «Natürlich gab's uns!»

Ihr Zeltlager, erzählten sie, sei vor zwei Jahren entstanden. Ab und zu verjage sie das Ordnungsamt, dann schliefen sie vorübergehend anderswo, bis die Luft wieder rein sei. «Das Amt kommt immer, wenn die feinen Leute über uns schimpfen», sagte Paul. «Was für feine Leute?», fragte ich. Stumm deuteten die drei auf den Luxuswohnturm am anderen Ende des Grünstreifens, dessen weiße Silhouette hier etwa gleichzeitig mit dem Zeltlager aufgetaucht sein musste.

Am obersten der 14 Stockwerke sah ich ein Werbebanner mit

einer Telefonnummer hängen. Aus Neugier rief ich an. Ab 14 000 Euro pro Quadratmeter seien noch Wohnungen zu haben, erklärte mir eine freundliche Dame – und nach oben sei je nach Ausstattungswunsch «alles offen».

Am Boxhagener Platz aß ich ein New-York-Style Grilled Sandwich mit Pastrami, frittiertem Reispapier und Dinkeltoast und belauschte kauend die krakeelenden Trinker neben dem Kinderspielplatz. Irre, dachte ich, welche Gegensätze dieser Ortsteil einigermaßen unbeschadet aushält. Dabei lagen da die Karl-Marx-Allee mit ihren greisen DDR-Bonzen noch vor mir, die Rigaer Straße mit ihren Aggro-Punks, die Dealer an der Warschauer Brücke, das Plattenbau-Proletariat rund um die Petersburger Straße, die zugedrogten Party-Touris auf dem RAW-Gelände, die Volkspark-Jogger und Berghain-Hipster, die Hippie-Mamis und Yuppie-Papis und all die anderen stinknormalen Friedrichshainer.

In der Rigaer blockierte eine Großbaustelle den Weg vom Ost- in den Westteil der Straße – für manche Grund genug, die Sperrung mit «der Mauer» zu vergleichen, wie es ein Flyer im Infokasten eines alternativen Wohnprojekts tat. Der Text lud zum allabendlichen «Mega-Scheppern» am Bauzaun ein. Als ich mich um 19 Uhr dort einfand, waren nur drei Frauen gekommen. Eine vierte, die eigentlich Schepper-Utensilien mitbringen sollte, war nicht aufgetaucht. Notgedrungen begann eine der anderen Frauen, mit ihrem Schlüsselbund einen Protestrhythmus auf ein Straßenschild zu hämmern. Von der anderen Seite der Baustelle antwortete das Dengeln eines Kochtopfs.

Zwei Gäste auf der Terrasse des Restaurants «Burgerwehr» guckten etwas irritiert.

«Geht um den Mauerbau», rief ihnen die Frau mit dem Schlüsselbund zu.

* * *

Gefühlte Mitte: Boxhagener Platz

Sektorenzugehörigkeit bis zur Wiedervereinigung: Sowjetisch (Ost-Berlin)

Fläche: 9,9 km² (Platz 36 von 97)

Einwohner: 140 312 (Platz 4 von 97)

Bevölkerungsdichte: 14 108 Einwohner/km² (Berlin gesamt: 4323 Einwohner/km²)

Durchschnittsalter: 37,8 (Berlin gesamt: 42,7)

Verkehrsanbindung: Fern- und Regionalbahn (Bahnhöfe Ostkreuz und Ostbahnhof), S-Bahn (Linien S3, S5, S7, S8, S9, S41, S42, S75, S85), U-Bahn (Linien U1, U3, U5), Tram (diverse Linien), Bus (diverse Linien)

Leute: Friedrich der Große (Namensgeber des Ortsteils)

Sehenswürdigkeiten: Karl-Marx-Allee (Hochhaussiedlung der 1950er Jahre im Stil des sozialistischen Klassizismus, in der Bauphase Schauplatz des Arbeiteraufstands vom 17. Juni 1953), East Side Gallery (längster erhaltener Abschnitt der Berliner Mauer, Mühlenstraße am Spreeufer), Oberbaumbrücke (Spreequerung im Stil der Backsteingotik, verbindet Friedrichshain mit Kreuzberg), Dorfkirche Stralau (Feldsteinkirche des 15. Jhdts. mit neogotischem Turm des 18. Jhdts., im alten Dorfkern auf der Halbinsel Stralau), Berghain (Berlins berühmtester Techno-Club, Am Wriezener Bahnhof), RAW-Gelände (Bar- und Clubmeile auf ehemaligem Eisenbahngelände, Revaler Str. 99), Holzmarkt (Kreativdorf und Ausgehquartier am Spreeufer, Holzmarktstr. 25), Radialsystem (Veranstaltungszentrum in modernisiertem Abwasserpumpwerk von 1880, Holzmarktstr. 33), Osram-/Narva-Hochhaus (Berlins erstes Hochhaus, gebaut 1909, modern aufgestockt 2000, Rotherstr. 11), Friedhof der Märzgefallenen (Grabstätte für Barrikadenkämpfer der Märzrevolution von 1848, Ernst-Zinna-Weg 1), Märchenbrunnen (Brunnenanlage mit Märchenskulpturen am Haupteingang des Volksparks Friedrichshain), Mont Klamott (Trümmerberg im Volkspark Friedrichshain, der nach dem Zweiten Weltkrieg aus den Überresten zweier gesprengter Bunker entstand)

Museen und Galerien: Computerspielemuseum (Karl-Marx-Allee 93A)
Grünste Ecke: Volkspark Friedrichshain
Gute Kneipe: Paule's Metal-Eck (Krossener Str. 15)
Kalauer-Friseure: Haartari (Bänschstr. 52), Kaiserschnitt (Wühlischstr. 34)
Ortsteilhymnen: Frühling auf dem Mont Klamott (Wolf Biermann, 1969), Mont Klamott (Silly, 1983), The Girls of Friedrichshain (Probably Your Teacher, 2002)

KREUZBERG

Wo die Gipfel Ohren haben

An einem kalten Wintermorgen stieg ich auf den Kreuzberg. Silvesterkonfetti und zerbrochenes Glas bedeckten auf dem Gipfel immer noch die Stufen des Schinkel-Denkmals. Ich blieb dort oben, bis die Sonne am Südwestrand des Viktoriaparks versank, und belauschte, was die Menschen so reden, wenn sie vom Kreuzberg hinab auf Kreuzberg blicken.

«Sag mal, ich hab Stefanie so lange nicht gesehen», hörte ich eine junge Frau sagen. «Die ist nach Marzahn gezogen», antwortete eine zweite. «Marzahn?», fragte ungläubig die erste. Stumm blickten die beiden über die Kreuzberger Dächer hinweg nach Nordosten, ungefähr in Richtung Marzahn. «Sag mal», fragte nach einer Weile die erste, «meinst du, irgendwann wohnen wir alle in Marzahn?»

«Heeeeey, lange nicht gesehen», rief ein Mann um die 40 einem gleichaltrigen Paar zu. «Stimmt», lautete die Antwort, «wir sind selten hier, seit wir nach Wedding gezogen sind.» Der Mann nickte nachdenklich. «Habt nicht viel verpasst», sagte er. «Hier machen gerade die ganzen alten Läden zu.» Er murmelte ein paar Barnamen, die ich nicht verstand: «Das *Gemurmel* ist weg, das *Gemurmel* auch, als nächstes soll das *Gemurmel* dichtmachen. Nur das *Gemurmel* ist noch offen, aber da hängen inzwischen nur noch ganz komische Leute rum.» Seine Freunde lauschten stumm. «Armes Kreuzberg, ey», sagten sie dann. «Voll», erwiderte der Mann. «Mal sehen, wie lange ich noch hierbleibe.»

«Jetzt versteh ich das endlich mal mit Kreuzberg», hörte ich eine junge Frau mit Harry-Potter-Brille sagen. «Hier ein Kreuz, da ein Berg, alles klar, Kreuzberg. Voll einfallslos. Da fragt man sich, wie die Leute früher auf so Namen wie Wedding gekommen sind.»

«Schmuddelwetter», schimpfte eine ältere Dame. «Passt doch», erwiderte ihr Mann: «Schmuddelwetter in der Schmuddelhauptstadt.» Die Dame rollte mit den Augen. «DU wolltest doch nach Berlin!»

Von einem Gespräch zweier Herren um die 50 verstand ich nur einen Satz: «Wenn man so lange hier lebt wie wir, sieht man irgendwann die Romantik nicht mehr.»

«Sag mal, ist das 'ne Moschee dahinten?» – «Nein, 'ne Sternwarte.» – «Quatsch, das ist der Tower vom Flughafen Tempelhof.»

«Guck mal, bis Leipzig sind's 1813 Kilometer.» – «Nee, das ist 'ne Jahreszahl, da war der Krieg gegen Napoleon.» – «Der war in Leipzig? Wieso steht das Denkmal dann hier?»

«Der Stefan hat jetzt eine von diesen Dachterrassen dahinten.» – «Ausgerechnet der, ey! So 'n Typ, der das überhaupt nicht zu würdigen weiß!» – «Ich glaube, der schätzt das schon.» – «Schätzen vielleicht, aber würdigen nicht!»

«So you're going to Brussels?» – «I'm thinking about it. I mean, the good thing is, it's not that far away from Berlin.»

Themen, die in den mitgehörten Kreuzberg-Konversationen mehr als einmal auftauchten, sortiert nach Häufigkeit: Immobilienmietpreise; die Gemeinheit der Männer; Immobilienkaufpreise; die Launen der Frauen; Biolebensmittel; Trump; Airbnb; der Wedding; die AfD; die Vor- und Nachteile von Kinderimpfungen.

«Sag mal», hörte ich einen bulligen Zwei-Meter-Mann fragen, kurz bevor ich den Kreuzberg fluchtartig verließ, «kann es sein, dass uns der Typ da belauscht?»

* * *

Gefühlte Mitte: Prinzenbad

Sektorenzugehörigkeit bis zur Wiedervereinigung: Amerikanisch (West-Berlin)

Fläche: 10,4 km^2 (Platz 32 von 97)

Einwohner: 152 919 (Platz 3 von 97)

Bevölkerungsdichte: 14 640 Einwohner/km^2 (Berlin gesamt: 4323 Einwohner/km^2)

Durchschnittsalter: 39,8 (Berlin gesamt: 42,7)

Verkehrsanbindung: S-Bahn (Linien S1, S2, S25, S26), U-Bahn (Linien U1, U2, U3, U6, U7, U8), Bus (diverse Linien)

Leute: Rio Reiser (Sänger der Kreuzberg-Band Ton Steine Scherben), Herr Lehmann (Hauptfigur des gleichnamigen Kreuzberg-Romans von Sven Regener)

Sehenswürdigkeiten: Nationaldenkmal (neugotisches Monument von Karl Friedrich Schinkel, gebaut 1821 in Erinnerung an die preußischen Siege über Napoleon 1813–1815, auf der Spitze des Kreuzbergs im Viktoriapark), Checkpoint Charlie (zu Mauerzeiten Grenzübergang zwischen amerikanischem und sowjetischem Besatzungssektor, Friedrichstr. 43–45), Anhalter Bahnhof (Bahnhofsruine und Weltkriegsdenkmal, Askanischer Platz), Willy-Brandt-Haus (Bundeszentrale der SPD, Wilhelmstr. 140), Tempodrom (Veranstaltungszentrum mit Zeltdacharchitektur, Möckernstr. 10), Bergmannstraße (Restaurant-, Café- und Kommerzmeile), Bethanien (alternatives Kulturzentrum, Mariannenplatz 2)

Theater: Hebbel am Ufer (Theater für internationale Gastspiele und die freie Berliner Szene mit drei Kreuzberger Spielstätten, Stresemannstr. 29/Hallesches Ufer 32/Tempelhofer Ufer 10), Ballhaus Naunynstraße (Theater mit postmigrantischem Schwerpunkt, Naunynstr. 27)

Museen und Galerien: Topographie des Terrors (Dokumentationsgelände zum Terror der Nazi-Ära am ehemaligen Berliner Gestapo-Hauptquartier, Niederkirchnerstr. 8), Jüdisches Museum (größtes Jüdisches Museum Europas mit Dauerausstellung zu 1700 Jahren deutsch-jüdischer Geschichte, Lindenstr. 9–14), Berlinische Galerie (Kunst, Fotografie und Architektur aus Berlin, Alte Jakobstr. 124–128), Deutsches Technikmuseum (Schwerpunkt Verkehrs- und Industriegeschichte, Trebbiner Str. 9), Museum der Dinge (Werkbundarchiv, Geschichte der industriellen Warenproduktion, Oranienstr. 25), Martin-Gropius-Bau (Ausstellungshaus für Kunst und Kulturgeschichte, Niederkirchnerstr. 7), Friedrichshain-Kreuzberg-Museum (Bezirksgeschichte, Adalbertstr. 95A), Mauermuseum am Checkpoint Charlie (Privatmuseum zur Berliner Teilung, Friedrichstr. 43–45), Museum des Kapitalismus (interaktive Ausstellung zu Wirtschaftstheorie und -praxis, Köpenicker Str. 172)

Grünste Ecken: Görlitzer Park, Viktoriapark, Gleisdreieckpark, Prinzessinnengärten, Landwehrkanal

Gute Currywurst: Curry 36 (Mehringdamm 36)

Gute Kneipe: Würgeengel (Dresdener Str. 122)

Kalauer-Friseure: Vorhair Nachhair (Kreuzbergstr. 78), Haarspree (Schlesische Str. 6), Hair-Cooles (Urbanstr. 47)

Ortsteilhymnen: Rauch-Haus-Song (Ton Steine Scherben, 1972), Kreuzberger Nächte sind lang (Gebrüder Blattschuss, 1978), Görli Görli (P. R. Kantate, 2003)

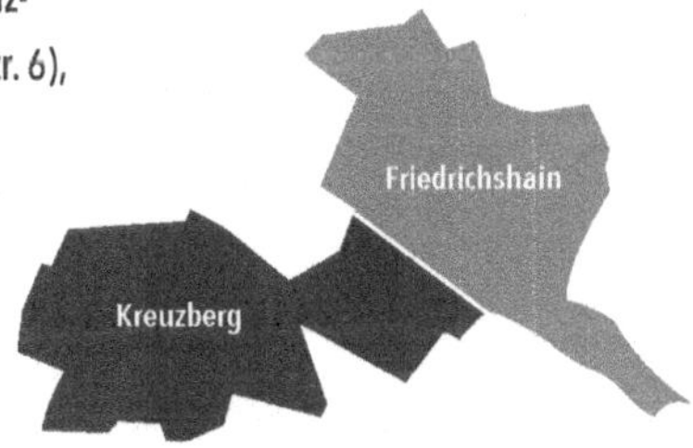

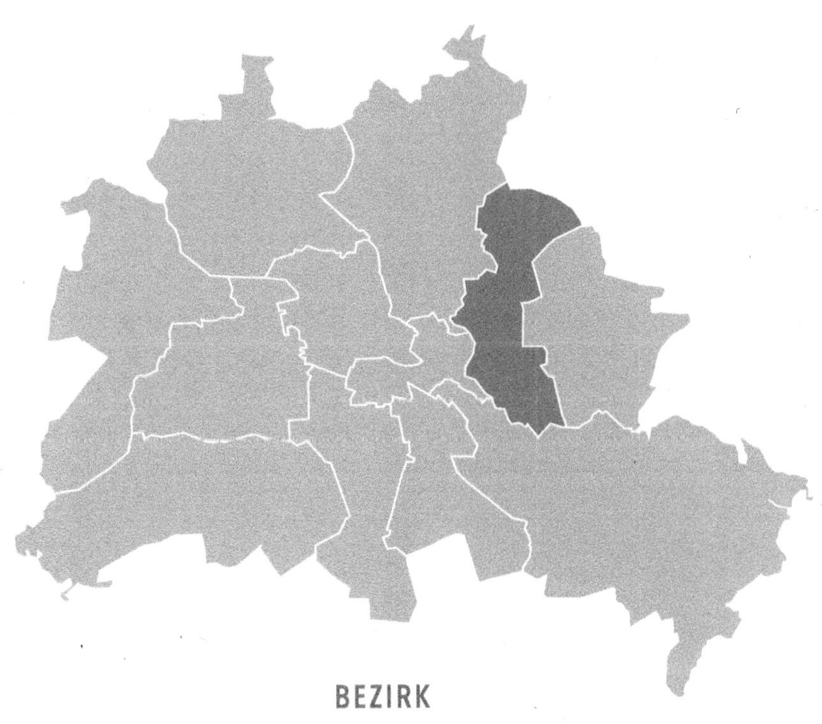

BEZIRK

LICHTENBERG

Fläche: 52,1 km² (entspricht 5,8 % der Berliner Gesamtfläche)

Einwohner: 308 286 (entspricht 8,0 % der Berliner Gesamtbevölkerung)

Davon weiblich: 50,2 % (Berlin gesamt: 50,6 %)

männlich: 49,8 % (Berlin gesamt: 49,4 %)

ohne Migrationshintergrund: 67,1 % (Berlin gesamt: 61,4 %)

mit Migrationshintergrund: 32,9 % (Berlin gesamt: 38,6 %)

ledig: 54,4 % (Berlin gesamt: 52,8 %)

verheiratet: 31,5 % (Berlin gesamt: 33,2 %)

verwitwet: 5,3 % (Berlin gesamt: 5,1 %)

geschieden: 8,5 % (Berlin gesamt: 8,5 %)

in Lebenspartnerschaft: 0,3 % (Berlin gesamt: 0,4 %)

Bevölkerungsdichte: 5918 Einwohner / km² (Berlin gesamt: 4323)

Durchschnittsalter: 42,0 (Berlin gesamt: 42,7)

Beliebteste Babynamen: Charlotte (Mädchen), Liam (Jungen

* * *

Lichtenberg ist nicht der organischste unter den Berliner Bezirken. Die Verwaltungseinheit im Nordosten der Stadt umfasst die unterschiedlichsten städtischen Ecken – von historischen Villen- und Altbauvierteln über Plattenbausiedlungen der DDR-Ära bis zu den dörflichen Ortsteilen am nördlichen Stadtrand.

Die zentrumsnächsten Gegenden des Bezirks sind – unmittelbar östlich an Friedrichshain grenzend – der namensgebende Ortsteil **Lichtenberg** und das südlich davon gelegene **Rummelsburg**. In **Lichtenberg** erinnert vieles an den Sozialismus – im Guten (Gedenkstätte der Sozialisten) wie im Schlechten (Stasi-Zentrale).

Direkt am Wasser liegt **Rummelsburg**, wo sich kleine, heimelige Altbaukieze mit den familienfreundlichen Neubauzeilen an der Rummelsburger Bucht mischen – beiden gleichermaßen verdankt Rummelsburg das zweitniedrigste Durchschnittsalter unter allen Ortsteilen der Stadt. Südöstlich schließt das Villenviertel **Karlshorst** an, bekannt vor allem für die dortige Trabrennbahn.

Ganz im Norden des Bezirks liegen die ehemaligen Dörfer **Wartenberg**, **Malchow** und **Falkenberg**, die auch heute noch in vielem dem brandenburgischen Umland jenseits der Stadtgrenze ähneln. Ein Dorf war ursprünglich auch Hohenschönhausen, bis die Städteplaner der DDR hier in der Nachkriegszeit Platz für Neubausiedlungen schufen – letztere prägen heute die beiden Ortsteile **Alt-** und vor allem **Neu-Hohenschönhausen** sowie ihre nahezu komplett aus Plattenbauten bestehenden Nachbarn **Fennpfuhl** und **Friedrichsfelde**.

ALT-HOHENSCHÖNHAUSEN

Wo die Niederen hässlich hausen

Das Erste, was mir ins Auge sprang, als ich in Alt-Hohenschönhausen aus der Tram stieg, war ein Dönerladen namens «Eleganz-Bistro». Ich zückte mein Handy. Das war ein Fehler.

«Alter, was fotografierst du? Hör auf!»

«Äh … mir gefällt euer Name, ich fotografiere nur das Schild …»

«Lösch die Fotos!»

«Was? Warum denn?»

«Alter, lösch sie!»

Der Dönerverkäufer wirkte sehr angespannt, weshalb ich die Bilder am Ende tatsächlich löschte. Als ich später bei Google Maps nach einer Aufnahme der Ladenfront suchte, stellte ich fest, dass das «Eleganz-Bistro» noch recht neu sein muss. Auf dem Google-Foto existiert es nämlich noch nicht, stattdessen residiert an seiner Stelle das «Eiscafé Melodram».

Der Quarkkeulchenverkäufer an der Tramhaltestelle konnte mir keine Ausflugstipps geben. «Bin nicht von hier», knurrte er. Von Alt-Hohenschönhausen kannte er nur den winzigen Ausschnitt, den er aus seiner Bude sah, tiefer hatte er sich nie in den Ortsteil hineingewagt. Wäre ich er, würde ich es vermutlich genauso machen. Der Ausblick aus der Quarkkeulchenbude muss zu den hässlichsten Ansichten Berlins gehören. Links ragen Plattenbauten ins Bild, rechts ein tristes Einkaufszentrum, gegenüber liegt das Eleganz-Bistro. Schwer zu glauben, dass hier einst das Zentrum eines mittelalterlichen Dorfs lag, bevor die Städteplaner der DDR es hinwegpflügten, um Platz für die Zukunft zu schaffen.

Dann ist da noch das andere DDR-Erbe: der Stasi-Knast, der inzwischen Alt-Hohenschönhausens beliebteste Sehenswürdigkeit ist. Von der Tramhaltestelle an der Konrad-Wolf-Straße fließt ein steter Schulklassenstrom zur Gedenkstätte – so viele junge Leute sieht man sonst selten im Kiez. Gleich zwei Hostels haben sich im Schatten der Knastmauern angesiedelt, dazwischen liegt das Burgerrestaurant «Kittchen». Ja, genau, mit zwei «tt» – witzig, oder?

Geht man nicht in die Gedenkstätte hinein, sondern um sie herum, landet man in der ziemlich bizarren Lichtenauer Straße. Auf der einen Seite: Mauern, Wachtürme, Stacheldraht. Direkt gegenüber: Einfamilienhäuser, erkennbar neu gebaut, mit eiszapfenförmigen Lichterketten an den Giebeln und getrimmten Buchsbäumen in den Vorgärten. Was wohl in den Immobilienprospekten stand, mit denen dieses Bauland beworben wurde? Filetgrundstücke in historischer Bestlage? Exklusiver Blick auf eine Berliner Sehenswürdigkeit? Sichern Sie sich jetzt Ihr Stück Freiheit?

Besser gefielen mir die alten Stadtvillen am Ufer des Orankesees, wo ich mit einem Spaziergänger ins Gespräch kam. «Hohenschönhausen», witzelte er, «ist da, wo die Hohen schön hausen – und die Niederen hässlich!» Noch besser gefiel mir das kleine Naturschutzgebiet am Faulen See. In den Bäumen klopften Spechte, eine Aussichtsplattform ragte ins Wasser, am Geländer hatten Liebespaare Vorhängeschlösser befestigt. Manche Schlösser waren in Plastiktüten gehüllt. Vermutlich, damit die Liebe nicht rostet.

Bevor ich heimkehrte, entdeckte ich vor der alten Taborkirche im Ortszentrum ein Plakat. Es zeigte Springerstiefel, aus denen Blumen wachsen. Als ich es sah, dämmerte mir, woran es liegen könnte, dass die Dönerverkäufer hier nervös werden, wenn Unbekannte ihren Laden fotografieren.

* * *

Gefühlte Mitte: Taborkirche

Sektorenzugehörigkeit bis zur Wiedervereinigung: Sowjetisch (Ost-Berlin)

Fläche: 9,3 km² (Platz 38 von 97)

Einwohner: 51 443 (Platz 26 von 97)

Bevölkerungsdichte: 5503 Einwohner/km² (Berlin gesamt: 4323 Einwohner/km²)

Durchschnittsalter: 42,7 (Berlin gesamt: 42,7)

Verkehrsanbindung: S-Bahn (Linien S7, S75), Tram (diverse Linien), Bus (diverse Linien)

Leute: Paul Schmidt (Ingenieur, erfand in Hohenschönhausen um die Wende vom 19. zum 20. Jhdt. die Taschenlampe und die Trockenbatterie)

Sehenswürdigkeiten: Gedenkstätte Hohenschönhausen (ehemaliges Stasi-Untersuchungsgefängnis, Genslerstr. 66), Taborkirche (mittelalterliche Feldsteinkirche mit späteren Anbauten, Hauptstr. 43), Schloss Hohenschönhausen (ehemaliges Gutshaus, errichtet Ende des 17. Jhdts., seitdem mehrfach umgebaut, heute Kulturzentrum, Hauptstr. 44), Löwenbrauerei (Industriedenkmal von 1889, Konrad-Wolf-Str. 14), Bruno-Taut-Siedlung (Wohnsiedlung der 1920er Jahre, Paul-König-Str./Malchower Weg/Wartenberger Str.), Wasserturm (Backsteinbau von 1899, am Obersee, Waldowstr. 20)

Museen und Galerien: Haus Lemke (Kunst- und Architekturgalerie im letzten Wohnhaus, das Mies van der Rohe in Deutschland vor seiner Emigration in die USA baute, Oberseestr. 60), Daimon-Museum (Ausstellung zum Erfinder Paul Schmidt und dessen Unternehmen Daimon, im Schloss Hohenschönhausen, Hauptstr. 44)

Grünste Ecken: Ober- und Orankesee

Gute Kneipe: Bar im Wasserturm (Waldowstr. 20)

FALKENBERG

Wo die Hunde Herzen brechen

Selten sind mir bei meinen Ortsteilwanderungen so gastfreundliche Menschen begegnet wie in Falkenberg. Es fing mit der mütterlichen Dame an, die ich um Rat fragte, nachdem ich den sehr dörflichen Ortsteil erfolglos nach etwas Essbarem abgesucht hatte – das einzige Café hatte Ruhetag, die Bäckerei war geschlossen. Mehr gebe es leider nicht, sagte die Dame bedauernd – und schmierte mir in ihrer Küche ein Käsebrötchen.

Dann kam ich mit einem pensionierten Volkspolizisten ins Gespräch, der mich spontan auf seine Datsche mitnahm. Er zeigte mir alles – sogar die Fäkalgrube. «Drei Kubik. Reicht fürs ganze Jahr, Besuch mitgerechnet.» Auf der Terrasse philosophierte er über den Unterschied zwischen West- und Ost-Berlinern. Nach der Wende, sagte er, habe er kaum fassen können, dass man in den West-Baumärkten einfach alles kaufen konnte, was Heimwerker und Datschengärtner so brauchen. Trotzdem habe die Mangelwirtschaft der DDR ihr Gutes gehabt, weil sie die Leute dazu erzogen habe, einander unter die Arme zu greifen – und damit sei es im Westen nicht weit her.

Ich bat ihn um ein Beispiel. Er erzählte von der Neuköllner Familie, die in seine Nachbarschaft gezogen war. «Als ich denen mal spontan einen Lichtschalter reparierte, haben die sich nicht mal bedankt, weil sie mich automatisch für den Hausmeister hielten. Dass ich einfach so helfe, konnten die sich nicht vorstellen.» Lieber sei ihm da der russische Familienvater aus der Nachbardatsche, obwohl der kaum Deutsch spreche. Seitdem er einmal dessen Dach ausgebessert habe, reiche der ihm beim Grillen immer wortlos lächelnd ein Würstchen über die Hecke.

Hinter den Datschen liegt das Berliner Tierheim, angeblich das größte in Europa, ein Ortsteil im Ortsteil, wo im Laufe eines

Durchschnittsjahres weit mehr Tiere wohnen (etwa 12000) als in Falkenberg Menschen (rund 3000). Ein irres Gezwitscher und Gekläffe und Gemaunze hallt über das weitläufige Betonareal, man muss das gehört haben, um es zu glauben. Zum Zeitpunkt meines Besuchs gab es hier unter anderem ein Schweinchen namens Bärchen, das herrenlos in Tegel aufgegriffen worden war, oder den Grünen Leguan Max, der seit dem Tod seines Halters alleine war, oder die arme Katze Miezi, die schon zum zweiten Mal im Tierheim lebte, weil sie sich, wie es auf dem Pappschild an ihrem Käfig hieß, «gegenüber ihren Besitzern unausgeglichen verhalten hat».

Am meisten beeindruckt aber hat mich der stille Tierfriedhof hinter dem Heim, weshalb ich dieses Ortsteilporträt mit einer epischen Grabinschrift für einen Berliner Hund ausklingen lassen möchte.

«Unser Herzchen Chibi Pickron (1995–2012): Ich vermisse Deinen Blick, Deine Art, wie Du mich berührt hast. Zielstrebig, vorsichtig, aber immer wieder liebevoll. Ich vermisse, wie Du mich begrüßt hast, wie glücklich Du warst, wenn ich vor der Tür stand, wie Deine Augen einfach nur strahlten. Ich weiß, dass ich viel zu oft geweint und gejammert habe, und ich hab immer viel zu früh aufgegeben. Meine Güte, wie oft bin ich hinter Dir hergerannt. Ich wollte bei Dir sein, ich wollte immer einfach nur in Deiner Nähe sein, weißt Du? Du hast mir so viel Kraft gegeben, Dein Lächeln hat mich verändert und mir Zuversicht gegeben. Ich hab Dir immer vertraut, und dafür gibt es nur einen einzigen Grund. Chibi, ich liebe Dich.»

* * *

Gefühlte Mitte: Dorfstraße
Sektorenzugehörigkeit bis zur Wiedervereinigung: Sowjetisch (Ost-Berlin)
Fläche: 3,1 km² (Platz 84 von 97)

Einwohner: 3045 (Platz 93 von 97)
Bevölkerungsdichte: 997 Einwohner/km² (Berlin gesamt: 4323 Einwohner/km²)
Durchschnittsalter: 34,8 (Berlin gesamt: 42,7)
Verkehrsanbindung: Regionalbahn (Bahnhof Ahrensfelde), S-Bahn (Linie S7), Bus (diverse Linien)
Leute: Marie-Elisabeth von Humboldt (Gelehrtenmutter)
Sehenswürdigkeiten: Tierheim und Tierfriedhof (Hausvaterweg 39), Grabstätte von Marie-Elisabeth von Humboldt (Friedhof an der Dorfstraße), Gutsarbeiterhaus (einzige erhaltene Lehmkate Berlins, gebaut 1856, Sitz des Dorfvereins, Dorfstr. 4)
Grünste Ecken: Gutspark, Rieselfelder

FENNPFUHL

Wo die Häuser höher wachsen

Rings um den Anton-Saefkow-Platz sah ich die Betonzähne in den Himmel ragen, die kleineren fünf Stockwerke hoch, die größeren 14, die allergrößten mit 21 Etagen nicht viel niedriger als die Hochhäuser am Potsdamer Platz. Fennpfuhl: Platte pur. Ab den frühen 1970er Jahren entstand hier die erste Betongroßsiedlung der DDR, «das Beispiel eines sozialistischen Stadtteils der Zukunft», wie die SED-Presse 1957, in der Planungsphase, schrieb.

Heute wirkt der Ortsteil eher wie ein Museum der sozialistischen Vergangenheit. Als ich morgens um zehn über den Anton-Saefkow-Platz lief, standen vor einem Gemüsestand zwei Dutzend Rentner in grauen DDR-Gedächtnis-Jacken Schlange. Anderthalb Stunden später kam ich erneut am Marktstand vorbei – und sah keinen einzigen Kunden mehr. Unwillkürlich fragte ich mich, ob die Fennpfuhler Rentner wohl absichtlich alle zur selben Zeit einkaufen gehen, um beim Schlangestehen gemeinsam in Erinnerungen zu schwelgen.

Überhaupt deutete die allgemeine Rollatorendichte darauf hin, dass viele Menschen hier noch zu den Erstmietern der Plattenbauten gehören. Dabei kam mir der Ortsteil nicht gerade rentnerfreundlich vor. Beim Schlendern durch die Straßenschluchten staunte ich immer wieder über die enormen Distanzen zwischen den Betonblöcken. Es fiel mir schwer zu glauben, dass Fennpfuhl der am zweitdichtesten besiedelte Ortsteil in Berlin ist.

Bevor die Hochhäuser kamen, bestand Fennpfuhl aus Lauben und Sümpfen. Die Lauben retteten im Krieg dem späteren Fernsehmoderator Hans Rosenthal das Leben, als drei Kleingärtnerinnen ihn hier vor den Nazis versteckten. Die Sümpfe wurden beim Bau der Betonsiedlung zur Teichlandschaft umgestaltet, in deren Mitte heute eine Wasserfontäne sprudelt. Daneben sah ich ein paar Betonstege ins Wasser ragen. Bis vor ein paar Jahren, erzählte mir ein Vater mit Kinderwagen, habe man hier Ruderboote ausleihen können, aber die hätten eines Nachts Besoffene zertrümmert. «Russen wahrscheinlich», sagte der Mann. Er deutete auf den höchsten Plattenbau im Umkreis. «Da wohnen nur Russen. Ist nie renoviert worden, der Kasten, der Besitzer lässt ihn verfallen. Kein Deutscher will da leben.»

Die Vorstellung, dass die Ruinen des Sozialismus heute von ehemaligen Sowjetbürgern bewohnt werden, kam mir zu ironisch vor, um wahr zu sein – und tatsächlich fand ich, als ich mir den 21-Stöcker aus der Nähe ansah, auf den Klingelschildern ganz überwiegend deutsche Namen.

An der Eingangstür heftete ich mich unauffällig an die Fersen eines Bewohners und stahl mich in den Lift. Er fuhr so langsam, dass ich auf dem Weg in die oberste Etage alle an die Wand geklebten Werbezettel lesen konnte. Am liebsten mochte ich diesen: «Liebeskummer? Finanzielle Probleme? Ärger in der Familie? Berufssorgen? Wahrsagerin hilft!»

Im 21. Stockwerk roch der Flur nach Katze und Weichspüler. Durch eine Außentür gelangte ich auf einen kleinen Balkon. Lange stand ich hoch über Fennpfuhl und ließ mir den Wind ins Gesicht blasen, in der Ferne reichte der Beton bis zum Horizont. Selten habe ich in Berlin einen spektakuläreren Ausblick erlebt.

* * *

Gefühlte Mitte: Anton-Saefkow-Platz

Sektorenzugehörigkeit bis zur Wiedervereinigung: Sowjetisch (Ost-Berlin)

Fläche: 2,1 km² (Platz 91 von 97)

Einwohner: 34 209 (Platz 40 von 97)

Bevölkerungsdichte: 16 121 Einwohner/km² (Berlin gesamt: 4323 Einwohner/km²)

Durchschnittsalter: 44,9 (Berlin gesamt: 42,7)

Verkehrsanbindung: S-Bahn (Linien S8, S41, S42, S85), Tram (diverse Linien), Bus (diverse Linien)

Leute: Hans Rosenthal (Fernsehmoderator, versteckte sich während des Zweiten Weltkriegs in einer Fennpfuhler Gartenlaube vor den Nazis)

Sehenswürdigkeiten: Musterbau P2 (denkmalgeschützter DDR-Plattenbau der 1960er Jahre, Erich-Kuttner-Str. 9–15)

Grünste Ecke: Park am Fennpfuhl

FRIEDRICHSFELDE

Wo Theatermenschen leben

Es heißt, dass der Tierpark in Friedrichsfelde bis heute selten von West-Berlinern besucht wird, weil die sturen Wessis nach wie vor lieber in «ihren» Zoologischen Garten im anderen Teil der

Stadt gehen. Gleichzeitig dürfte der Tierpark so ziemlich die einzige Sehenswürdigkeit sein, die überhaupt Besucher aus anderen Ortsteilen hierher lockt. Durchaus vorstellbar also, dass den Teil von Friedrichsfelde, in dem keine Tiere, sondern Menschen wohnen, noch nie ein Charlottenburger betreten hat.

Nach meinem Besuch kann ich nur sagen: Charlottenburger, steigt in die U5! Fahrt bis zur Station Friedrichsfelde, besucht die Bäckerei Müller, kauft ein Vollkornbrot der Marke «Friedrichsfelder Korni» und plaudert ein bisschen mit der Verkäuferin, die euch erzählen wird, wie sehr sie den grünen, ruhigen Ortsteil schätzt.

Wenn ihr dann fragt, liebe Charlottenburger, was es in Friedrichsfelde außer dem Tierpark Interessantes zu sehen gibt, wird euch die Bäckerin den «Hochhauspfad» empfehlen. Staunend werdet ihr von Hochhaus zu Hochhaus und von Infotafel zu Infotafel wandern, quer durch den ganzen Ortsteil und durch die Plattenbaugeschichte der Vorkriegs- und der DDR-Ära. Erfahren werdet ihr dabei, dass in der Friedrichsfelder Splanemann-Siedlung in den 1920er Jahren zum ersten Mal überhaupt in Deutschland mit vorgefertigten Betonbauteilen experimentiert wurde. Mühelos werdet ihr am Ende die DDR-Plattenbautypen Q3, QX, QP64, MGH, PK, WHH 17 Dresden und WHH GT 18 Berlin unterscheiden können. Dass ihr euch langsam dem Tierpark nähert, wird euch die Nachwendebemalung der Betonfassaden mit ihren funkelnden Tigeraugen und flatternden Papageienflügeln verraten, und wenn ihr schließlich bei der letzten Infotafel ankommt, wenige hundert Meter vom Haupteingang des Tierparks entfernt, werdet ihr vermutlich genauso überrascht wie ich zur Kenntnis nehmen, dass in einem 14-Stöcker vom Plattenbautyp «SK Scheibe», in einer Sechszimmerwohnung in der obersten Etage, von 1979 bis 1993 der Dramatiker Heiner Müller gelebt hat.

Als ich die Concierge des Wohnkomplexes nach dem einstigen Star-Mieter fragte, zuckte sie unbeeindruckt mit den Schultern.

«Sagt mir nix. Müller heißen viele. Aber es gibt nur eine Sechszimmerwohnung im 14. Stock. Klingeln Sie doch einfach mal.»

Ich nahm den Aufzug und klingelte. Die Frau, die mir die Tür öffnete, stellte sich als Betreuerin einer Wohngemeinschaft vierer Menschen mit geistigen Behinderungen heraus. Ihre Schützlinge begrüßten mich so herzlich, wie ich als unangemeldeter Gast selten irgendwo empfangen worden bin. Der Name Heiner Müller sagte auch ihnen nichts, aber als ich zur Erklärung das Wort «Theater» fallen ließ, bekamen zwei Frauen strahlende Augen. «Wir spielen auch Theater!», riefen beide. Sie machten bei einem integrativen Bühnenprojekt der Kulturbrauerei in Prenzlauer Berg mit. Was für ein unwahrscheinlicher Zufall, dachte ich, während die WG-Bewohner mir ihr Gemeinschaftszimmer und die spektakuläre Aussicht zeigten – so vieles hat sich verändert, aber noch immer strahlt der Fernsehturm hoch über Friedrichsfelde in eine Wohnung, in der Theatermenschen leben.

* * *

Gefühlte Mitte: Bärengehege

Sektorenzugehörigkeit bis zur Wiedervereinigung: Sowjetisch (Ost-Berlin)

Fläche: 5,8 km² (Platz 69 von 97)

Einwohner: 57 195 (Platz 21 von 97)

Bevölkerungsdichte: 9803 Einwohner/km² (Berlin gesamt: 4323 Einwohner/km²)

Durchschnittsalter: 44,2 (Berlin gesamt: 42,7)

Verkehrsanbindung: Fern- und Regionalbahn (Bahnhof Lichtenberg), S-Bahn (Linien S3, S5, S7, S75), U-Bahn (Linie U5), Tram (diverse Linien), Bus (diverse Linien)

Leute: Heinrich Dathe (Zoologe, von 1955 bis 1990 Direktor des Tierparks), Heiner Müller (Dramatiker, lebte von 1979 bis 1993 in Friedrichsfelde)

Sehenswürdigkeiten: Tierpark (Am Tierpark 125), Schloss Friedrichsfelde (klassizistisches Landhaus, gebaut Ende des 17. Jhdts., Am Tierpark 125), Dorfkirche (Sakralbau mit mittelalterlichen Ursprüngen, Am Tierpark 28), Hochhauspfad (Lehrwanderweg zur DDR-Plattenbaugeschichte, führt vom U-Bahnhof Friedrichsfelde bis zum Tierpark), Splanemann-Siedlung (Deutschlands erste Einfamilienhäuser aus vorgefertigten Betonbauteilen, Splanemannstr./Sewanstr.)
Grünste Ecke: Tierpark

KARLSHORST

Wo die Pferde schöner traben

Im Pferdesportpark Karlshorst sah ich drei Rappen beim Grasen zu. Ruhigen Schrittes bewegten sich die Tiere über die Weide – bis plötzlich etwas in sie fuhr. Eines stellte sich wiehernd auf die Hinterbeine, ein anderes wälzte sich auf dem Rücken, das dritte keilte schnaubend nach hinten aus. Nach ein paar Minuten war der Anfall vorbei, ruhig grasten die Pferde weiter – um kurz darauf unvermittelt wieder loszutoben. Ratlos fragte ich zwei vorbeilaufende Pferdemädchen, was mit den Tieren los sei. Sie warfen einen Blick auf die Rappen. «Männer», sagten sie trocken und liefen weiter.

Der Pferdesportpark liegt unmittelbar neben der Trabrennbahn, der Karlshorst seinen Aufstieg zum «Dahlem des Ostens» verdankte: Um die Wende vom 19. zum 20. Jahrhundert ließen sich hier solvente Rennsportliebhaber die fantastischsten Landhäuser bauen. Welche Art von Publikum damals in der Gegend verkehrte, kann man sich auf den vergilbten Fotos ansehen, die im Café unter der alten Renntribüne die Wände zieren: Damen mit voluminösen Hüten und Kleidern, Herren mit Kneifern und spitz gezwirbelten Bärten.

Abgesehen von den Fotos war in der «Sportkantine» nicht

mehr viel vom alten Karlshorster Glamour zu spüren. An den Cafétischen löffelten Rentner Erbsensuppe. Andere füllten Wettscheine aus oder studierten Ergebnislisten – das Café ist gleichzeitig ein Sportwettladen. Dutzende von Fernsehern übertrugen Fußball- und Handballspiele, dazu alle Arten von Pferdesport und sogar ein britisches Windhundrennen. Nur auf einem Bildschirm lief die Karlshorster Königsdisziplin: ein Trabrennen, ausgetragen irgendwo in Frankreich. Zwei Männer sahen gebannt zu. «Fehlstart», brummte einer. «Sieht das denn keiner? Mann, Mann, Mann ...»

Ich kam mit einem Veteranen ins Gespräch, der hier schon zu DDR-Zeiten auf Pferde gewettet hatte. «Bei den Rennen war es damals so voll, dass man mit den Ellbogen kaum Platz zum Applaudieren hatte», erzählte er. «War ja die einzige Trabrennbahn der DDR. Heute kommt an Renntagen höchstens noch ein Zehntel des Publikums von damals. Ist ein Alte-Leute-Sport geworden.»

Ein Schwarzweißfoto an der Wand zeigte Trabgespanne beim Zieleinlauf. Die Aufnahme war offenbar von 1977, laut Bildunterschrift gewann das Pferd «Zauberer» den «Pokal des 60. Jahrestages der Großen Sozialistischen Oktoberrevolution». Ich lachte über den pompösen Titel. «Die hießen damals alle so», sagte der Wettveteran. «Bersarin-Gedächtnisrennen und solche Scherze. Alles für die Russen.»

Pferde und Russen – beide haben in Karlshorst ihre große Zeit hinter sich. Dass hier nach dem Krieg die sowjetische Militäradministration angesiedelt war, merkt man heute nur noch im Deutsch-Russischen Museum, dem ehemaligen «Museum der bedingungslosen Kapitulation des faschistischen Deutschlands im Großen Vaterländischen Krieg», wo 1945 drei Wehrmachtvertreter den Kapitulationsvertrag mit den Alliierten unterzeichneten. Auf Filmaufnahmen, die im großen Saal laufen, wird die Unterzeichnung in Endlosschleife gezeigt. Zwei holländische Touristen sahen sich das Video wieder und wieder an, als sei ihnen der immergleiche Bewegungsablauf so rätselhaft wie mir die Choreographie der drei Karlshorster Rappen.

* * *

Gefühlte Mitte: Trabrennbahn

Sektorenzugehörigkeit bis zur Wiedervereinigung: Sowjetisch (Ost-Berlin)

Fläche: 6,5 km² (Platz 59 von 97)

Einwohner: 30 268 (Platz 47 von 97)

Bevölkerungsdichte: 4623 Einwohner/km² (Berlin gesamt: 4323 Einwohner/km²)

Durchschnittsalter: 40,3 (Berlin gesamt: 42,7)

Verkehrsanbindung: S-Bahn (Linie S3), Tram (diverse Linien), Bus (diverse Linien)

Leute: Joachim Fest (Historiker und Schriftsteller, geboren 1926 in Karlshorst), Sahra Wagenknecht (Linke-Politikerin, hat eine Wohnung in Karlshorst)

Sehenswürdigkeiten: Trabrennbahn (Treskowallee), Prinzenviertel (Villen im Landhausstil, gebaut um die Wende vom 19. zum 20. Jhdt., westlich des S-Bahnhofs Karlshorst), Haus der Offiziere (ehemaliges Clubhaus der sowjetischen Militäradministration, Treskowallee 111)

Museen und Galerien: Deutsch-Russisches Museum (Zwieseler Str. 4)

Grünste Ecke: Seepark

Gute Kneipe: Sportkantine (unter der Trabrenntribüne, Treskowallee 159)

Kalauer Friseure: Hairplanes (Treskowallee [illegible]), Eckschnitt (Liepnitzstr. 31)

Ortsteilhymnen: Karlshorst (Gauner, 2007), Karlshorst (Sind, 2020)

LICHTENBERG

Wo die Nelken niemals welken

Lichtenberg begrüßte mich in sozialistischem Rot. Gleich unter der S-Bahn-Brücke am Bahnhof Frankfurter Allee sah ich die erste liegen gelassene Nelke am Straßenrand. Der Jahrestag der Ermordung von Rosa Luxemburg und Karl Liebknecht lag noch nicht lange zurück, am 15. Januar waren Berlins Alt- und Neumarxisten zu den Gräbern ihrer Vorkämpfer gepilgert und hatten eine Blumenspur quer durch den Ortsteil gelegt. Ein Dutzend halb verwelkter Nelken zählte ich vor dem Spartakus-Denkmal am Rathausplatz, acht rote Tulpen vor dem Mahnmal für die antifaschistischen Widerstandskämpfer an der Pfarrkirche. Ich folgte der Spur gen Osten, bis ich die Gedenkstätte der Sozialisten auf dem Zentralfriedhof erreichte, wo ich vor lauter Nelken die Gräber kaum sah.

Der weitaus höchste Blumenberg türmte sich auf der Grabplatte von Rosa Luxemburg. Mit etwas Abstand folgte Karl Liebknecht, deutlich dahinter Ernst Thälmann, der vierte Platz gehörte Wilhelm Pieck, den fünften teilten sich Rudolf Breitscheid, Otto Grotewohl, Franz Künstler, Franz Mehring und John Schehr. Der eindeutige Loser-Linke – mit drei traurigen Nelken und einer einsamen roten Rose – war Walter Ulbricht.

Ein älterer Friedhofsbesucher erzählte mir, dass auf Rosa Luxemburgs Grab noch viel mehr Blumen gelegen hatten. Ein paar ältere Damen, die hier ehrenamtlich für Ordnung sorgten, hatten am Morgen nach dem Gedenktag etwas Struktur in die Nelkenstapel gebracht und dabei ein paar Blumen umverteilt, der sozialistischen Gerechtigkeit wegen. «Das sind stramme Alt-Linke aus den umliegenden Wohngebieten», erklärte mir der Mann. «Aber selbst die haben gesagt: Nö, der Ulbricht, der kriegt nüscht!»

Auf dem Weg zurück vom Friedhof sprach mich ein hilfesuchender Mann an, der sich als älterer Flüchtling aus Tschetschenien herausstellte. Er war auf dem Weg zu einem Arzttermin und konnte die Adresse nicht finden. Während ich ihn ein paar Straßenzüge begleitete, versuchte er, mir etwas zu erzählen, das ihm auf dem Herzen brannte. «Tschetschenien – Polizei schlecht», sagte er immer wieder. «Sehr schlecht Polizei.» Erst als wir uns verabschiedeten, begriff ich, dass die Praxis des Lungenarztes, zu dem ich ihn geführt hatte, in einem Nebengebäude der ehemaligen Stasi-Zentrale lag. Ganz schlecht Polizei.

Auf dem riesigen Stasi-Areal war keine einzige Nelke zu sehen – die Sozialisten schienen es bei ihrem Gedenkmarsch weiträumig gemieden zu haben. Ein Café mit dem seltsamen Namen «Vernunft» lag im Innenhof. Nachdem ich eine Weile überlegt hatte, welche besseren Namen mir für ein Café im Stasi-Hof einfallen würden, kam ich zu dem Schluss, dass «Vernunft» nicht der unvernünftigste Name ist.

Ich beendete den Tag im riesigen vietnamesischen Dong-Xuan-Einkaufscenter, wo ich das Gefühl nicht loswurde, einen Ortsteil im Ortsteil betreten zu haben, ein autarkes Viertel mit seinen eigenen Klamotten- und Lebensmittelläden, Friseur- und Tattoostudios, Restaurants, Cafés und Bars – und mit unzähligen vietnamesischen Blumenhändlern, bei denen die Lichtenberger Kommunisten vermutlich ihre Nelken kaufen.

* * *

Gefühlte Mitte: Stasi-Zentrale

Sektorenzugehörigkeit bis zur Wiedervereinigung: Sowjetisch (Ost-Berlin)

Fläche: 7,2 km² (Platz 51 von 97)

Einwohner: 43 965 (Platz 29 von 97)

Bevölkerungsdichte: 6107 Einwohner/km² (Berlin gesamt: 4323/km²)

Durchschnittsalter: 40,0 (Berlin gesamt: 42,7)

Verkehrsanbindung: Fern- und Regionalbahn (Bahnhof Lichtenberg), S-Bahn

(Linien S5, S7, S8, S41, S42, S75, S85), U-Bahn (Linie U5), Tram (diverse Linien), Bus (diverse Linien)

Leute: Rosa Luxemburg und Karl Liebknecht (Sozialisten, begraben auf dem Zentralfriedhof Friedrichsfelde)

Sehenswürdigkeiten: Gedenkstätte der Sozialisten (Ehrenfriedhof für Vorkämpfer des Sozialismus und Funktionäre der DDR, Zentralfriedhof Friedrichsfelde, Gudrunstr. 20), Forschungs- und Gedenkstätte Normannenstraße (ehemaliger Sitz des Ministeriums für Staatssicherheit der DDR, Ruschestr. 103), Dorfkirche (Mittelalterliche Feldsteinkirche mit späteren Anbauten, Loeperplatz), Rathaus (neogotischer Verwaltungsbau von 1898, Möllendorffstr. 6), Dong-Xuan-Center (Handelszentrum mit vor allem vietnamesisch geführten Importläden und Restaurants, Herzbergstr. 128–139), Blutmauer (Gedenkstätte für erschossene Kämpfer des Spartakusaufstands von 1919, im Rathauspark), Wanderdüne (nomadischer Sandhügel im Landschaftspark Herzberge)

Theater: Theater an der Parkaue (Kinder- und Jugendtheater, An der Parkaue 29)

Museen: Stasi-Museum (Teil der Forschungs- und Gedenkstätte Normannenstraße, Ruschestr. 103), Museum Kesselhaus Herzberge (Ausstellungen zu Dampfkesseltechnik und Medizingeschichte, Herzbergstr. 79)

Grünste Ecken: Stadtpark Lichtenberg, Landschaftspark Herzberge

MALCHOW

Wo die Seen Rätsel bergen

Wo das Ufer des Malchower Sees am schlammigsten ist, stieß ich auf einen Gedenkstein mit einer geheimnisvollen Inschrift: «Hier starb der Kunstflieger Günther Fries, 30. 5. 1913–16. 4. 1934».

Während ich den Flugzeugen zuhörte, die im Landeanflug auf Tegel alle paar Minuten über den kleinen Waldsee hinwegdonnerten, fragte ich mich, wer wohl dieser junge Mann gewesen war, den es hier kurz vor seinem 21. Geburtstag aus dem Leben gerissen hatte.

Sein Name begegnete mir auf dem Malchower Dorffriedhof wieder. Das Grab des Fliegers war unscheinbar, es wäre mir sicher nicht aufgefallen, wenn ich den Namen des Verstorbenen nicht im Gedächtnis gehabt hätte. Eine kleine Engelsfigur lag umgekippt auf dem Grabstein. Während ich sie aufrichtete, fragte ich mich, wer in Malchow wohl die Erinnerung an Günther Fries wachhielt.

Der winzige Ortsteil, der weniger Einwohner hat als jeder andere in Berlin, besteht im Wesentlichen aus einer einzigen Verkehrsader, der Dorfstraße, die von niedrigen Bauernhäusern gesäumt ist. Es gibt hier einen Metzgereiimbiss der Art, wo man nach dem Essen nicht gefragt wird, ob es geschmeckt hat, sondern ob man satt geworden ist, einen Kfz-Mechaniker, der nach der Wende aus dem West-Ortsteil Reinickendorf zugezogen ist und sich das Vertrauen der Malchower Trabifahrer nach eigener Auskunft hart erarbeiten musste, ein großes Anglergeschäft («Tauwürmer 1,50 €, Maden 0,50 €») und ein kleines Wirtshaus.

Ganz am nördlichen Ende der Straße liegt der Trödelladen «Malchower An- und Verkauf». Der Gebrauchtwarenhändler stellte sich als äußerst redseliger Typ heraus. Als ich ihn nach Günther Fries fragte, dem Kunstflieger, nickte er wissend. Fries habe in Malchow gelebt, erzählte er mir – bis zu jenem Tag, an dem sein Flugzeug in den Waldsee gestürzt sei. «Da liegt es wahrscheinlich immer noch. Wie so manches andere.»

Der See sei eher ein Schlammloch, knapp unter der Wasseroberfläche liege metertiefer Morast. Zu DDR-Zeiten sei einmal versucht worden, das Gewässer auszubaggern, um einen Badesee daraus zu machen, doch als der Bagger im Matsch versank, habe man den Plan aufgegeben. «Nach der Wende kamen dann die Wessis und versuchten es noch einmal», fuhr der Trödler fort, «mit Gott weiß was für Technik.» Doch als die schicken West-Bagger im Schlamm auf rostige Weltkriegsmunition stießen, wurde der Plan erneut aufgegeben.

Wir blieben dann noch eine Weile in einem Gespräch über den Westen und den Osten hängen, wie es in dieser Stadt so oft geschieht. Irgendwann erzählte mir der Trödler eine triste Geschichte, die sich in Malchow nach der Wende zugetragen hatte. Ein Wessi, dessen längst verstorbene Verwandte hier vor dem Krieg ein Haus besessen hatten, ließ sich das enteignete Grundstück rückübertragen. Dort stand allerdings inzwischen ein neues, zu DDR-Zeiten gebautes Haus. Der Wessi, der das Grundstück als Bauland weiterverkaufen wollte, zwang kurzerhand den Erbauer und Bewohner dieses Hauses, sein eigenes Heim auf eigene Kosten abzureißen. Als der Ossi damit fertig war, war er pleite, obdachlos und depressiv.

Ich verließ Malchow nicht in bester Stimmung.

***

Gefühlte Mitte: Dorffriedhof

Sektorenzugehörigkeit bis zur Wiedervereinigung: Sowjetisch (Ost-Berlin)

Fläche: 1,5 km² (Platz 94 von 97)

Einwohner: 615 (Platz 97 von 97)

Bevölkerungsdichte: 405 Einwohner/km² (Berlin gesamt: 4323 Einwohner/km²)

Durchschnittsalter: 44,6 (Berlin gesamt: 42,7)

Verkehrsanbindung: S-Bahn (Linie S75), Tram (Linien M4, M5), Bus (diverse Linien)

Leute: Paul von Fuchs (preußischer Staatsminister und

Gutsbesitzer in Malchow), Günther Fries (Kunstflieger, stürzte 1934 über dem Malchower See ab)

Sehenswürdigkeiten: Naturhof Malchow (Naturschutzzentrum und Bioladen, Dorfstr. 35), Weltkriegsgedenkstätte (in der Ruine der gesprengten Dorfkirche, Dorfstr. 38), Herrenhaus (ehemaliger Wohnsitz des preußischen Staatsministers Paul von Fuchs, Dorfstr. 9)

Grünste Ecken: Malchower See, Malchower Aue

NEU-HOHENSCHÖNHAUSEN

Wo die Sonnenuhren nachgehen

Am 9. Februar 1984 legte im Berliner Nordosten Erich Honecker persönlich den Grundstein für eine neue Großsiedlung. Knapp 30 000 Wohnungen sollten in den folgenden Jahren in Hohenschönhausen entstehen.

Fünfeinhalb Jahre später, am 5. Oktober 1989, wurde der Bau der Siedlung offiziell abgeschlossen.

Zwölf Tage später schloss die SED offiziell mit Erich Honecker ab.

Noch einmal 23 Tage später fiel die Mauer.

Im heutigen Ortsteil Neu-Hohenschönhausen erinnert an einer Hausfassade in der Barther Straße 3 eine Gedenktafel an Honeckers Grundsteinlegung. Ringsum sah ich die Plattenbauten des letzten abgeschlossenen Großbauprojekts der DDR-Ära in den Himmel ragen: sechsstöckig, elfstöckig, neunzehnstöckig. Pappelpollen lagen in der Luft, denn wo schnell wachsende Häuser gebaut werden, sind die schnell wachsenden Pappeln nie fern.

Die Kioskverkäuferin am S-Bahnhof Hohenschönhausen sah mich spöttisch an, als ich sie fragte, ob es im Ortsteil irgendwelche Sehenswürdigkeiten gebe. «Nee», sagte sie. «Nur Arbeiterschließfächer.» So, erklärte sie mir, hätten sie früher in der DDR die Plattenbauwohnungen genannt. Die Kioskverkäuferin war eine gute

Erzählerin. Plastisch malte sie mir die Baustelleneinsätze aus, mit denen man sich zu DDR-Zeiten Genossenschaftsanteile erarbeiten konnte, um in Hohenschönhausen eine Wohnung zugeteilt zu bekommen. Schutt schleppen, Nachtwache schieben, Zement anrühren, alles außerhalb der regulären Arbeitszeit, nach Feierabend und am Wochenende. Es klang nach harter Arbeit, aber irgendwie auch nicht unattraktiv. Wäre doch toll, dachte ich, wenn man sich im heutigen Berlin den Zugang zu einer Wohnung durch ehrliche Arbeit verdienen könnte, anstatt einem Makler in den Hintern kriechen zu müssen. Doch als ich der Kioskverkäuferin zögernd den Gedanken antrug, dass diese Genossenschaftseinsätze doch vielleicht eine ganz gute Idee gewesen seien, schnaubte sie nur verächtlich. «Fanden wir gar nicht.»

Bei meinem anschließenden Spaziergang stolperte ich zwischen den Hochhäusern immer wieder über kleine Skulpturen, Relikte der sozialistischen Außenraumgestaltung. Ein bronzenes Kranichpaar; ein steinernes Sofa; ein üppiger Frauenakt mit einem Lamm im Arm; spielende Kinder. Natürlich hatten die meisten dieser Skulpturen gar keine weltanschauliche Botschaft – außer der, dass sie im Rahmen eines sozialistischen Bauprogramms aufgestellt worden waren. Trotzdem ertappte ich mich dabei, wie ich in den Plastiken nach versteckten Propagandalosungen suchte. Die Sonnenuhr im Park an der Ribnitzer Straße zum Beispiel, die aus rätselhaften Gründen zwei Stunden vorging – war sie ein Symbol für die Übererfüllung des Plans? Für den Anbruch einer neuen Zeit? Formulierte sie gar eine subtile DDR-Kritik, eine Anspielung auf Gorbatschow: Wer zu spät kommt, den bestraft das Leben?

Ich rief mich innerlich zur Ordnung. Eines fernen Tages, dachte ich plötzlich schaudernd, wird jemand durch die Ruinen des Kapitalismus laufen und die bundesrepublikanische Kunst am Bau als Zeugnis meiner Geisteshaltung fehlinterpretieren, so wie ich es hier mit den unschuldigen Skulpturen der DDR-Ära tat. Keine schöne Vorstellung. Ein alter Goethevers wurde mir auf meinem weiteren Spaziergang durch Neu-Hohenschönhausen zum Ohrwurm: Was ihr den Geist der Zeiten heißt, das ist im Grund der Herren eigner Geist, in dem die Zeiten sich bespiegeln.

***

Gefühlte Mitte: Prerower Platz
Sektorenzugehörigkeit bis zur Wiedervereinigung: Sowjetisch (Ost-Berlin)
Fläche: 5,2 km² (Platz 74 von 97)
Einwohner: 58 235 (Platz 20 von 97)
Bevölkerungsdichte: 11 305 Einwohner/km² (Berlin gesamt: 4323 Einwohner/km²)
Durchschnittsalter: 42,4 (Berlin gesamt: 42,7)
Verkehrsanbindung: Regionalbahn (Bahnhof Hohenschönhausen), S-Bahn (Linie S75), Tram (diverse Linien), Bus (diverse Linien)
Leute: Walter Püschel (Schriftsteller und Ortsteilchronist), Erich Honecker (Grundsteinleger)
Sehenswürdigkeiten: Gedenktafel zur Grundsteinlegung des Neubaugebiets (Barther Str. 3), Mont Balkon (Kletterfelsen aus Plattenbauteilen, im Malchower Auenpark an der Ribnitzer Str.)
Grünste Ecken: Malchower Auenpark, Falkenberger Krugwiesen
Kalauer-Friseur: Krehaartiv (Rostocker Str. 15)

RUMMELSBURG

Wo die Stasi Kirchen baute

Drei Kirchen mit komplexer Vergangenheit begegneten mir in Rummelsburg. Eine war als Bastion gegen Umstürze gedacht und geriet zur Bastion von Umstürzlern. Eine andere wurde von der Stasi gebaut. Von der dritten sind nur Spuren im Gras geblieben.

Lichtenbergs südlichster Ortsteil zerfällt in drei Kieze. Im Westen, umschlungen von Bahntrassen, liegt die alte Victoriastadt, erbaut als Industrieviertel, zwischen dessen rußenden Schloten und hustenden Proleten Heinrich Zille prägende Jahre verbrachte – viele seiner Milieuzeichnungen pauste er quasi vom Kiez ab.

Dem sozialrevolutionären Geist, der in der späten Kaiserzeit die Gegend erfasste, versuchten Wilhelm II. und seine Gattin Auguste auf die geistliche Tour beizukommen. Zur «Bekämpfung religiös-sittlicher Notstände» riefen sie den Evangelischen Kirchenbauverein ins Leben, der Berlins Arbeitervierteln mehr als 50 neue Gotteshäuser bescherte (und Auguste den Spitznamen «Kirchen-Juste»). Das erste von ihnen war 1892 die Erlöserkirche in der Rummelsburger Nöldnerstraße.

Bekanntlich hielt das kaiserliche Befriedungsprogramm nicht, was sich seine Urheber davon versprachen. Doch auch den Sozialrevolutionären brachte die Erlöserkirche kein Glück – als ein paar Machtwechsel später die Diktatur des DDR-Proletariats schwächelte, wurde ausgerechnet das Gotteshaus zum Zentrum des Lichtenberger Widerstands gegen die SED-Herrschaft.

Der Name Victoriastadt ist kaum noch geläufig, ihre heutigen Bewohner sprechen vom Kaskelkiez. Die einzigen Zille-Charaktere, die mir dort begegneten, waren die Trinker im Park an der Türrschmidtstraße, ansonsten schien die Bevölkerung nach der Wende komplett gewechselt zu haben. Campingbusse parkten in den Straßen, auf den Fensterbänken blühten Sonnenblumen, in den Hausfluren drängten sich Kinderwagen – nicht zufällig hat Rummelsburg das zweitniedrigste Durchschnittsalter aller Ortsteile Berlins.

Weitgehend naturbelassen kam mir dagegen die Bevölkerung des östlichen Weitlingkiezes vor, wo die Trinker verzweifelter aussahen, die Hunde bissiger, die Tätowierungen knastiger. Ich blieb vor einem grauen Zweckbau am Münsterlandplatz stehen, dem wohl einzigen Berliner Gotteshaus, an dessen Bau die Stasi beteiligt war. Als die in den 1970er Jahren ihr Gelände an der Normannenstraße ausdehnte, musste die dortige Neuapostolische Kirche weichen – und wurde kurzerhand vom Wachregiment Feliks Dzierzynski in Rummelsburg neu aufgebaut.

Eine dritte Kirche stand einmal auf dem Gefängnisgelände am Nordufer der Rummelsburger Bucht, das sowohl dem Kaiser- als auch dem Nazi- und dem SED-Regime zur Isolierung missliebiger Elemente diente. Die einstigen Lagerbauten sind inzwischen einem Neubauviertel gewichen. Die Gefängniskapelle wurde abgerissen, ihren einstigen Grundriss zeichnen zur Erinnerung nur noch ein paar Büsche und Betonquader nach.

Vor einer Schautafel, die an das Gefangenenlager erinnert, sah ich zwei Fahrradfahrer stehen. Einer studierte die Inschrift und ließ seinen Blick über die etwas steril wirkenden Neubauten schweifen. «Sieht irgendwie immer noch nach Gefängnis aus», sagte er zu seinem Begleiter.

* * *

Gefühlte Mitte: S-Bahnhof Nöldnerplatz

Sektorenzugehörigkeit bis zur Wiedervereinigung: Sowjetisch (Ost-Berlin)

Fläche: 4,4 km^2 (Platz 79 von 97)

Einwohner: 26 658 (Platz 49 von 97)

Bevölkerungsdichte: 6051 Einwohner/km^2 (Berlin gesamt: 4323 Einwohner/km^2)

Durchschnittsalter: 36,2 (Berlin gesamt: 42,7)

Verkehrsanbindung: Fern- und Regionalbahn (Bahnhöfe Ostkreuz und Lichtenberg), S-Bahn (Linien S3, S5, S7, S41, S42, S75, S85), Tram (diverse Linien), Bus (diverse Linien)

Leute: Heinrich Zille (Maler und Fotograf, lebte Ende des 19. Jhdts. in Rummelsburg), Paul und Paula (Helden des DDR-Films «Die Legende von Paul und Paula», nach denen ein im Film vorkommender Uferabschnitt der Rummelsburger Bucht benannt ist)

Sehenswürdigkeiten: Heizkraftwerk Klingenberg (expressionistischer Industriebacksteinbau von 1926, Köpenicker Chaussee 42), Erlöserkirche (neogotischer Sakralbau von 1892, Nöldnerstr. 43), Schrotkugelturm (Industriebau zur Herstellung von Schrotkugeln, gebaut 1908, Nöldnerstr. 16), ehemaliges Gefängnis Rummelsburg (Gedenkanlage an der Karl-Wilker-Str./Friedrich-Jacobs-Promenade)

Museen und Galerien: Museum Lichtenberg (Ausstellung zur Bezirksgeschichte, Türrschmidtstr. 24)

Grünste Ecken: Nöldnerpark, Rummelsburger Ufer

Gute Kneipe: Rummels Bucht (Hauptstr. 1)

WARTENBERG

Wo die besten Pilze wuchsen

Ost-Ortsteile, vor allem die entlegeneren, beginnen oft mit S-Bahn-Unterführungen, durch die der Geruch vietnamesischer Imbisse weht. Ich war deshalb nicht überrascht, im S-Bahnhof Wartenberg ein Restaurant namens «Drachen-Bistro» vorzufinden. Überrascht war ich erst, als ich feststellte, dass der S-Bahnhof Wartenberg gar nicht im Ortsteil Wartenberg liegt – der beginnt nämlich erst ein paar hundert Meter weiter nordöstlich, wo aus dem Schatten der Hohenschönhausener Plattenbauten plötzlich die Wartenberger Einfamilienhäuser hervortreten.

Wieder ein paar hundert Meter weiter geht der äußerst dünn besiedelte Ortsteil dann auch schon in Kleingärten und Gemüseäcker über, die bis zur nördlichen Stadtgrenze reichen. Im alten Dorfkern gruppieren sich ein paar unscheinbare Bauernhäuser um einen kleinen Weiher, neben dem die Statue eines langbeinigen Vogelpaars steht – ob es sich um Störche oder Reiher handelt, konnte mir niemand genau sagen.

Ansonsten werben im Zentrum des Ortsteils ein paar wenige Läden um die Aufmerksamkeit weniger Passanten, darunter ein Haushaltswarengeschäft («Fairkauf – Teuer hat hier Hausverbot»), ein Katzenladen («kratzbar.de – das Kratzbaumparadies»), ein Bestatter («Wenn die Sonne des Lebens untergeht, leuchten die Sterne der Erinnerung») sowie ein ambulanter Pflegedienst namens «Damals war's».

Das wäre es dann mit dem öffentlichen Leben in Wartenberg auch schon mehr oder weniger gewesen – wenn da nicht die «Gartenlaube» wäre. Als ich das kleine Lokal am Birkholzer Weg um die Mittagszeit betrat, starrten dort vier Herren in Handwerkermontur beim Schnitzelkauen auf einen Fernseher, der gerade eine Doku zum Thema Atommüllentsorgung zeigte. Für eine Million Jahre, erklärte der Sprecher, müsse solcher Müll in Deutschland gesichert werden, während der Homo sapiens, nur mal so zum Vergleich, erst seit 200 000 Jahren auf der Erde lebe.

Ich hatte diese gewaltigen Zeithorizonte noch im Kopf, während ich mich mit Martin unterhielt, dem Wirt der Gartenlaube, der eine verblüffende Ähnlichkeit mit Jack Sparrow hat, dem Oberpiraten aus «Fluch der Karibik». Martin trägt lange Zottelhaare, ein rotes Kopftuch, schwarzen Eyeliner sowie zu besonderen Gelegenheiten einen Rüschenfrack nebst rotem Dreizackhut. Es ist ein Outfit, mit dem man auch in zentraleren Berliner Ortsteilen einigermaßen auffallen würde. In Wartenberg könnte es schriller nicht sein.

Martin erzählte mir, dass hier zu Ostzeiten Champignons gezüchtet wurden, in großen LPG-Hallen, die inzwischen abgerissen und durch Fertighäuser ersetzt wurden. Auch sonst war von der einst üppigen Gemüseproduktion der Wartenberger LPG «1. Mai» wenig übrig geblieben – bei meinem Spaziergang durch den Ortsteil waren mir nur ein paar ruinierte Lagergebäude und zerdepperte Gewächshäuser begegnet. Ein einziger Gärtner, erzählte Martin, baue heute noch Salat im Ortsteil an und beliefere damit die McDonald's- und Discounter-Filialen der Umgebung. So viel zur Halbwertszeit der DDR, dachte ich unwillkürlich.

Wenn Martin, der in Wartenberg aufgewachsen und nie weggegangen ist, auf sein Äußeres angesprochen wird, grinst er nur. «Schon richtig», sagt er dann, «Johnny Depp wird eine gewisse Ähnlichkeit mit mir nachgesagt.» Alles eine Frage des Blickwinkels.

***

Gefühlte Mitte: Lokal Gartenlaube

Sektorenzugehörigkeit bis zur Wiedervereinigung: Sowjetisch (Ost-Berlin)

Fläche: 6,9 km² (Platz 55 von 97)

Einwohner: 2653 (Platz 94 von 97)

Bevölkerungsdichte: 383 Einwohner/km² (Berlin gesamt: 4323 Einwohner/km²)

Durchschnittsalter: 47,8 (Berlin: 42,7)

Verkehrsanbindung: S-Bahn (Linie S75), Bus (diverse Linien)

Leute: Otto von Voß (preußischer Staatsminister und Wartenberger Gutsbesitzer), Liesel Jacoby (Regisseurin, leitete in den 1950er und 1960er Jahren das Wartenberger Dorftheater)

Sehenswürdigkeiten: Bauern- und Landarbeiterhäuser mit historischen Hofanlagen und Stallgebäuden (an der Dorfstr.)

Grünste Ecke: Wartenberger Luch

Gute Kneipe: Gartenlaube (Birkholzer Weg 77–79)

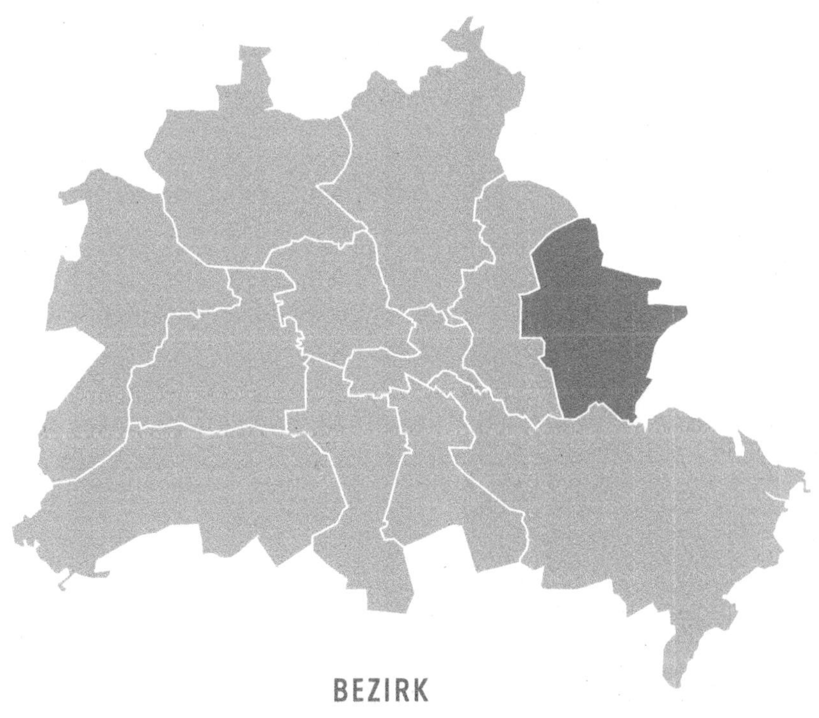

BEZIRK

MARZAHN-HELLERSDORF

Fläche: 61,8 km² (entspricht 6,9 % der Berliner Gesamtfläche)
Einwohner: 285 678 (entspricht 7,4 % der Berliner Gesamtbevölkerung)
Davon weiblich: 50,4 % (Berlin gesamt: 50,6 %)
männlich: 49,6 % (Berlin gesamt: 49,4 %)
ohne Migrationshintergrund: 74,1 % (Berlin gesamt: 61,4 %)
mit Migrationshintergrund: 25,9 % (Berlin gesamt: 38,6 %)
ledig: 48,1 % (Berlin gesamt: 52,8 %)
verheiratet: 36,8 % (Berlin gesamt: 33,2 %)
verwitwet: 5,6 % (Berlin gesamt: 5,1 %)
geschieden: 9,4 % (Berlin gesamt: 8,5 %)
in Lebenspartnerschaft: 0,2 % (Berlin gesamt: 0,4 %)
Bevölkerungsdichte: 4623 Einwohner / km² (Berlin gesamt: 4323)
Durchschnittsalter: 43,6 (Berlin gesamt: 42,7)
Beliebteste Babynamen: Mia (Mädchen), Liam (Jungen)

* * *

Wer in Berlin den Doppelnamen Marzahn-Hellersdorf hört, denkt an Beton. Die Assoziation ist richtig und falsch zugleich: Tatsächlich ist der Bezirk am östlichen Stadtrand von Plattenbausiedlungen der DDR-Ära geprägt – aber bei weitem nicht ausschließlich. Es gibt hier nämlich auch noch Deutschlands größtes zusammenhängendes Einfamilienhausgebiet. Gut, auch dort sind natürlich viele Bauten aus Beton.

Schon an den Namen der fünf Ortsteile im Bezirk lässt sich ablesen, dass die Stadtrandgegend lange aus eingemeindeten Dörfern bestand. Das änderte sich erst in der späteren Nachkriegszeit, als die Ost-Berliner Stadtverwaltung hier neue Großwohnsiedlungen plante. Vor allem Marzahn und Hellersdorf, die beiden namensgebenden Ortsteile des Bezirks, wurden ab den 1970er Jahren großflächig mit Hochhäusern aus vorgefertigten Betonplatten bebaut. Die prägen bis heute das Antlitz des Bezirks, auch wenn ihre Fassaden in der Nachwendezeit architektonisch aufgehübscht, ihre Höfe begrünt und die Straßenzüge zwischen ihnen durch Sportanlagen und Einkaufszentren aufgelockert wurden.

Während die Bebauung im Norden des Bezirks in die Höhe strebt, geht sie im Süden in die Breite. Niedrige Einzel- und Reihenhäuser prägen Biesdorf, Kaulsdorf und Mahlsdorf, in der Regel eingefasst von Hecken, Zäunen, Hundewarnschildern und Gartenzwergen, die es in dieser Dichte und Ausgedehntheit nirgends sonst in Deutschland gibt.

Klingt insgesamt, als gäbe es in Marzahn-Hellersdorf nicht allzu viel zu erleben. Aber das trügt. Aus Beton sind hier ja nur die Häuser – und nicht die Menschen.

BIESDORF

Wo die Damen länger plaudern

Ich könnte über das wunderschöne Biesdorfer Schloss schreiben, über den rosafarbenen Putz dieser liebevoll restaurierten Turmvilla, den lauschigen Schlosspark, die alte Gnadenkirche. Ich könnte von den endlosen Biesdorfer Gartenzaunweiten erzählen, die zusammen mit den Nachbarortsteilen Kaulsdorf und Mahlsdorf Deutschlands größtes zusammenhängendes Einfamilienhausgebiet bilden. Schreiben könnte ich auch über Biesdorfs dunkle Seiten, etwa den Gedenkstein am Unfallkrankenhaus, der an die Opfer des nationalsozialistischen Euthanasieprogramms erinnert. Weil aber nichts davon Biesdorf so gut erklären würde wie der Monolog der alten Dame, mit der ich im Ortskern ins Gespräch kam, sei ihr hier das Wort überlassen.

«Wo kommen Sie her, junger Mann? Kreuzberg? Alle Achtung. Sonst verirrt sich nie einer aus dem Westen hierher. Wirklich, es ist immer noch eine geteilte Stadt. Wir dagegen, wir sind nach der Wende gleich überall hingefahren, alles haben wir uns angesehen. In Österreich war ich, in Tirol, seit 20 Jahren fahre ich mit meiner Reisegruppe durch die Welt. Ihr seid doch bescheuert, dass ihr nie in den Osten kommt, es ist so schön hier!

Ich bin nach Marzahn umgezogen, als mein Mann gestorben ist, aber davor war ich 23 Jahre lang Biesdorferin. Manchmal besuche ich noch Freunde hier, wie heute, ich bin auf dem Weg ins Heim, da wohnen die meisten jetzt. Lebend kommt man da nicht wieder raus. Nur ein paar wohnen immer noch in unserem alten Viertel, in den Mietshäusern am Schlosspark. Da haben früher alle gelebt, die bei den bewaffneten Organen waren, NVA, Polizei, Verteidigungsministerium. Die sterben jetzt langsam aus, sind alle über 80 inzwischen, wie ich. Es gibt Leute, die wohnen da schon seit der Nachkriegszeit, als die Häuser gebaut wurden.

Mein Mann, der hat noch die Bomben in Dresden miterlebt. Hat die Leichen selbst von der Straße geräumt. Nie wieder sollte so was passieren, das haben wir uns geschworen! Für den Frieden hat mein Mann dann gekämpft, Offizier war er, im Verteidigungsministerium. Ist gleich nach der Wende gestorben. Sein Herz hat das nicht mitgemacht, als damals alles zu Ende ging.

Die Garagen hinter unseren Häusern, die haben wir selbst gebaut. Eigenleistung hieß das, kennt heute keiner mehr, den Begriff. Abends nach der Arbeit haben wir alle angepackt, freiwillig, bis da 200 Garagen standen. Nichts haben wir dafür bekommen, als die Häuser nach der Wende verkauft wurden. Der neue Eigentümer meinte, ihm gehöre alles, was auf dem Grund steht, egal wer es gebaut hat.

Das Schloss gefällt Ihnen? Die echten Biesdorfer gehen da nicht hin. Früher ja, als da noch eine richtige Gaststätte drin war, getanzt haben wir damals, gefeiert. Jetzt soll im Schlosscafé die Tasse Kaffee drei Euro kosten, habe ich gehört, und von der DDR-Kunst, die da heute ausgestellt wird, haben die neuen Betreiber doch überhaupt keine Ahnung.

Was meinen Sie? Ja, mein Gedächtnis ist gut, das sagen meine Freundinnen auch immer. An alle jungen Burschen, mit denen wir getanzt haben, kann ich mich erinnern, von jedem weiß ich noch den Namen, die Haarfarbe, was für Augen der hatte, alles. Die wichtigen Sachen vergisst man einfach nicht.»

***

Gefühlte Mitte: Schloss Biesdorf

Sektorenzugehörigkeit bis zur Wiedervereinigung: Sowjetisch (Ost-Berlin)

Fläche: 12,4 km² (Platz 19 von 97)

Einwohner: 30 471 (Platz 45 von 97)

Bevölkerungsdichte: 2472 Einwohner/km² (Berlin gesamt: 4323 Einwohner/km²)

Durchschnittsalter: 46,2 (Berlin gesamt: 42,7)
Verkehrsanbindung: S-Bahn (Linie S5), U-Bahn (Linie U5), Tram (diverse Linien), Bus (diverse Linien)
Leute: Otto Nagel (Maler, lebte ab 1952 bis zu seinem Todesjahr 1967 in Biesdorf, wo heute ein Gymnasium und eine Straße nach ihm benannt sind), Erich John (Designer, geboren 1932, gestaltete u. a. die Weltzeituhr am Alexanderplatz, lebt seit 1968 in Biesdorf) 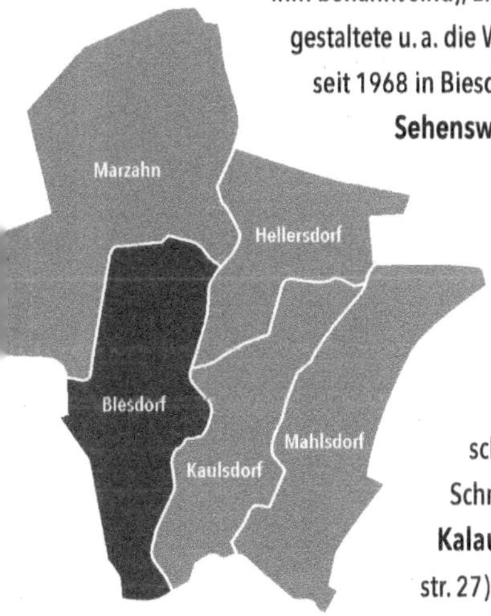
Sehenswürdigkeiten: Schloss Biesdorf (spätklassizistisch-italienische Turmvilla von 1868, Alt-Biesdorf 55), Gnadenkirche (mittelalterliche Feldsteinkirche mit späteren Ergänzungen, Alt-Biesdorf 59)
Grünste Ecken: Schlosspark, Landschaftspark Wuhletal, Wuhlgarten, Schmetterlingswiesen
Kalauer-Friseur: Haargenau (Oberfeldstr. 27)

Marzahn
Hellersdorf
Biesdorf
Kaulsdorf
Mahlsdorf

HELLERSDORF

Wo Dichter auf Beton blicken

Wer Hellersdorf an einem grauen Novembertag besucht, sollte seelisch einigermaßen im Gleichgewicht sein und ein solides Frühstück im Magen haben. Man kann hier sonst auf sehr trübe Gedanken kommen. Mir zum Beispiel drückten die bis zum Horizont gestapelten Betonmassen irgendwann so aufs Gemüt, dass ich mich fragte, ob die sozialistische Menschheitserlösung wirklich nur um den Preis architektonischer Menschenverachtung zu haben ist, ob das Paradies auf Erden also nur als Plattenbauhölle errichtet werden kann, und ob die Silbe «Hell» in «Hellersdorf» dafür ein Zeichen ist.

Aber natürlich ist Architektur Geschmackssache. «Das schönste Bauwerk Europas ist die Mauer», fand zum Beispiel der Schriftsteller Ronald Schernikau, der die letzten Jahre seines kurzen Lebens in Hellersdorf verbrachte. Als er den Satz mit der Mauer sagte, lebte er noch westlich seines Lieblingsbauwerks, in der BRD. Zum Umzug nach Osten entschloss er sich mit Ende 20, ermutigt von seinem Berufskollegen Peter Hacks, der ihm von der anderen Seite des Eisernen Vorhangs geschrieben hatte: «Falls Sie vorhaben, ein großer Dichter zu werden, müssen Sie in die DDR; sie allein stellt Ihnen – auf entsetzliche Weise – die Fragen des Jahrhunderts.»

Als letzter Westdeutscher, der im Osten eingebürgert wurde, bezog Ronald Schernikau am 1. September 1989 eine Zweiraumwohnung in der Albert-Norden-Straße 241. Die Straße, die damals den Namen eines Politbüromitglieds trug, heißt heute Cecilienstraße. Neben der Eingangstür des sechsstöckigen Plattenbaus entdeckte ich eine Gedenkplakette für den einstigen Bewohner Schernikau, der 1991 an Aids gestorben ist. Ich versuchte mir vorzustellen, wie er hier auf seinem Balkon gesessen hatte, umringt von Beton und den Fragen des Jahrhunderts, ein Mauerverteidiger bis zuletzt, der seinen Kollegen beim Schriftstellerverband der DDR noch 1990 predigte, sie wüssten nichts «von dem Maß an Unterwerfung, die der Westen jedem Einzelnen seiner Bewohner abverlangt». War ihm bewusst, mit welchen Mitteln im Osten Quergeister unterworfen wurden, deren Schicksal sich nicht so gut propagandistisch ausschlachten ließ wie das kurze, wirre Leben des Ronald Schernikau?

Auf einem überwucherten Stück Brachland kurz vor der nördlichen Stadtgrenze lief ich einem älteren Herrn mit Walking-Stöcken über den Weg. Ich fragte ihn, wie Hellersdorf ausgesehen hatte, bevor die Betonblöcke gebaut wurden. «Kann ich

Ihnen nicht sagen», antwortete er – er komme aus dem Westen und sei erst nach der Wende in den Ortsteil gezogen. «Weil's hier so schön ist.»

Sprachlos starrte ich ihn an. Ich suchte nach Zeichen von Ironie, aber da waren keine. Stand vor mir ein Wiedergänger von Ronald Schernikau?

Erst später, als ich nach der Begegnung mit weit geöffneten Augen zurück in Richtung U-Bahn lief, begriff ich, was der ältere Herr gemeint hatte. Sehen Sie denn nicht, hatte er gesagt, wie vergleichsweise niedrig hier die Häuser sind, wie weit sie voneinander entfernt stehen, wie viel Licht in die Wohnungen fällt? Sehen Sie nicht, wie schön nach der Wende die Fassaden umgestaltet wurden, wie grün hier alles ist, wie wenig Verkehr es gibt, wie nah die Seen und Wälder hinter der Stadtgrenze sind?

So hatte ich das noch gar nicht betrachtet.

* * *

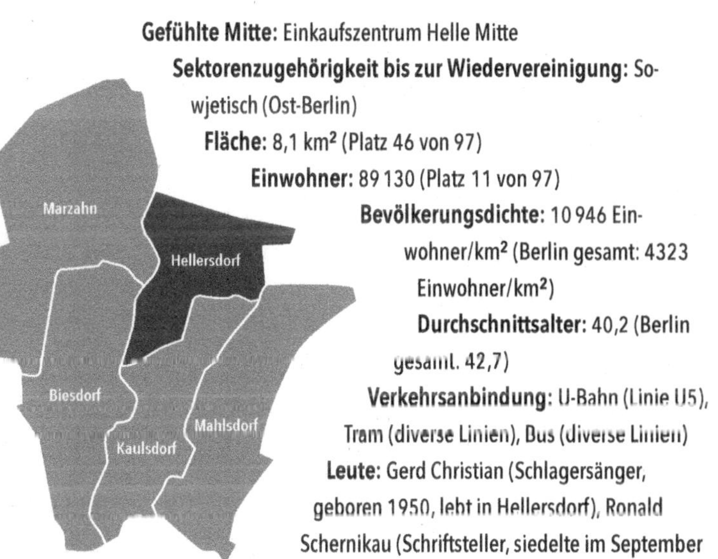

Gefühlte Mitte: Einkaufszentrum Helle Mitte

Sektorenzugehörigkeit bis zur Wiedervereinigung: Sowjetisch (Ost-Berlin)

Fläche: 8,1 km² (Platz 46 von 97)

Einwohner: 89 130 (Platz 11 von 97)

Bevölkerungsdichte: 10 946 Einwohner/km² (Berlin gesamt: 4323 Einwohner/km²)

Durchschnittsalter: 40,2 (Berlin gesamt: 42,7)

Verkehrsanbindung: U-Bahn (Linie U5), Tram (diverse Linien), Bus (diverse Linien)

Leute: Gerd Christian (Schlagersänger, geboren 1950, lebt in Hellersdorf), Ronald Schernikau (Schriftsteller, siedelte im September

1989 aus der BRD in die DDR über und lebte bis zu seinem Tod im Oktober 1991 in Hellersdorf)

Sehenswürdigkeiten: Hellersdorfer Gut (Landarbeiterhäuser an der Alten Hellersdorfer Str.), Wohnhaus von Ronald Schernikau (Albert-Norden-Straße 241)

Grünste Ecken: Hönower Weiherkette, Regine-Hildebrandt-Park, Jelena-Santic-Friedenspark

Kalauer-Friseure: Die Hairrichter (Böhlener Str. 13)

KAULSDORF

Wo die Berliner Luft herkommt

In Kaulsdorf begegneten mir unzählige Einfamilienhäuser und genau vier Kirchturmspitzen. Die erste Spitze war schwarz-weiß, eine andere roch nach Wodka, eine dritte ragte in den Kaulsdorfer Himmel, unter der vierten spielten Kinder.

Die Jesuskirche am alten Dorfanger fand ich verschlossen vor, aber ich hatte Glück. Ein älterer Herr lief mir über den Weg, ein pensionierter Ingenieur, der zu DDR-Zeiten das marode Gotteshaus gewartet hatte und heute im alten Schulhaus neben der Kirche wohnte. Mit dem Gemeindeschlüssel öffnete er mir die Pforte und führte mich bis in den Turm, wo er mir von den letzten Kriegstagen in Kaulsdorf erzählte. Als die Rote Armee näher rückte, schossen die Deutschen, die sich am Ufer der Wuhle eingegraben hatten, vorsorglich den Kirchturm vom Dach, damit die Sowjets dort kein Geschütz in Stellung bringen konnten. So ging die Turmspitze verloren, die schmal und lang und neugotisch war, ein Schwarzweißfoto im Kirchenmuseum zeugt davon.

Die zweite Turmspitze, die klein und silbern und zwiebelförmig war, begegnete mir etwas weiter südlich, im Werksverkaufladen der Schilkin-Destille. Es war die Verschlusskappe einer Wodkaflasche – sie war einer orthodoxen Kirchenkuppel nachempfunden. «Zarenwodka», sagte der Verkäufer. «Unser bester.» Er erzählte mir von Apollon Schilkin, dem Petersburger Wodkafabrikanten, der mit seinen Schnäpsen einst den Zarenhof beliefert hatte, bis er vor den Bolschewiken nach Berlin fliehen musste. Im alten Gutshof hatte er eine Wodkadestille aufgebaut, die später sein Sohn Sergej weiterführte. Dieser Sergej Apollonowitsch Schilkin muss ein ziemlich bunter Vogel gewesen sein. Der Verkäufer drückte mir die Memoiren des 2007 verstorbenen Schnapsfabrikanten in die Hand, die sich lesen, als sei die DDR-Ära ein einziges heiteres Spiel gewesen, bei dem es darum gegangen war, auf möglichst kreative Weise die planwirtschaftlichen Produktionsvorgaben der Partei zu unterlaufen.

Der Verkaufsschlager der Schilkin-Destille ist heute kein Wodka, sondern ein Pfefferminzlikör namens «Berliner Luft». Ich zögerte, als der Verkäufer mir ein Glas anbot – es war 11 Uhr vormittags. «Na und?», sagte der Mann. «Ist doch keine Schande.» Schulterzuckend leerte ich das Glas. Es schmeckte ein wenig nach Zahnpasta, wenn auch nicht nach der schlechtesten Zahnpasta. Während ich dem Verkäufer meine Eindrücke schilderte, betrat eine Dame den Laden, die eine ganze Kiste Berliner Luft mitnahm. «Haben wir schon zu DDR-Zeiten getrunken», sagte sie. «Und heute trinkt es meine Tochter.»

Mit dem Geld, das Schilkin nach der Wende als nunmehr kapitalistischer Schnapsfabrikant verdiente, rief er eine Stiftung für Kaulsdorf ins Leben, die sich für den Wiederaufbau des kriegszerstörten Kirchturms einsetzte. Deshalb thront heute auf der Jesuskirche eine Nachbildung jener neugotischen Spitze, die ich auf dem Foto im Museum gesehen hatte. Das provisorische Zeltdach aus Zinkblech, mit dem der Turm nach dem Krieg abgedeckt worden war, wurde 1999 demontiert. Anstatt es zu entsorgen, fand man in Kaulsdorf eine neue Verwendung für diese vierte Kirchturmspitze: Sie beschattet heute den Spielplatz einer Kita.

* * *

Gefühlte Mitte: Jesuskirche

Sektorenzugehörigkeit bis zur Wiedervereinigung: Sowjetisch (Ost-Berlin)

Fläche: 8,7 km² (Platz 42 von 97)

Einwohner: 19 640 (Platz 57 von 97)

Bevölkerungsdichte: 2261 Einwohner/km² (Berlin gesamt: 4323 Einwohner/km²)

Durchschnittsalter: 47,6 (Berlin gesamt: 42,7)

Verkehrsanbindung: Regionalbahn (Bahnhof Mahlsdorf), S-Bahn (Linie S5), U-Bahn (Linie U5), Bus (diverse Linien)

Leute: Heinrich Grüber (Theologe und NS-Gegner, in den 1930er und 1940er Jahren Pfarrer der Jesuskirche), Sergej Schilkin (Spirituosenunternehmer, betrieb zu DDR-Zeiten die von seinem Vater aufgebaute Schilkin-Destille)

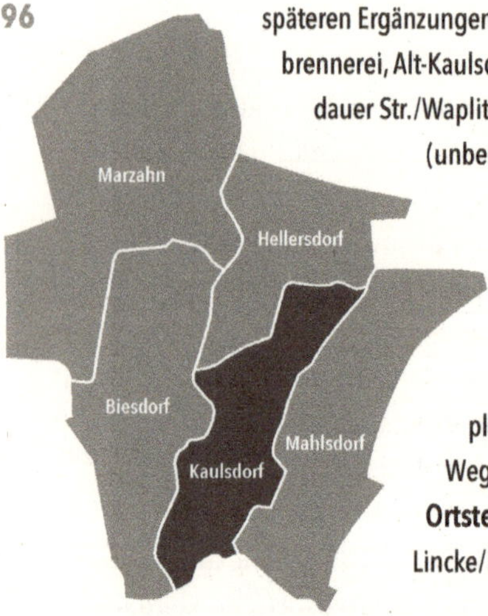

Sehenswürdigkeiten: Jesuskirche (mittelalterliche Dorfkirche mit späteren Ergänzungen, Dorfstr. 10), Schilkin-Destille (Schnapsbrennerei, Alt-Kaulsdorf 1), Sowjetisches Ehrenmal (Brodauer Str./Waplitzer Str.), Aussichtspunkt Berliner Balkon (unbebauter Hang, der als Naturdenkmal den Höhenunterschied zwischen Barnimhochfläche und Berliner Urstromtal verdeutlicht, Alt-Kaulsdorf)

Grünste Ecke: Kaulsdorfer Seen

Kalauer-Friseure: Belle Hair (Cecilienplatz 9), Die Hairrichter (Mädewalder Weg 44)

Ortsteilhymne: Das ist die Berliner Luft (Paul Lincke/Heinrich Bolten-Baeckers, 1904)

MAHLSDORF

Wo die schönsten Möbel lagern

Die für Berlin so prägende Gründerzeit ist zuletzt etwas aus dem Blick geraten. Statt auf das späte 19. und frühe 20. Jahrhundert starrt im «Babylon-Berlin»-Fieber die ganze Stadt auf die wild-glamourösen 1920er und düster-glamourösen 1930er Jahre. Die ganze Stadt? Nein! Ein kleiner Ortsteil namens Mahlsdorf hält die Erinnerung daran wach, dass es die Gründerzeit war, die mit ihrem Industrialisierungseifer die wirtschaftliche Grundlage für die Party danach schuf.

Zusammen mit ein paar anderen Besuchern bestaunte ich im Gründerzeitmuseum am Hultschiner Damm Gründerzeitspazierstöcke, Gründerzeitwecker, Gründerzeitwandtelefone, Gründerzeitbowleschalen sowie alle nur erdenklichen Arten von automatischen Musikinstrumenten: Grammophone, Pianolas, Drehorgeln, sogar ein wandschrankgroßes Orchestreon, in dem sich eine selbsttätige Mandoline, ein Schlagzeug, ein Klavier und ein Xylophon verbergen. Gründerzeitdielen bedeckten den Boden, Gründerzeittapeten die Wände, Gründerzeitstuck die Decke. Selbst eine komplette Gründerzeitkneipe inklusive Hurenstube findet sich im Museum: die «Mulackritze», deren Inneneinrichtung einst in der gleichnamigen Straße im Scheunenviertel stand.

Zusammengetragen hat diese erstaunliche Sammlung ein Mensch, über den sich schwer schreiben lässt, weil die deutsche Sprache Menschen nur in männlicher oder weiblicher Ausführung gerecht wird, aber nicht beides gleichzeitig – und Lothar Berfelde war nun einmal gleichzeitig Charlotte von Mahlsdorf. In Frauenkleidung zog Berfelde in der Nachkriegszeit durch die zerbombte Stadt, um Gründerzeitutensilien zusammenzutragen und sie per Handkarren ins ramponierte Gutshaus von Mahlsdorf zu transportieren, wo der wohl einzige prominente Crossdresser der DDR 1960 das wohl einzige private Museum der DDR eröffnete.

Ein paar hundert Meter nördlich des Museums, in der Hönower Straße, kam ich mit einem Antiquitätenhändler ins Gespräch, der die 2002 verstorbene Charlotte von Mahlsdorf noch gekannt hatte. Als Kind, erzählte er, sei er in der Nähe des alten Gutshauses zur Schule gegangen. Natürlich hätten er und seine

Klassenkameraden immer gelacht, wenn sie auf der Straße diesem merkwürdigen Menschen begegneten, der auf Hackenschuhen seinen Handkarren durch Mahlsdorf zog. «Aber alles, was ich über Möbel weiß, weiß ich von Charlotte», fügte der Mann ehrfurchtsvoll hinzu. Noch in der Schulzeit hatte er sich bei Besuchen des Museums mit seinen Eltern in den Stil der Gründerzeit verliebt, den er später zu seinem Beruf machte.

Am Sonntag, den 18. März 2018, wäre Charlotte von Mahlsdorf 90 Jahre alt geworden. In einem Neubauviertel auf der östlichen Seite des Hultschiner Damms wurde aus diesem Anlass eine Straße nach ihr benannt. Als ich die dortigen Einfamilienhäuser mit ihrer eklektischen Baumarktdekoration sah, war ich mir nicht sicher, ob man der Stilpuristin der Gründerzeit damit wirklich einen Gefallen tat. Plastikrehe, griechische Statuen und römische Säulen schmückten die Vorgärten. Der Stilmix war kein schöner Anblick – aber irgendwie fand ich ihn nach der Einheitsästhetik des Museums auch ein bisschen befreiend.

* * *

Gefühlte Mitte: Gutshaus Mahlsdorf
Sektorenzugehörigkeit bis zur Wiedervereinigung: Sowjetisch (Ost-Berlin)
Fläche: 13,0 km² (Platz 18 von 97)
Einwohner: 30 480 (Platz 46 von 97)
Bevölkerungsdichte: 2348 Einwohner/km² (Berlin gesamt: 4323 Einwohner/km²)
Durchschnittsalter: 47,1 (Berlin: 42,7)
Verkehrsanbindung: Regionalbahn (Bahnhof Mahlsdorf), S-Bahn (Linie S5), Tram (diverse Linien), Bus (diverse Linien)
Leute: Charlotte von Mahlsdorf (Gesamtkunst-

werk), Sandmännchen (Hauptfigur der gleichnamigen DDR-Kindersendung, die bis 1989 im später abgerissenen Fernsehstudio am Hultschiner Damm produziert wurde), Frank Schöbel (Schlagersänger, geboren 1942, lebt in Mahlsdorf)

Sehenswürdigkeiten: Gutshaus (klassizistisches Landhaus des späten 18. Jhdts., Hultschiner Damm 333), Dorfkirche (mittelalterlicher Feldsteinbau mit späteren Ergänzungen, Hönower Str. 17/19)

Museen und Galerien: Gründerzeitmuseum (Möbel, Musikautomaten und andere Einrichtungsgegenstände der Berliner Gründerzeit, im Gutshaus Mahlsdorf, Hultschiner Damm 333)

Grünste Ecken: Gutspark Mahlsdorf, Waldowpark

MARZAHN

Wo der Schweiß in Strömen fließt

Ganz im Nordosten von Berlin versteckt sich zwischen Plattenbautürmen ein kleines russisches Dampfbad namens «Teremok». Der Name bedeutet auf Deutsch so etwas wie «gute Stube». Wer den Ortsteil, der wie kaum ein anderer in Berlin von Einwanderern aus der ehemaligen Sowjetunion geprägt ist, hautnah erleben will, muss hier schwitzen.

Im «Teremok» gibt es zwei Dampfräume. An der Tür des einen steht «85°–95°», an der anderen «110°». Ich setzte mich in den nicht ganz so heißen Raum. Ein älterer Herr war dort gerade dabei, seinen Enkelsohn mit Birkenzweigen auszupeitschen, wie es Russen beim Saunieren gerne tun, um die Durchblutung anzuregen. Der kleine Junge ließ die Hiebe tapfer über sich ergehen. «Seit er drei ist, geht er in die Banja!», rief sein Großvater stolz auf Russisch in die Runde.

Der Großvater war so sehr in Fahrt, dass er immer wieder Wasser auf den Ofen kippte, weshalb es in der nicht ganz so heißen Sauna irgendwann doch ziemlich heiß wurde. Als das Thermometer 110° zeigte, machte sich der einzige Deutsche bemerkbar, der außer mir im Raum saß. Scherzhaft wies er darauf hin, dass die Lufttemperatur nicht der Temperatur auf dem Türschild entspreche: «Das geht so nicht, wir sind hier in Deutschland!» Ein Mann erwiderte grinsend: «Aber wir sind in einer russischen Banja. Toleranz, bitte!»

Es entspann sich ein Gespräch über die Unterschiede zwischen russischen und deutschen Saunagängern. Die offensichtlichsten waren schnell abgehakt: Deutsche verhauen sich nicht mit Birkenzweigen, bei den Russen schwitzen Männer und Frauen an unterschiedlichen Tagen. Das alles aber hielten die Russen im «Teremok» für nebensächlich – der wichtigste Grund, aus dem sie deutsche Saunen mieden, war ein anderer: «Kaum sagst du da ein Wort, zischen dich alle an: Psssssst! Die Deutschen sitzen in der Banja wie in der Kirche.»

In der Sofaecke im Banja-Vorraum kam ich mit einem Mann namens Igor ins Gespräch, der mir versicherte, dass man niemals krank werde, wenn man nur regelmäßig in die Banja gehe. Ich glaubte ihm, bis er erwähnte, dass er Mitte 40 war – ich hatte ihn für um die 60 gehalten. Vielleicht, dachte ich insgeheim, ist das mit der Banja doch nicht so gesund? Trotzdem willigte ich ein, als Igor anbot, mich mit Birkenzweigen auszupeitschen. Er langte so kräftig zu, dass mir fast die Luft wegblieb, und als ich später zurück zum S-Bahnhof Ahrensfelde lief, fühlte ich mich auf eine schmerzhafte Art tatsächlich sehr gesund.

Es gibt einen sowjetischen Film, in dem sich vier Freunde in einer Moskauer Banja betrinken. Einer von ihnen landet danach versehentlich in einem Flugzeug nach Leningrad. Nach der Landung torkelt er in ein Taxi und lallt dem Fahrer, weil er sich immer noch in Moskau wähnt, seine dortige Adresse ins Ohr. Wie es der planwirtschaftliche Zufall will, gibt es in Leningrad eine Straße gleichen Namens, mit einem Plattenbau, der dem Haus des Moskauers aufs Haar gleicht – selbst sein Schlüssel passt. In einem Schlafzimmer, das er für das seine hält, weil es fast identisch möbliert ist, lässt er sich ins Bett fallen und wacht erst wieder auf, als ihn die eigentliche Mieterin aus dem Schlaf rüttelt – woraufhin sich eine Plattenbauromanze entspinnt.

Der Film heißt «Ironie des Schicksals». Er könnte genauso gut in Marzahn spielen.

***

Gefühlte Mitte: Dorfkirche

Sektorenzugehörigkeit bis zur Wiedervereinigung: Sowjetisch (Ost-Berlin)

Fläche: 19,5 km² (Platz 8 von 97)

Einwohner: 115 687 (Platz 7 von 97)

Bevölkerungsdichte: 5920 Einwohner/km² (Berlin gesamt: 4323 Einwohner/km²)

Durchschnittsalter: 43,9 (Berlin gesamt: 42,7)

Verkehrsanbindung: S-Bahn (Linien S5, S7, S75), Tram (diverse Linien), Bus (diverse Linien)

Leute: Heinz Graffunder (Architekt, plante in den 1970er Jahren viele der Marzahner Plattenbauten), Ilka Bessin (Komikerin und Erfinderin der Kunstfigur «Cindy aus Marzahn»)

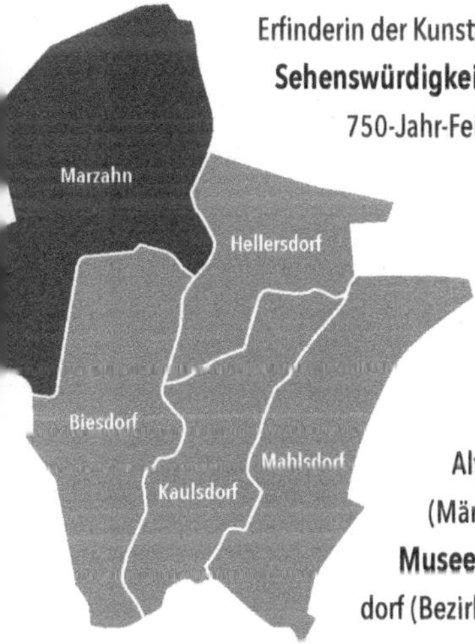

Sehenswürdigkeiten: Gärten der Welt (Parkanlage, 1987 zur 750-Jahr-Feier Berlins gebaut, 2017 zur Internationalen Gartenausstellung erweitert, Blumberger Damm), Seilbahn (in den Gärten der Welt), Bockwindmühle (1994 nach historischem Vorbild rekonstruiert, Hinter der Mühle 4), Dorfkirche (neogotische Backsteinkirche von 1871, Alt Marzahn 61), Russische Banja «Teremok» (Märkische Allee 388)

Museen und Galerien: Museum Marzahn-Hellersdorf (Bezirksgeschichte, Alt-Marzahn 51)

Grünste Ecken: Gärten der Welt, Wiesenpark, Seelgrabenpark, Eichepark, Heinz-Graffunder-Park, Springpfuhlpark

Kalauer-Friseur: Hair'riet's (Märkische Allee 408)

Ortsteilhymnen: Miriam, du Blume aus Marzahn (Rainald Grebe, 2004), Ledercouch (Cobra Killer, 2004)

BEZIRK

MITTE

Fläche: 39,4 km^2 (entspricht 4,4 % der Berliner Gesamtfläche)
Einwohner: 395 599 (entspricht 10,3 % der Berliner Gesamtbevölkerung)

Davon weiblich: 48,4 % (Berlin gesamt: 50,6 %)
männlich: 51,6 % (Berlin gesamt: 49,4 %)
ohne Migrationshintergrund: 43,2 % (Berlin gesamt: 61,4 %)
mit Migrationshintergrund: 56,8 % (Berlin gesamt: 38,6 %)
ledig: 60,1 % (Berlin gesamt: 52,8 %)
verheiratet: 28,8 % (Berlin gesamt: 33,2 %)
verwitwet: 3,4 % (Berlin gesamt: 5,1 %)
geschieden: 7,3 % (Berlin gesamt: 8,5 %)
in Lebenspartnerschaft: 0,5 % (Berlin gesamt: 0,4 %)

Bevölkerungsdichte: 10 045 Einwohner / km^2 (Berlin gesamt: 4323)
Durchschnittsalter: 39,1 (Berlin gesamt: 42,7)
Beliebteste Babynamen: Mira (Mädchen), Adam (Jungen)

* * *

Der Name «Mitte» trügt ein wenig. Zum Stadtzentrum im engeren Sinne zählen von den fünf Ortsteilen des Bezirks nur zwei: zum einen Tiergarten, vor allem aber der namensgebende Ortsteil Mitte. Letzterer ist sowohl die mittelalterliche Keimzelle, deren dörfliche Ursprungssiedlungen Berlin und Cölln in späteren Jahrhunderten zur Großstadt heranwuchsen, als auch das gefühlte Zentrum des wiedervereinigten Berlins, dessen Sehenswürdigkeiten und Museen stetig anschwellende Touristenströme nach Mitte spülen.

Der Rest des Bezirks wirkt ein wenig zusammengewürfelt, nicht nur wegen seiner disparaten politischen Vergangenheit. Während **Tiergarten**, **Moabit**, **Gesundbrunnen**, **Wedding** und das **Hansaviertel** bis zur Wiedervereinigung zu West-Berlin gehörten, lag der Ortsteil **Mitte** auf der anderen Seite der Mauer – der Bezirk ist damit neben Friedrichshain-Kreuzberg der einzige in Berlin mit gemischter DDR- und BRD-Historie.

Doch auch zwischen den ehemaligen West-Ortsteilen von Mitte klaffen Unterschiede. **Moabit**, **Wedding** und **Gesundbrunnen** sind ehemalige Arbeiterwohnviertel mit rot geprägter Vergangenheit und multikulturell geprägter Gegenwart – überhaupt ist Mitte der einzige Bezirk in Berlin, in dem mehr Einwohner mit Migrationshintergrund leben als ohne. Das **Hansaviertel** wiederum, Berlins kleinster Ortsteil, ist ein winziges Baubiotop am Spreeufer, dessen internationale Star-Architekten hier in der Nachkriegszeit mit der Formensprache der Moderne experimentierten. **Tiergarten** schließlich ist für den ehemaligen Westteil der Stadt das, was **Mitte** für den ehemaligen Osten ist: der Ortsteil mit der höchsten Dichte an Museen, Architekturdenkmälern, öffentlichen Einrichtungen und sonstigen Touristenattraktionen.

Richtig mittig ist also nur der Südteil von Mitte, während andere Zentralteile der Stadt, etwa Nord-Kreuzberg und die City West, nicht in Mitte liegen. Aber das verwundert ja auch nicht in einer Stadt, von der niemand so ganz genau sagen kann, wo eigentlich ihr Zentrum liegt.

GESUNDBRUNNEN

Wo die Boateng-Brüder bolzten

Gesundbrunnen gehört zu den Ortsteilen, von denen kaum jemand weiß, dass sie eigenständige Ortsteile sind. Als ich in den Straßenzügen westlich des Mauerparks wahllos Passanten fragte, wo ich mich befand, lautete die Antwort in zehn von zehn Fällen: «Wedding, wo sonst?»

Während die Abgrenzung gegenüber dem westlichen Nachbarortsteil also selbst den Einheimischen schwerzufallen scheint, ist sie nach Osten hin umso eindeutiger: In Gesundbrunnen leben viele türkische Gastarbeiter und deren Nachkommen, die im Straßenbild des ehemaligen DDR-Ortsteils Prenzlauer Berg so gut wie fehlen. Das hat den lustigen Nebeneffekt, dass quer durch den Mauerpark, wo die beiden Ortsteile aneinandergrenzen, bis heute eine Art Phantommauer verläuft: Auf der Gesundbrunnen-Seite grillen türkische Schnauzbartträger, auf der Prenzlauer-Berg-Seite chillen internationale Vollbartträger.

Einst war Gesundbrunnen ein blühendes Vergnügungsviertel voller Kurbäder, Trinkhallen und Freudenhäuser. Dann kam die Teilung, und der Ortsteil stieg zum isolierten Randgebiet im Schatten der Mauer ab, in das nur noch zog, wer sich anderswo nichts leisten konnte. Dass Gesundbrunnen heute einen der höchsten Migrantenanteile und mit die schlechtesten Sozialindikatoren der ganzen wiedervereinigten Stadt hat, ist eine Spätfolge der Sektorenjahre.

Auf dem umzäunten Bolzplatz an der Travemünder Straße, wo die Boateng-Brüder kickten, als noch niemand sie kannte, sah ich einem großen Jungen beim Spielen gegen vier kleine Jungen zu – die nächste berühmte Brüder-Combo des deutschen Fußballs vielleicht. In der Badstraße löffelten alte Männer Linsensuppe, während jüngere mit verschränkten Armen in den Türen der

Sportwettläden standen. Auf dem Betondach des alten Bunkers im Humboldthain hörten Teenager deutschen Hip-Hop, unten im Park bräunten Gesundbrunnenbräute die Haut zwischen ihren Tattoos.

Gesundbrunnen heißt Gesundbrunnen, weil zwischen Badstraße und Panke-Ufer im 18. Jahrhundert eine Mineralquelle entdeckt wurde, deren Wasser allen, die es tranken, ein langes Leben schenkte. So jedenfalls stellte es der Apotheker dar, der Friedrich den Großen von den Heilkräften des Brünnleins überzeugte. Das königliche Luisenbad entstand, um das herum sich bald lauter mehr oder weniger gesunde Vergnügungsstätten ansiedelten.

Leider ereilte die Heilquelle Ende des 19. Jahrhunderts ein Schicksal, das mir irgendwie sehr berlinisch vorkam: Sie wurde bei Bauarbeiten versehentlich zugeschüttet. Im Luisenbad hat heute eine Bibliothek ihren Sitz. Eine freundliche Bibliothekarin zeigte mir die verschlossene Kellertür, hinter der die verschüttete Quelle immer noch liegen soll. Die Frau hatte das nur gehört, sie selbst war nie im Keller gewesen.

Ich steuerte die Eisdiele im Erdgeschoss des Nachbarhauses an. Als ich den Eishändler nach der Quelle fragte, deutete er wissend auf den Fußboden. «Liegt hier unten. Ich habe denselben Keller wie die Bibliothek.» Ich fragte ihn, ob er nie darüber nachgedacht hatte, die Quelle wieder freizubuddeln. Stirnrunzelnd überlegte er eine Weile. «Müsste gehen», sagte er schließlich. «Aber dann würden die Leute hier auch noch nach Heilwasser anstehen, und ich komme schon mit dem Eis kaum hinterher. Schönen Dank, kein Interesse.»

* * *

Gefühlte Mitte: Humboldthöhe

Sektorenzugehörigkeit bis zur Wiedervereinigung: Französisch (West-Berlin)

Fläche: 6,1 km² (Platz 67 von 97)

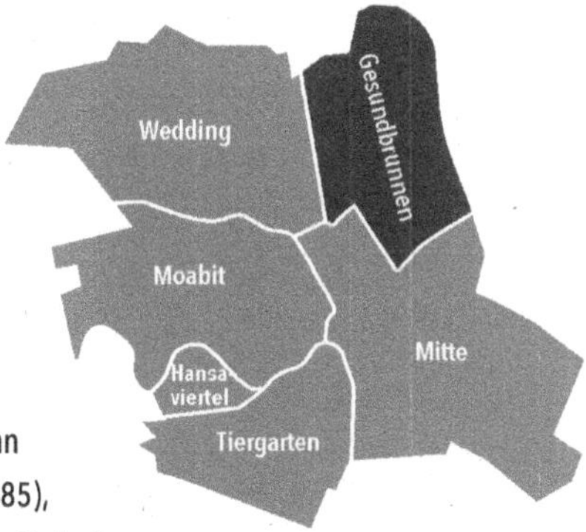

Einwohner: 95 283 (Platz 10 von 97)
Bevölkerungsdichte: 15 741 Einwohner/km^2 (Berlin gesamt: 4323 Einwohner/km^2)
Durchschnittsalter: 37,6 (Berlin gesamt: 42,7)
Verkehrsanbindung: Fern- und Regionalbahn (Bahnhof Gesundbrunnen), S-Bahn (Linien S1, S2, S8, S25, S26, S41, S42, S85), U-Bahn (Linien U6, U8, U9), Bus (diverse Linien)
Leute: George, Jérôme und Kevin-Prince Boateng (Fußballer, bolzten als Kinder in Gesundbrunnen)
Sehenswürdigkeiten: Luisenbad (Kuranlage, entstanden um die Wende vom 18. zum 19. Jhdt., heute Bibliothek, Badstr. 39), Versöhnungskapelle (Nachwendegedenkbau am Ort der 1985 gesprengten Versöhnungskirche auf dem Mauerstreifen, Berliner Str. 4), Bolzplatz Travemünder Straße (Wegstation der Boateng-Brüder), Rotaprint-Fabrik (denkmalgeschützter Industriebau der Nachkriegsmoderne, Bornemannstr./Gottschedstr.), Panke-Hallen (Industriebaukomplex der Gründerzeit, heute genutzt als Bildhauerwerkstätten, Osloer Str. 102), AEG-Hallen und Beamtentor (Industriebauensemble der Gründerzeit, zwischen Gustav-Meyer-Allee, Brunnen- und Ackerstr.), Amtsgericht Wedding (neogotisches Verwaltungsgebäude von 1906, Brunnenplatz)
Museen und Galerien: Dokumentationszentrum Berliner Mauer (Ausstellung zur Berliner Teilung und im Originalzustand konservierter Abschnitt der Mauer mit Todesstreifen, Bernauer Str. 111), Berliner Unterwelten (Verein zur Erforschung unterirdischer Bauten, bietet Führungen u. a. durch den Luftschutzbunker im U-Bahnhof Gesundbrunnen sowie die ABC-Schutzanlage und den Flakturm am Humboldthain, Brunnenstr. 105)
Grünste Ecken: Humboldthain, Mauerpark, Panke-Ufer
Gute Currywurst: Curry-Baude (am S-Bahnhof Gesundbrunnen, Badstr. 1–5), Curry & Chili (Osloer Str./Prinzenallee)
Ortsteilhymne: Gesundbrunnencenter (Jeans Team, 2013)

HANSAVIERTEL

Wo die Linie 1 ewig fährt

Er stand am oberen Ende der Treppe, die von der Lessingbrücke zum Ufer führt: ein gebeugter alter Mann, in der rechten Hand einen Gehstock, in der linken eine Plastiktüte. Ich trug ihm die Einkäufe die Stufen hinab, und als ich sah, wie schwer ihm das Treppensteigen fiel, begleitete ich ihn weiter bis nach Hause. Alle paar Meter blieb er stehen, um sich zu bedanken – er konnte entweder sprechen oder laufen, nicht beides gleichzeitig, und beides nur sehr langsam. Für die 200 Meter bis zu seiner Haustür brauchten wir eine gute halbe Stunde.

Er war 90 Jahre alt. Ich fragte ihn, ob er schon vor dem Krieg im Hansaviertel gelebt hatte – in jenem untergegangenen Kiez, den ich nur von Fotos kannte. Er schüttelte den Kopf. «Als Kind», sagte er stockend, «bin ich einmal hier durchgefahren … in dem Wagen, den wir damals hatten …» Ich hoffte auf Details, aber im nächsten Satz schien er vergessen zu haben, worüber wir gesprochen hatten, stattdessen zählte er die Autos auf, die er in seinem Leben gefahren war. Je schneller die Modelle wurden, desto langsamer kamen wir voran. Irgendwann fiel ich in eine Art Trance – die Zeit zerfaserte, der Raum löste sich auf, vor meinem inneren Auge sah ich den alten Mann und mich in wechselnden Autos durch Berlins Vergangenheit fahren.

Wir saßen im Fond einer schwarzen Vorkriegslimousine, an deren Fenstern das alte Hansaviertel vorbeizog, jenes «wichtigste Zentrum des jüdischen Lebens in Berlin», als das es 1938 der Rabbiner Jechiel Weinberg bezeichnet hatte, kurz bevor die Synagoge in der Lessingstraße niedergebrannt wurde. So viele Juden müssen in jener Zeit aus den Straßen zwischen Tiergarten und Spree verschwunden sein, dass man Berlins kleinsten Ortsteil heute lückenlos mit Stolpersteinen pflastern könnte.

Als unser Wagen um die nächste Ecke bog, brannte das Viertel lichterloh. Der Krieg war in seiner Endphase, der Bombenhagel riss nicht ab, die Hitze der Feuersbrunst trieb die Menschen in den nahen Tiergarten. Als sie wieder herausgekrochen kamen, war vom alten Hansaviertel so gut wie nichts übrig.

In einem VW Käfer umkurvten wir die Baukräne, die 1957 über dem Brachland aufragten. Die Trümmer waren beseitigt, die westliche Architekturwelt pilgerte zur Internationalen Bauausstellung und füllte das Viertel mit jenen ikonischen Bauten der Nachkriegsmoderne, die es bis heute prägen.

Aus dem Käfer wurde ein Golf, während die einst so umjubelten Hochhäuser den Charme ihrer Anfangsjahre verloren und immer schwerer von den Betonburgen zu unterscheiden waren, die auch im Rest der Bundesrepublik die sozial schwächeren Viertel prägten. In manche Wohnungen des Hansaviertels zogen türkische Gastarbeiter ein, als sich unser Golf in einen E-Klasse-Mercedes verwandelte, vor dessen Kühlerstern ich das Grips-Theater am Hansaplatz aufblitzen sah. Es war 1986, im Theater lief «Linie 1», und als die Mauer fiel, lief immer noch «Linie 1», und als wir in die Jetztzeit einbogen immer noch, und ich hatte das Gefühl, dass die Jahre und Autos kommen und gehen, aber immer wird im Grips-Theater «Linie 1» laufen.

Wir erreichten die Haustür des Mannes. Sein letztes Auto, einen Audi, fuhr er schon lange nicht mehr.

***

Gefühlte Mitte: Hansaplatz
Sektorenzugehörigkeit bis zur Wiedervereinigung: Britisch (West-Berlin)
Fläche: 0,5 km² (Platz 97 von 97)
Einwohner: 6070 (Platz 88 von 97)
Bevölkerungsdichte: 11 496 Einwohner/km² (Berlin gesamt: 4323 Einwohner/km²)

Durchschnittsalter: 43,7 (Berlin: 42,7)
Verkehrsanbindung: S-Bahn (Linien S3, S5, S7, S9), U-Bahn (Linie U9), Bus (diverse Linien)
Leute: Walter Gropius, Oscar Niemeyer, Max Taut (Architekten)
Sehenswürdigkeiten: Wohnhäuser der Nachkriegsmoderne (entstanden im Rahmen der Internationalen Bauausstellung 1957, zwischen S-Bahn-Trasse und Tiergarten), Grips-Theater (Jugendtheater, Altonaer Str. 22), Akademie der Künste (Ausstellungs- und Veranstaltungszentrum, Hanseatenweg 10) 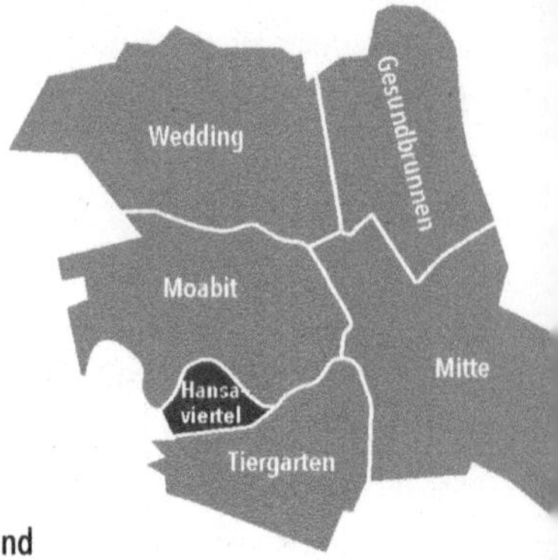
Gute Kneipe: Tiergartenquelle (Bachstr. 6)
Ortsteilhymnen: Alle Songs aus «Linie 1» (Birger Heymann/Volker Ludwig, 1986)

MITTE

Wo Berlin sein Herz verlor

Mitten in Berlin liegt der Bezirk Mitte. Er besteht aus sechs Ortsteilen, von denen einer genauso heißt wie der Bezirk, nämlich Mitte. Schon allein wegen dieses doppelten Fingerzeigs landen die meisten Touristen unweigerlich in Mitte-Mitte, wenn sie das Zentrum der Stadt suchen – irgendwo zwischen Alex, Gendarmenmarkt, Brandenburger Tor und Scheunenviertel wähnen sie Berlins Herz.

Wo aber, fragte ich mich, bevor ich zu meiner Ortsteilwanderung aufbrach, liegt eigentlich die Mitte von Mitte-Mitte?

Beim Bezirksamt konnte mir das auf Anhieb niemand sagen. Der geografische Mittelpunkt des Ortsteils Mitte, wurde mir schriftlich beschieden, sei keine auf Anhieb verfügbare Größe, man müsse ihn vom Fachbereich Kataster und Vermessung ermitteln lassen. Offenbar war ich der Erste, der sich je für diese Frage interessiert hatte.

Die Antwort kam in Form geografischer Koordinaten: 13° 23' 52 2670" E, 52° 31' 16 6707" N. An dieser Stelle, erklärte mir ein Mitarbeiter des Vermessungsamts, liege der Gleichgewichtspunkt von Mitte – hier könnte man den kompletten Ortsteil theoretisch auf einem Finger balancieren. Der Mann war so nett, mir den Punkt auf einer Berlin-Karte einzuzeichnen. Das Kreuz markierte eine Stelle im Nordosten der Museumsinsel, auf einer kleinen Freifläche hinter der Alten Nationalgalerie. Neugierig machte ich mich auf den Weg.

Ein paar Spanier ließen im Säulengang der Alten Nationalgalerie einen Joint kreisen, junge Touristinnen fotografierten sich selbst vor den Skulpturen im Museumshof. Näher kam ich dem Mittelpunkt von Mitte leider nicht, zwischen Nationalgalerie und Säulengang schnitt mir ein Zaun den Weg ab. «Unbefugten ist der Zutritt nicht gestattet», stand auf einem Schild. Ich versuchte, mich einem misstrauischen Pförtner als befugt zu empfehlen, aber er erklärte mir, dass hinter dem Zaun eine Baustelle liege, die nur mit Genehmigung des Museums zu betreten sei.

Berlins Mitte, dachte ich, ist also erstens eine Baustelle, und zweitens kommt nicht jeder rein. Es klang nach einer Mischung aus 1990er-Jahre-Nostalgie und Berghain-Gegenwart.

Ich beantragte eine Genehmigung. Während ich auf sie wartete, telefonierte ich mit einem Mitarbeiter der Museumsbauplanung, der mir erklärte, was hinter der Alten Nationalgalerie derzeit im Gange sei. An der Rückseite des Pergamonmuseums werde gewerkelt, außerdem soll demnächst der hintere, derzeit zugemauerte Teil des Spree-Säulengangs freigelegt werden. Etwa ab Herbst 2020 werde die umgestaltete Freifläche dann öffentlich zugänglich sein – und mit ihr der Mittelpunkt von Mitte.

Eines schönen Donnerstags war es schließlich so weit: Mit

einem Baustellenausweis betrat ich Berlins heimliches Zentrum. Auf der Freifläche wurde gerade eine unterirdische Starkstromleitung verlegt, ein Bohrkran durchbrach unter höllischem Lärm die Asphaltdecke. Im Norden sah ich S-Bahnen über die nahe Inselbrücke rumpeln. Von dort aus kann man, wie ich später ausprobierte, im Vorbeifahren auch als Unbefugter einen kurzen Blick auf die Mitte von Mitte erhaschen.

Viel zu sehen gibt es dort freilich nicht. Berlins Herz ist ein nacktes Stück Asphalt.

* * *

Gefühlte Mitte: 13° 23′ 52 2670″ E, 52° 31′ 16 6707″ N

Sektorenzugehörigkeit bis zur Wiedervereinigung: Sowjetisch (Ost-Berlin)

Fläche: 10,7 km² (Platz 28 von 97)

Einwohner: 107 444 (Platz 8 von 97)

Bevölkerungsdichte: 10 066 Einwohner/km² (Berlin gesamt: 4323 Einwohner/km²)

Durchschnittsalter: 40,0 (Berlin gesamt: 42,7)

Verkehrsanbindung: Fern- und Regionalbahn (Bahnhöfe Alexanderplatz, Friedrichstraße und Hauptbahnhof), S-Bahn (Linien S1, S2, S3, S5, S7, S9, S25, S26), U-Bahn (Linien U2, U5, U55, U6, U8), Tram (diverse Linien), Bus (diverse Linien)

Leute: Karl Friedrich Schinkel (Architekt), Friedrich der Große (König von Preußen)

Sehenswürdigkeiten: Brandenburger Tor (Triumphbogen, einziges erhaltenes von ehemals 18 Berliner Stadttoren, Pariser Platz), Alexanderplatz (Schauplatz des gleichnamigen Romans von Alfred Döblin, als moderner Stadtplatz angelegt in den frühen 1930er Jahren mit Berolina- und Alexanderhaus, großflächig umgestaltet zu DDR-Zeiten mit Fernsehturm, Weltzeituhr, Brunnen der Völkerfreundschaft, Warenhaus, Haus des Lehrers, Haus der Statistik, Haus der Presse, Haus des Reisens, Haus der Elektrotechnik und zentralem Hotelhochhaus), Fernsehturm (Ost- und Gesamtberliner Wahrzeichen, gebaut 1969,

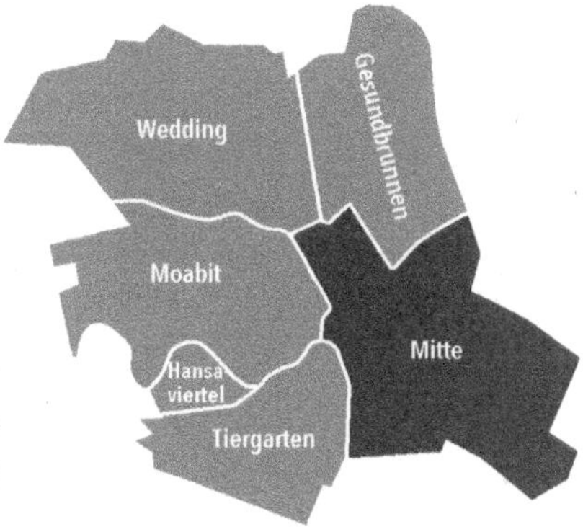

Panoramastr. 1A), Gendarmenmarkt (Bauensemble des 17. Jhdts. mit Konzerthaus, Schillerbrunnen, Deutschem und Französischem Dom), Berliner Dom (neobarocker Kirchenbau, errichtet um die Wende vom 19. zum 20. Jhdt., mit Familiengruft der Hohenzollern, Am Lustgarten), Humboldt-Universität (Hauptgebäude der Hochschule, Unter den Linden 6), Kronprinzenpalais (spätklassizistische Stadtvilla, gebaut Mitte des 17. Jhdts., umgestaltet Mitte des 19. Jhdts., heute Ausstellungs- und Veranstaltungszentrum, Unter den Linden 3), Neue Wache (zentrale Weltkriegsgedenkstätte der BRD, Unter den Linden 4), Staatsbibliothek (Zweigstelle Unter den Linden 8), Neue Synagoge (jüdischer Sakralbau von 1866, Oranienburger Str. 28–30), Hackesche Höfe (Wohn- und Nachtlebenkomplex, gebaut 1906 mit Jugendstil- und Historismuselementen, modernisiert in den 1990er Jahren, Rosenthaler Str. 40–41), Rotes Rathaus (Verwaltungsbau der 1860er Jahre, heute Sitz des Berliner Senats, Rathausstr. 15), Nikolaiviertel (ältestes Berliner Siedlungsgebiet, im Zweiten Weltkrieg weitgehend zerstört, zu DDR-Zeiten aus Anlass des 750-jährigen Stadtjubiläums rekonstruiert, rund um die Nikolaikirche), Nikolaikirche (älteste erhaltene Kirche im Berliner Stadtzentrum, heute Museum und Konzerthalle, Nikolaikirchplatz), Marienkirche (ursprünglich mittelalterliche, mehrfach umgebaute Kirche mit Totentanzfresko von 1485, Karl-Liebknecht-Str. 8), Marx-Engels-Forum (Grünanlage mit Bronzedenkmal der beiden Sozialisten, Karl-Liebknecht-Str. 2), Neptunbrunnen (Brunnenanlage des 19. Jhdts. mit Meeresgott und vier Frauenverkörperungen der größten preußischen Flüsse, Rathausstr. 1), Charité (ältestes Berliner Krankenhaus, Hauptsitz Luisenstr. 2), Holocaust-Mahnmal (Denkmal für die ermordeten Juden Europas, Cora-Berliner-Str. 1), Mahnmal der Bücherverbrennung am 10. Mai 1933 (symbolische unterirdische Bibliothek, Bebelplatz 1), Hotel Adlon (Traditionshotel, Unter den Linden 77), Denkmal für Friedrich den Großen (Reiterstandbild des Preußenkönigs, Unter den Linden 9), Berliner Schloss (gebaut Mitte des 15. Jhdts. als Stadtresidenz der Hohenzollern, um 1700 barock erweitert, im Zweiten Weltkrieg teilweise zerstört, 1950 auf Betreiben der DDR-Regierung abgerissen und durch den Palast der Republik ersetzt, nach dessen Abriss wiederaufgebaut, seit 2021 genutzt als Humboldt Forum mit Ethnologischem Museum, Museum für Asiatische Kunst und Stadtmuseum Berlin, Schlossplatz 1), Staatsratsgebäude (ehemaliger Amtssitz des DDR-Staatsrats, Nachkriegsbau mit integriertem Fassadenelement des abgerissenen Berliner Schlosses, heute Sitz der European School of Management and Technology, Schloßplatz 1), Detlev-Rohwedder-Haus (gebaut 1935 als Reichsluftfahrtministerium, zu DDR-Zeiten mit sozialistischen Wandmalereien von Max Lingner dekoriert, heute Bundesfinanzministerium, Wilhelmstr. 97), House of One (interreligiöse Begegnungsstätte, Eröffnung geplant für 2028, Petriplatz)

Theater: Berliner Ensemble (Repertoiretheater, Bertolt-Brecht-Platz 1), Deutsches Theater (Repertoiretheater, Schumannstr. 13A), Volksbühne (Repertoiretheater, Linienstr. 227), Maxim-Gorki-Theater (Repertoiretheater, Am Festungsgraben 2), Staatsoper (Opernhaus, Unter den Linden 7), Komische Oper (Opernhaus, Behrenstr. 55–57), Chamäleon (Varieté, Hackesche Höfe, Rosenthaler Str. 40–41), Friedrichstadt-Palast (Revuetheater, Friedrichstr. 107), Distel (Kabarett, Friedrichstr. 101), Monbijou-Theater (Freilichtbühne an der Spree, Monbijoustr. 3), Acud-Theater (Bühne für Schauspiel, Tanz und Performance, Veteranenstr. 21), Mirakulum (Puppentheater, Brunnenstr. 35), Galli-Theater (Kindertheater, Oranienburger Str. 32)

Museen und Galerien: Pergamonmuseum (Antikensammlung, Vorderasiatisches Museum und Museum für Islamische Kunst, Museumsinsel, Bodestr. 1–3), Altes Museum (Antikensammlung und Münzkabinett, Museumsinsel, Bodestr. 1–3), Neues Museum (Ägyptisches Museum, Museum für Vor- und Frühgeschichte und Antikensammlung, Museumsinsel, Bodestr. 1–3), Bode-Museum (Skulpturensammlung, Museum für Byzantinische Kunst und Münzkabinett, Museumsinsel, Am Kupfergraben), Alte Nationalgalerie (Malerei und Skulpturen des 19. Jhdts., Museumsinsel, Bodestr. 1–3), Deutsches Historisches Museum (Ausstellungen zur Deutschen Geschichte, Unter den Linden 2), Humboldt-Forum (Eröffnung geplant für 2020, Ausstellungen zu außereuropäischen Kulturen, im Neubau des Berliner Schlosses, Schloßplatz 1), Deutscher Dom (Dauerausstellung des Deutschen Bundestags zur Entwicklung der parlamentarischen Demokratie in Deutschland, Gendarmenmarkt 1–2), Märkisches Museum/Ephraim-Palais (Ausstellung zur Berliner Stadtgeschichte, Am Köllnischen Park 5/Poststr. 16), Akademie der Künste (Ausstellungs- und Veranstaltungszentrum, Pariser Platz 4), Brecht-Weigel-Gedenkstätte (ehemalige Wohnung des Künstlerpaars, Chausseestr. 125), Museum für Naturkunde (Zoologie, Paläontologie, Geologie und Mineralogie, Invalidenstr. 43), Medizinhistorisches Museum (pathologisch-anatomische Sammlung der Charité, Charitéplatz 1), Museum für Kommunikation (Geschichte des Postwesens, Leipziger Str. 16), Tränenpalast (Ausstellung zur Berliner Teilung im Gebäude der ehemaligen Grenzübergangsstelle zwischen West- und Ost-Berlin am Bahnhof Friedrichstraße, Reichstagufer 17), Zille-Museum (Ausstellung zu Leben und Werk des Berliner Milieumalers Heinrich Zille (Propststr. 11), Madame Tussauds (Wachsfigurenkabinett, Unter den Linden 74), DDR-Museum (Alltagskultur der DDR, Karl-Liebknecht-Str. 1), Spionagemuseum (Schwerpunkt Kalter Krieg, Leipziger Platz 9), diverse Kunstgalerien (vor allem rund um August- und Linienstr.), Anne Frank Zentrum (Ausstellung zu Leben und Tagebuch der Anne Frank, Rosenthaler Str. 39)

Grünste Ecken: Lustgarten, Monbijoupark, Volkspark am Weinberg

Gute Kneipen: Clärchens Ballhaus (Auguststr. 24), Bötzow-Privat (Linienstr. 113)

Kalauer-Friseure: Liebhaarber (Krausnickstr. 6), Kopfsache (Karl-Liebknecht-Str. 7–13)

Ortsteilhymnen: Solang noch Untern Linden (Walter Kollo/Fritz Oliven, 1923), Im Nussbaum links vom Molkenmarkt (Claire Waldoff, 1920er Jahre)

MOABIT

Wo der Fuchs zu Hause ist

Moabit dürfte neben Neukölln der Berliner Ortsteil mit der höchsten Dönerdichte sein. In der Turmstraße, wo sich eine

Kebabbude an die andere reiht, war mein Favorit das Grillhäuschen an der Ecke Ottostraße, dem ich für seine kreative Namensgebung den Marcello-Mastroianni-Gedächtnispreis für lebensbejahende Kalauerkunst verleihen möchte: «La Döner Vita».

Der Name Moabit dagegen geht auf die französischen Erstbewohner der Gegend zurück, wobei volksmundkundlich umstritten ist, ob sie damit die biblische «terre de Moab» meinten (die einst den Israeliten Zuflucht bot, wie es Berlin nun für die französischen Glaubensflüchtlinge tat) oder die brandenburgische «terre maudite» (den verfluchten Sandboden, auf dem die Maulbeerbäume der Hugenotten nicht gediehen). Jedenfalls mussten die Umsiedler ihre Seidenraupenzucht bald an den Nagel hängen, weshalb sich mancher auf die Gastronomie verlegte – der berühmte «Mocca faux» alias «Muckefuck» ist noch so ein Kalauer aus Moabit.

In Berlin wiederum wird der Name Moabit gerne als Synonym für den dortigen Knast verwendet. Oder für das benachbarte Kriminalgericht, das größte seiner Art in Deutschland, wo ich auf gut Glück einen der zahllosen Gerichtssäle betrat. Dort wurde gerade einem jungen Asylbewerber aus Guinea-Bissau der Prozess gemacht. Er war im Görlitzer Park beim Dealen mit «nicht geringen Mengen von Blütenstämmen der Cannabispflanze» sowie etwas Koks und Speed erwischt worden, wofür er 15 Monate Knast aufgebrummt bekam – Moabit hatte einen Einwohner mehr.

Erst als ich den Saal verließ und mein Blick in den gegenüberliegenden Innenhof fiel, erinnerte ich mich an eine Geschichte, die ich hier ein gutes Jahr zuvor bei einem Gerichtstermin erlebt hatte. Beim Blick aus einem Kantinenfenster im fünften Stock war mir damals ein Tier aufgefallen, das auf einer Feuertreppe im Innenhof döste – eine Katze, wie ich annahm. Als dann irgendwo ein Fenster zugeschlagen wurde, war das Tier aufgeschreckt die Treppe hinabgestürmt – es war ein Fuchs. «Janz richtig», hatte damals ein Wachmann gesagt, als ich ihm die Beobachtung schilderte. «Der Fuchs jehört hier zum Inventar.»

Da bei meinem diesmaligen Besuch weit und breit kein Fuchs zu sehen war, fragte ich eine Kantinenmitarbeiterin nach ihm. Die Frau machte ein trauriges Gesicht. Der Fuchs, erzählte sie, sei im vergangenen Jahr dabei beobachtet worden, wie er von einem Mauervorsprung abrutschte und sich danach stark humpelnd in ein Gebüsch schleppte. Seitdem habe sie ihn nicht mehr gesehen. Sie befürchtete das Schlimmste.

In der Hoffnung, das Schicksal des Moabiter Gerichtsfuchses zu ergründen, suchte ich nach einem Zugang zum Innenhof, wobei ich mich hoffnungslos in den labyrinthischen Gerichtsgängen verlief. Eine freundliche Justizbeamtin wies mir den Weg zurück. Ich fragte sie, ob sie zufällig den Fuchs kenne. «Klar», sagte sie. «Letzte Woche habe ich ihn noch in der Sonne dösen sehen. Humpelt ein bisschen, aber dem geht's gut.»

Die Kantinenfrau, der ich die Nachricht sofort überbrachte, war überglücklich. Als ich sie fragte, ob der Fuchs einen Namen habe, verneinte sie.

In alter Moabiter Kalauertradition taufe ich das Gerichtsmaskottchen hiermit auf den Namen «Muckefuchs».

* * *

Gefühlte Mitte: U-Bahnhof Turmstraße
Sektorenzugehörigkeit bis zur Wiedervereinigung: Britisch (West-Berlin)
Fläche: 7,7 km² (Platz 50 von 97)
Einwohner: 81 118 (Platz 14 von 97)
Bevölkerungsdichte: 10 921 Einwohner/km² (Berlin gesamt: 4323 Einwohner/km²)
Durchschnittsalter: 39,0 (Berlin gesamt: 42,7)
Verkehrsanbindung: Fern- und Regionalbahn (Hauptbahnhof), S-Bahn (Linien S3, S5, S7, S9, S41, S42, S46), U-Bahn (Linien U55, U9), Bus (diverse Linien)

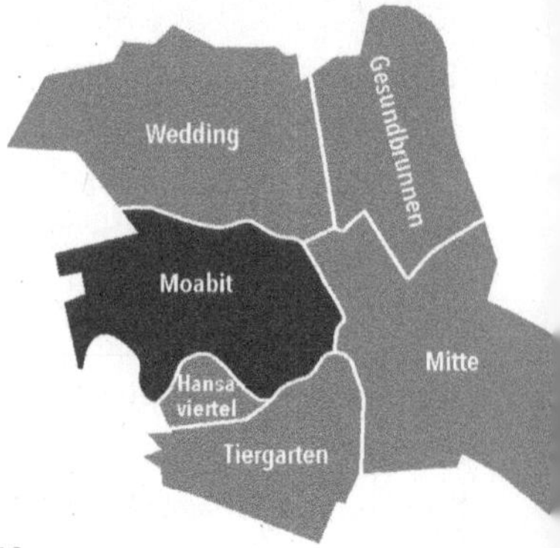

Leute: Kurt Tucholsky (Schriftsteller, geboren 1890 in Moabit), Else Ury (Nesthäkchen-Autorin, lebte bis zu ihrer Verhaftung und Deportation nach Auschwitz im Jahr 1943 in Moabit)

Sehenswürdigkeiten: Kriminalgericht Moabit (neobarocker Verwaltungsbau von 1906, Turmstr. 91), Justizvollzugsanstalt Moabit (Alt-Moabit 12A), AEG-Turbinenfabrik (moderner Industriebau von 1909, Huttenstr. 12–19), Westhafen (größter Hafen Berlins, an der Seestr.), Kulturfabrik Moabit (alternatives Kulturzentrum, Lehrter Str. 35), Johanniskirche und Ibn-Rushd-Goethe-Moschee (christlich-muslimisches Gotteshaus in einem von Karl Friedrich Schinkel entworfenen Sakralbau des 19. Jhdts., Alt-Moabit 25), Hauptbahnhof (Neubau der Jahrtausendwende, Europaplatz 1), Wohnhaus von Kurt Tucholsky (Lübecker Str. 13)

Museen und Galerien: Hamburger Bahnhof (Museum für Gegenwartskunst, Invalidenstr. 50–51)

Grünste Ecken: Fritz-Schloß-Park, Kleiner Tiergarten, Ottopark, Kanzlergarten

Gute Kneipe: Zur Quelle (Alt-Moabit 87)

Ortsteilhymne: Morgen in Moabit (Pannach und Kunert, 1979)

TIERGARTEN

Wo die Engel höher sitzen

Ganz im Süden, wo Tiergarten an Schöneberg grenzt, an der Ecke Genthiner und Kurfürstenstraße, stand mal eine Currywurstbude. Rund um die Bude suchten die Damen vom Straßenstrich nach Kundschaft, und wer darüber etwas wissen wollte, musste nur Curry-Bernd fragen, den Wurstbräter, der viele der Damen persönlich kannte.

Vorbei. Die Bude gibt's nicht mehr. Sprachlos blieb ich vor einem Bauzaun stehen, dem Curry-Bernd offenbar weichen musste – dahinter sah ich den Rohbau eines neuen Luxuswohnblocks in den Himmel wachsen. Interessant, dachte ich – was das wohl für den Straßenstrich bedeutet?

Ein junges Paar sah durch die Zaunmaschen den Baukränen zu. Ich sprach sie an: «Wird das eure neue Wohnung?» Sie erzählten mir, dass in der Gegend derzeit noch ein paar weitere Blöcke mit Eigentumswohnungen im Bau seien, deren Käufer alle darauf spekulierten, dass sich der Strich «von selbst erledigen» werde. Schon jetzt verlagere sich das Geschäft in Richtung Schöneberg, weil es nördlich der Kurfürstenstraße immer weniger dunkle Ecken für klandestinen Freiluftsex gebe. Tiergarten sei deshalb der wohl einzige Ortsteil Berlins, wo die alteingesessenen Bewohner froh über Luxusneubauten seien: «Hier werden Gentrifizierer mit Blumen begrüßt statt mit Farbbeuteln!»

Nun hat Tiergarten ohnehin nicht die allermeisten Bewohner. Mehrheitlich besteht der eher kleine Ortsteil aus dem namensgebenden Park, hinzu kommen öffentliche Einrichtungen, die hier eine Dichte erreichen wie nirgends sonst in Berlin: Kanzler- und Bundespräsidialamt, Schloss Bellevue, Zoo und Aquarium, Neue National- und Gemäldegalerie, Kupferstichkabinett, Kunstgewerbe- und Musikinstrumentenmuseum, Bauhaus-Archiv, Haus der Kulturen der Welt, Staatsbibliothek, Philharmonie, Kammermusiksaal, Gedenkstätte Deutscher Widerstand, dazu jede Menge Botschaften und Ländervertretungen.

Als ich mich im Park der Siegessäule näherte, sah ich von weitem einen Mann in langem Mantel auf den Schultern der Victoria-Statue sitzen. Natürlich saß der Mann da nicht wirklich, aber ich dürfte nicht der einzige Mensch in dieser Stadt sein, der die Goldelse nicht ansehen kann, ohne Bruno Ganz vor Augen zu haben – den Engel aus «Der Himmel über Berlin», wie er da oben auf der Siegessäule sitzt und den Gedanken aller Berliner lauscht, ein vielstimmiges Flüstern, das aus sämtlichen Ortsteilen an sein Ohr dringt.

Hitler ließ die ohnehin arg phallische Siegessäule Ende der 1930er Jahre um zusätzliche siebeneinhalb Meter aufstocken – eine architektonische Penisvergrößerung, die ihre volle Wucht erst nach Kriegsende entfaltete, als sich das Monument über den Baumstümpfen des kahlgebombten Parks erhob. Dass sich später Berlins größte Schwulenzeitschrift nach der Siegessäule benannte, war wahrlich keine weit hergeholte Assoziation.

Im Schatten der Säule, unter dem Blätterdach des Tiergartens, sah ich ein paar Männer mit Müllklaubern durch die Gebüsche streifen. Einer bemerkte meinen fragenden Blick. Sie seien, erklärte er mir freundlich, Teil der schwulen Initiative «Schöner

cruisen». Deren Mitglieder ziehen einmal im Jahr durch die schattigen Vögelreviere des Tiergartens, um den Waldboden von gebrauchten Kondomen und Taschentüchern zu befreien.

So viel klandestinen Freiluftsex wie in Tiergarten gibt es vermutlich in keinem anderen Berliner Ortsteil.

* * *

Gefühlte Mitte: Siegessäule

Sektorenzugehörigkeit bis zur Wiedervereinigung: Britisch (West-Berlin)

Fläche: 5,2 km² (Platz 73 von 97)

Einwohner: 16 140 (Platz 68 von 97)

Bevölkerungsdichte: 3117 Einwohner/km² (Berlin gesamt: 4323 Einwohner/km²)

Durchschnittsalter: 40,7 (Berlin gesamt: 42,7)

Verkehrsanbindung: Fern- und Regionalbahn (Bahnhöfe Potsdamer Platz und Zoo), S-Bahn (Linien S1, S2, S3, S5, S7, S9, S25, S26), U-Bahn (Linien U1, U2, U3, U55), Bus (diverse Linien)

Leute: Bruno Ganz (Schauspieler, verkörperte 1987 den Engel, der in «Der Himmel über Berlin» auf der Siegessäule sitzt), Theodor Fontane (Schriftsteller, lebte von 1872 bis zu seinem Todesjahr 1898 in der Potsdamer Str. 134C)

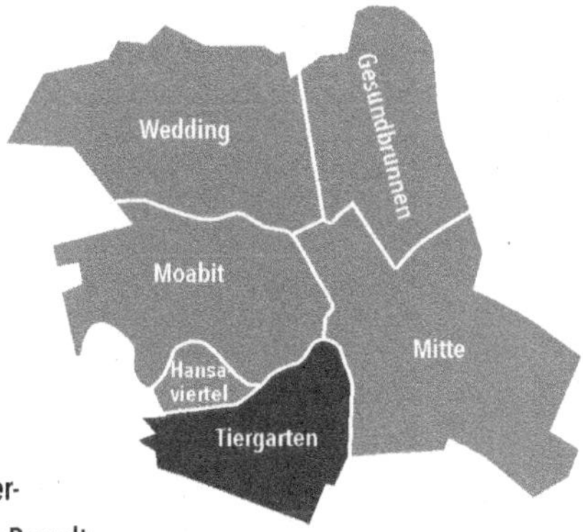

Sehenswürdigkeiten: Siegessäule (Preußisches Nationaldenkmal, gebaut 1864–1873, Großer Stern), Reichstagsgebäude (Parlamentsbau des späten 19. Jhdts., umgestaltet von Norman Foster, Sitz des Bundestags, Platz der Republik 1), Schloss Bellevue (klassizistisches Schloss von 1768, Residenz des Bundespräsidenten, Spreeweg 1), Kanzleramt (Amtssitz der Bundeskanzlerin, Willy-Brandt-Str. 1), Zoologischer Garten und Aquarium (Hardenbergplatz 8/Budapester Str. 32), Haus der Kulturen der Welt (Kongresshalle der 1950er Jahre, John-Foster-Dulles-Allee 10), Staatsbibliothek (Zweigstelle Potsdamer Str. 33), Philharmonie und Kammermusiksaal (Herbert-von-Karajan-Str. 1), Gedenkstätte Deutscher Widerstand (Denkmal und Bildungsstätte, Stauffenbergstr. 13), Potsdamer Platz (Neubauensemble der Nachwendezeit)

Theater: Wintergarten (Varieté, Potsdamer Str. 96)

Museen und Galerien: Gemäldegalerie (Malerei des 13.–18. Jhdts., Matthäikirchplatz), Neue Nationalgalerie (Kunst des 20. Jhdts. im Museumsbau von Mies van der Rohe, Potsdamer Str. 50), Musikinstrumenten-Museum (Instrumente des 16. bis 20. Jhdts., Ben-Gurion-Str.), Kupferstichkabinett (europäische Zeichnungen und Druckgrafik von Mittelalter bis Gegenwart, Matthäikirchplatz), Kunstgewerbemuseum (Kunsthandwerk von Mittelalter bis Gegenwart, Matthäikirchplatz), Bauhaus-Archiv (Kunst, Design und Architektur der Baushausschule, Klingelhöferstr. 14), Deutsche Kinemathek (Museum für Film und Fernsehen, Potsdamer Str. 2), Schwules Museum (Geschichte und Gegenwart der LGBT-Community, Lützowstr. 73)

Grünste Ecke: Tiergarten

Gute Kneipen: Kumpelnest 3000 (Lützowstr. 23), Café Einstein (Kurfürstenstr. 58)

Ortsteilhymnen: Die kleine Bank am Großen Stern (Walter Kollo, 1913), Es schwimmt eine Leiche im Landwehrkanal (Volkslied über die Ermordung Rosa Luxemburgs, 1919), Tiergarten (Rufus Wainwright, 2007)

WEDDING

Wo Veganer wütend werden

Vorweg: Die alte Frage, welche Präposition zum Ortsteil Wedding gehört, kann auch dieser Text nicht letztgültig beantworten. Hier eine Liste der üblicherweise diskutierten Varianten, in der gefühlten Reihenfolge ihrer Beliebtheit: 1. im Wedding; 2. auf dem / uff'm Wedding; 3. in Wedding; 4. am Wedding. Suchen Sie sich was aus. Jedem sein Wedding.

Als mehr oder weniger unstrittig gilt dagegen, dass der Wedding «kommt». Man hört das seit Jahrzehnten so, es ist zum Berliner Gemeinplatz geworden, dass der Wedding kurz vor dem

Durchbruch zum nächsten Hip-Kiez steht. Als Klischee hat sich das so sehr verselbständigt, dass vom «Kommen» des Weddings wohl noch die Rede sein wird, wenn die Hipster-Karawane dem Ortsteil längst wieder den Rücken gekehrt hat.

Denn natürlich ist der Wedding längst da – und wohl nirgends lässt sich das so gut beobachten wie im «Falafel Dream», einem umgebauten BVG-Bus von 1977, der seit ein paar Jahren an der Müllerstraße parkt. Staunend sah ich zu, wie dort Kunden mit den irrsten 1990er-Jahre-Frisuren ihre fleischfreien Sandwiches mit britischen Barclays-Kreditkarten bezahlten.

Der Inhaber des Busses, ein jordanischer Palästinenser namens Wael Thib, antwortete knapp, als ich ihn fragte, woran sich das «Kommen» des Weddings sonst noch festmachen lasse. «Döner wird teurer», sagte er. Die türkischen Imbisse an der Müllerstraße hätten ihre Preise schnell den finanziellen Möglichkeiten des neuen Publikums angepasst.

Wael passte lieber seine Karte an. Um sich abzugrenzen, hatte er eine Zeitlang sogar komplett auf vegan umgestellt: kein Halloumi mehr, kein Ayran, nichts. «Aber dann», erinnerte er sich seufzend, «kamen die Hardcore-Veganer». Toller Laden, sagten die – und fragten Wael, wie lange er denn selbst schon vegan lebe. Als er ihnen erklärte, dass er persönlich weder Veganer noch Vegetarier sei, weil er sich ein Leben ohne Fleisch gar nicht vorstellen könne, ging es los. «Mörder!», riefen die einen. «Du nutzt Veganer aus!», brüllten andere. «Deine schlechte Energie geht auf das Essen über!», schrien dritte. Am Ende setzte Wael wieder Halloumi und Ayran auf die Karte und überpinselte auf dem Bus den Schriftzug «vegan» mit «vegetarisch-vegan». Seitdem gingen die Weddinger Hardcore-Veganer woanders essen. «Jetzt kommen nur noch die Normalo-Veganer», sagte Wael. «Mit denen kann man leben.»

Auch die Stadtentwicklung hat im Wedding mitunter vegane Züge. Drei Straßen des Afrikanischen Viertels sollen nach dem Willen der Bezirksverwaltung den Namen wechseln, weil sie nach umstrittenen Figuren der deutschen Kolonialära benannt sind. Etwas verworren ist die Lage im Fall der Petersallee, deren Namensgeber Carl Peters ein so eindeutig untragbarer Rassist war, dass sich bereits 1986 die damals CDU-geführte Bezirksverwaltung zu einer Umbenennung durchrang: Man erklärte kurzerhand, die Petersallee sei ab sofort nach Hans Peters benannt, einem verdienten Christdemokraten der Nachkriegszeit. Nun ist unklar, wem eine weitere Umbenennung eigentlich nützen beziehungsweise schaden würde.

Bevor jetzt einer fragt: Nein, die Müllerstraße, an der die Berliner SPD-Zentrale liegt, ist nicht nach dem verdienten Sozialdemokraten und ehemaligen Regierenden Bürgermeister Michael Müller benannt. Sondern nach den Windmühlen, die bis ins 19. Jahrhundert den Wedding prägten.

* * *

Gefühlte Mitte: Leopoldplatz

Sektorenzugehörigkeit bis zur Wiedervereinigung: Französisch (West-Berlin)

Fläche: 9,2 km² (Platz 39 von 97)

Einwohner: 86 514 (Platz 12 von 97)

Bevölkerungsdichte: 9361 Einwohner/km² (Berlin gesamt: 4323 Einwohner/km²)

Durchschnittsalter: 39,3 (Berlin gesamt: 42,7)

Verkehrsanbindung: S-Bahn (Linien S41, S42), U-Bahn (Linien U6, U9), Bus (diverse Linien)

Leute: Rudolph de Weddinge (Adliger, gründete laut einer mittelalterlichen Urkunde im 13. Jhdt. das Gut Wedding), Ernst Schering (Unternehmer, gründete 1864 in der Müllerstraße die Chemische Fabrik Ernst Schering, Vorläufer des Pharmakonzerns Schering AG)

Sehenswürdigkeiten: Alte Nazarethkirche und St.-Pauls-Kirche (klassizistische Sakralbauten der 1830er Jahre von Karl Friedrich Schinkel, Leopoldplatz/Badstr. 50), Scheringwerke (bis zur Übernahme durch die Bayer AG Sitz

des einzigen Berliner Dax-Konzerns Schering AG, historische und moderne Industriebauten entlang der Fennstr. zwischen Müllerstr. und Nordhafen), Osramhöfe (ehemals größte Glühlampenfabrik Europas, gebaut Anfang des 20. Jhdts., heute Kleingewerbezentrum, zwischen Seestr. und Groninger Str.), Centre Francais de Berlin (Französisches Kulturinstitut, Müllerstr. 74), Kurt-Schumacher-Haus (Sitz des Berliner SPD-Landesverbands, Müllerstr. 163)

Theater: Atze (Kindermusiktheater, Luxemburger Str. 20)

Museen und Galerien: Museum des Robert Koch-Instituts (Ausstellung zu Leben und Werk des Mediziners und zur Arbeit des Bundesinstituts für Infektionskrankheiten, Nordufer 20), Anti-Kriegs-Museum (Kriegs- und Pazifismusgeschichte, Brüsseler Str. 21)

Grünste Ecken: Volkspark Rehberge, Goethepark, Schillerpark, Strandbad Plötzensee

Gute Kneipe: Zum Magendoktor (Reinickendorfer Str. 111)

Kalauer-Friseur: Haarfeger (Müllerstr. 145)

Ortsteilhymne: Roter Wedding (Ernst Busch, 1929)

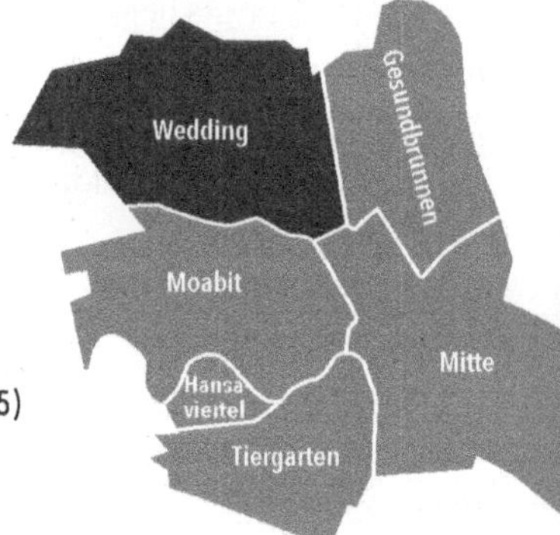

BEZIRK

NEUKÖLLN

Fläche: 44,9 km² (entspricht 5,0 % der Berliner Gesamtfläche)
Einwohner: 329 476 (entspricht 8,6 % der Berliner Gesamtbevölkerung)
- **Davon weiblich:** 50,2 % (Berlin gesamt: 50,6 %)
- **männlich:** 49,8 % (Berlin gesamt: 49,4 %)
- **ohne Migrationshintergrund:** 50,4 % (Berlin gesamt: 61,4 %)
- **mit Migrationshintergrund:** 49,6 % (Berlin gesamt: 38,6 %)
- **ledig:** 54,0 % (Berlin gesamt: 52,8 %)
- **verheiratet:** 32,3 % (Berlin gesamt: 33,2 %)
- **verwitwet:** 5,2 % (Berlin gesamt: 5,1 %)
- **geschieden:** 8,1 % (Berlin gesamt: 8,5 %)
- **in Lebenspartnerschaft:** 0,3 % (Berlin gesamt: 0,4 %)

Bevölkerungsdichte: 7336 Einwohner / km² (Berlin gesamt: 4323)
Durchschnittsalter: 41,8 (Berlin gesamt: 42,7)
Beliebteste Babynamen: Charlotte & Emilia (Mädchen), Adam (Jungen)

* * *

Neukölln war mal schäbig und ist jetzt schick. Besonders am nördlichen Bezirksrand herrschte vor nicht langer Zeit noch ein ziemlich raues Stadtklima, die Gegend war ärmlich, versoffen, lumpenproletarisch, kriminell, sie machte vor allem durch aggressive Jugendgangs und Brennpunkte wie die Rütli-Schule von sich reden.

Das war einmal. Kurz nach der Jahrtausendwende setzte in der nördlichen Bezirksgrenzgegend, die heute gerne «Kreuzkölln» genannt wird, ein unerwarteter Wandel ein. Erst entdeckten Künstler den spröden Charme des Kiezes, dann Hipster, dann Touristen, dann Investoren. Heute rangieren die Mieten hier locker auf Charlottenburg-Niveau, die Aggro-Gangs haben sich südwärts die Sonnenallee hinab zurückgezogen, die Rütli-Schule gilt nach aufwendigen Reformen berlinweit als Vorzeigeinstitution – und manchem alteingesessenen Neuköllner ist angesichts dieser rasanten Entwicklungen ein bisschen schwindlig.

So viel zum Norden des Ortsteils **Neukölln**, dem der Bezirk seinen Namen und Ruf verdankt. Schon in dessen Südteil, dem Subkiez Rixdorf, wird es erstaunlich schnell erstaunlich dörflich, bevor an der südlichen Stadtgrenze mit den Ortsteilen **Buckow** und **Rudow** bürgerliche Einfamilienhausgegenden folgen. Dazwischen liegt **Britz**, ein wunderliches Gemisch aus klassisch-modernen Wohnsiedlungen und piefig-modernen Town-Houses, einer idyllischen Schloss- und Gutshofanlage und dem riesigen Britzer Garten. Ganz im Süden schließlich folgt die Hochhaussiedlung **Gropiusstadt**, deren Bewohner sich den alten Neuköllner Geist vielleicht noch am authentischsten bewahrt haben. Irgendeinen Grund muss es ja schließlich haben, dass der Bezirk nach wie vor die höchste Arbeitslosenquote in Berlin hat.

BRITZ

Wo Ruinen im Regen stehen

In Britz gibt es so unglaublich viel zu erleben, dass ich es erst für unmöglich hielt, den Ortsteil in diesem knappen Rahmen abzuhandeln. Dann aber sah ich die alten japanischen Kirschbäume in der Onkel-Bräsig-Straße blühen – und wusste plötzlich: Die Lösung heißt Haiku! Japanische Miniaturgedichte: Nur in dieser gedrängten Form lässt sich der Ortsteil beschreiben.

Es regnet Blüten. Rosa färbt sich das Pflaster. Britz, es ist Frühling.

Wellen im Dorfteich. Eine Schildkröte taucht auf. Britz, du bist ein Zoo.

Ein verlassenes Schwimmbad. Regenwasser steht in den Becken, es spiegelt verkohlte Ruinen. Das «Blub» ist abgebrannt, wenige Jahre ist es her. Ein Zaun versperrt, wo er keine Löcher hat, den Zutritt, und Löcher hat er viele. Die Fenster der Hallen: zersplittert. Die Palmen dahinter: strohig, erfroren im Britzer Winter.

Eine Passantin erinnert sich an den Brand. Asche, flüstert sie, sei an jenem Julitag in ihren Garten gefallen. Der Garten, flüstert sie, sei am anderen Ende von Britz, und Britz, flüstert sie, sei nicht klein.

Im Hindutempel an der Blaschkoallee: Gewächshaushitze. Ein Mann lehnt zwischen den Holzgöttern, die Brust nackt, auf der Stirn ein kirschroter Punkt. Er spricht nicht, er winkt nur und lächelt und nickt. Britz, du hast Karma.

Die Aufkleber werden mehr und mehr. Auf Briefkästen, an Stoßstangen, in Schaufenstern: «I ♥ HUF». Die Hufeisensiedlung kommt näher.

Ein Halbrund aus weißem Beton, vier Stockwerke hoch, ein Teich in der Mitte, Wiese drumrum. Leg dich ins Gras, schau in den Himmel und stell dir das Pferd vor, für dessen Huf dieser

Hausring geschmiedet wurde. Siehst du, wie sein Bauch ganz Britz verschattet?

Britz liegt in Neukölln. Das Museum Neukölln liegt im Gutshof Britz. Im Museum Neukölln liegt der Unterkiefer eines Wollhaarmammuts. Das Wollhaarmammut lag vor 20 000 Jahren da, wo jetzt du liegst und von Pferden träumst.

Am Buckower Damm steht die Skulptur eines Esels, vier Meter hoch, rotbraun und rostig. Früher, sagt ein Passant, war hier eine Kneipe, sie hieß «Zum Goldenen Esel». Als sie geschlossen wurde, stellten Stammgäste den Esel auf, zum Andenken. Kann eine Liebe größer sein als die zwischen Mensch und Bier?

Jemand hat mit Kreide etwas auf die Eselsskulptur geschrieben. Drei von vier Zeilen hat der Regen verwaschen, übrig geblieben ist ein seltsamer Haiku.

Wir sind alle Riesen
die von Zwergen erzogen –
deshalb haben wir uns –
mit einem Buckel –

Im Britzer Garten, der offen blieb, als die Bundesgartenschau 1985 schloss, blühen die Tulpen. Zwischen den Beeten führen mittelalte Menschen ihre hochbetagten Eltern spazieren. Alle Gespräche, wirklich alle, drehen sich ums Essen: Hast du schon, willst du jetzt, solltest du nicht. Merke: Wenn das Leben zu Ende geht, bleiben Blumen und Bratwurst.

In den Gartenseen schwimmen riesige Karpfen. Alle Spaziergänger bestaunen sie, nur eine Dame nicht, die still im Rollstuhl am Ufer sitzt, eine Kamera in der Hand. Wer braucht Fische, sagt sie, wenn es Bachstelzen gibt und Haubentaucher.

Bevor der Garten kam, sagt die Dame, war Britz wüst und leer.

***

Gefühlte Mitte: Gutshof Britz

Sektorenzugehörigkeit bis zur Wiedervereinigung: Amerikanisch (West-Berlin)

Fläche: 12,4 km² (Platz 20 von 97)

Einwohner: 43 250 (Platz 30 von 97)

Bevölkerungsdichte: 3491 Einwohner/km² (Berlin gesamt: 4323 Einwohner/km²)

Durchschnittsalter: 43,5 (Berlin gesamt: 42,7)

Verkehrsanbindung: U-Bahn (Linie U7), Bus (diverse Linien)

Leute: Erich Mühsam (Schriftsteller, lebte vor seiner Ermordung im KZ Oranienburg in der Nähe der Hufeisensiedlung), Murat Topal (Komiker, aufgewachsen in Britz)

Sehenswürdigkeiten: Schloss Britz (Herrenhaus des 18. Jhdts. im Stil der Neorenaissance, Alt-Britz 73), Gutshof Britz (mit historischen Wirtschafts- und Stallgebäuden, Restaurant, Neuköllner Bezirksmuseum und Musikschule Paul Hindemith, Alt-Britz 81–89), Dorfkirche (mittelalterliche Feldsteinkirche mit späteren Ergänzungen, Backbergstr. 40), Britzer Mühle (funktionsfähige Windmühle von 1863, Buckower Damm 130), Murugan-Tempel (Hindugebetshaus, Blaschkoallee 48), Hufeisensiedlung (Wohnkomplex der Berliner Moderne, gebaut 1925 bis 1933, UNESCO-Weltkulturerbe, Fritz-Reuter-Allee/Lowise-Reuter-Ring)

Museen und Galerien: Museum Neukölln (Bezirksgeschichte, Alt-Britz 81)

Grünste Ecken: Britzer Garten, Gutspark Britz, Fennpfuhlpark, Park am Buschkrug, Teltowkanalufer

Gute Currywurst: Curry Paule (Buckower Damm 7)

BUCKOW

Wo die Grenzen fließend sind

Buckow ist der geografische Freak unter den Berliner Ortsteilen. Warum? Weil Buckow aus zwei räumlich voneinander getrennten Teilen besteht. Wer von Buckow-1 nach Buckow-2 will, muss erst einen anderen Ortsteil durchqueren. Der heißt Gropiusstadt und gehörte bis 2002 zu Buckow, wurde dann aber, als die namensgebende Sozialbausiedlung ihr 40-jähriges Jubiläum feierte, zum eigenständigen Ortsteil erklärt. Seitdem ist Buckow geteilt. Die Buckower hat damals vermutlich keiner gefragt. Sie verloren rund 30 Prozent ihres Territoriums, 50 Prozent ihrer Bevölkerung und 100 Prozent ihrer U-Bahn-Stationen – die liegen nämlich seit der Teilung alle vier in Gropiusstadt.

Es haben schon aus geringeren Anlässen Bürgerkriege begonnen, dachte ich, als ich in Buckow-1 aus dem Bus stieg. Ich erwartete förmlich, Straßensperren, Stacheldraht und Sturmgewehre zu sehen. Zufällig wurde ich dann an der Haltestelle auch noch Zeuge des folgenden Dialogs.

Tätowierter Koloss: «50 Tage hat er bekommen, die muss er absitzen.»

Türkische Mama, seufzend: «Er sieht's nicht ein. Er sieht's einfach nicht ein.»

Die Rede war vermutlich von einem Untergrundkämpfer der Buckower Einheitsfront, der bei einem Anschlag auf die Separatisten von Gropiusstadt geschnappt worden war.

Vielleicht lag es an meinen krawalligen Erwartungen, dass mir das reale Buckow etwas verschnarcht vorkam. Die alte Feldsteinkirche im Ortskern stand verloren in einem Meer aus Eigenheimen. Neben ihr, im Dorfweiher, trieb eine Holzplattform, auf der ein einsamer Reiher so pittoresk die Flügel spreizte, als werde er vom Bezirksamt dafür bezahlt. Die Wasserfläche war mit einem

Gitter umzäunt. Davor, an der Südwestseite, stand ein isoliertes Zaunstück aus historisierendem Gusseisen, behängt mit Vorhängeschlössern, die offenbar nur hier angebracht werden sollten: «Buckower Liebes-Schlösser», stand auf einem Schild. In Buckow hat alles seinen Platz, dachte ich, sogar die Liebe.

«Gibt es hier was Interessantes zu sehen?», fragte ich die Currywurstverkäuferin in der Bude am Buckower Damm. Es entspann sich ein Antwortdialog, in den sich zwei ältere Kundinnen einschalteten.

«Wüsst ick nich.»

«Nö. Nüschte.»

«Ick wohn hier seit 40 Jahren. Det wüsst ick, wenn hier wat zu sehn wär.»

Am Ende schlug die Currywurstverkäuferin mir vor, den nahe gelegenen Britzer Garten zu besuchen.

«Aber der ist doch in Britz, nicht in Buckow!», protestierte ich.

Die verständnislosen Blicke der Umstehenden machten mir klar, dass ich der Einzige hier war, den solche Details scherten. Verdammt, dachte ich, dieses Buch macht mich zum Stadtplanpedanten.

Später, als ich Buckow-1 hinter mir gelassen und Gropiusstadt durchquert hatte, rätselte ich, wo genau eigentlich Buckow-2 beginnt – der zickzackförmige Grenzverlauf entlang der Rudower Straße dürfte zu den kompliziertesten der Stadt gehören. In welchem Ortsteil etwa das Sushirestaurant «Hanabi» liegt, ist vermutlich eine Frage, für die sich außer mir nie ein Mensch interessiert hat – und selbst ich habe es nicht herausgefunden.

* * *

Gefühlte Mitte: Gropiusstadt

Sektorenzugehörigkeit bis zur Wiedervereinigung: Amerikanisch (West-Berlin)

Fläche: 6,3 km² (Platz 62 von 97)

Einwohner: 40 255 (Platz 36 von 97)

Bevölkerungsdichte: 6343 Einwohner/km² (Berlin gesamt: 4323 Einwohner/km²)

Durchschnittsalter: 46,3 (Berlin gesamt: 42,7)

Verkehrsanbindung: U-Bahn (Linie U7), Bus (diverse Linien)

Leute: Walter Gropius (Architekt der Wohnsiedlung Gropiusstadt, deren Erhebung in den Rang eines eigenständigen Ortsteils Buckow 2002 in zwei Teile spaltete)

Sehenswürdigkeiten: Dorfanger (mit Weiher, Kirche und historischen Bauernhäusern, Alt-Buckow), Dorfkirche (mittelalterliche Feldsteinkirche, erbaut Ende des 13. Jhdts. und seitdem nahezu unverändert, Alt-Buckow 34)

Gute Currywurst: Imbiss Kemmet (Buckower Damm 221)

Gute Kneipe: Stolpertreppe (Buckower Damm 240)

GROPIUSSTADT

Wo Christiane F. Sahnetorte isst

Der berühmteste Satz über Gropiusstadt geht so: «Überall nur Pisse und Kacke.»

Christiane F. hat das gesagt, es sind die Worte, mit denen «Wir Kinder vom Bahnhof Zoo» anfängt. «Am meisten stinkt's in den Treppenhäusern. Was sollen die Kinder denn machen, wenn sie draußen spielen und mal müssen? Bis der Fahrstuhl kommt und sie im elften oder zwölften Stock sind, haben sie schon in die Hose gemacht und bekommen Prügel. Dann machen sie lieber gleich in den Hausflur.»

Als ich den 13-Stöcker im Joachim-Gottschalk-Weg betrat, in

dem die reale Christiane F. aufgewachsen ist, war ich unsinnig überrascht, weder Exkremente noch Spritzen vorzufinden. Putzmittelgeruch lag in der Luft, und das Schmutzigste, was mir begegnete, war eine Edding-Kritzelei an der Wand: «Fick Fatima».

Ich fand keinen Hausbewohner, der sich an Christiane F. erinnern konnte. Kein Wunder, ist ja inzwischen auch gut vier Jahrzehnte her, dass die Buch- und spätere Filmheroine hier lebte. Während ich zwischen den Hochhäusern umherlief, die ihre Kindheit geprägt hatten, hing ich konjunktivischen Phantasien nach: Ich versuchte mir vorzustellen, was wohl aus Gropiusstadts berühmtester Bewohnerin geworden wäre, wenn sie ihr ganzes Leben hier verbracht hätte, anstatt in Richtung Zoo und später in die weite Welt auszuwandern.

Vielleicht würde sie dann heute im «Brinks Treff» an der Lipschitzallee kellnern, wo samstags Karaokeabend mit DJ Bernd ist und bei jedem Hertha-Tor in der Bundesliga ein Kurzer aufs Haus geht. Oder sie würde nebenan Haare schneiden, bei Mac Hair, dem Familienfriseur mit den günstigen Preisen. Vielleicht wäre sie auch eine der beiden älteren Damen, die ich vor dem Eiscafé Mimoza sitzen sah. «Weißt du», sagte die eine, bevor sie sich mit zittrigen Fingern ein Stück Sahnetorte in den Mund schob, «je älter du wirst, desto schneller geht alles.»

Ich stellte mir vor, dass Christiane F. als Verkäuferin in den Gropius-Passagen arbeitete, in einem der Modeläden, wo sie sich vielleicht darüber wunderte, dass die jungen Mädchen jetzt wieder fast die gleichen Klamotten trugen wie sie selbst in ihrer Jugend. Vielleicht wäre sie auch die Großmutter des traurigen kleinen Jungen, der mich vor einem Hochhauseingang am Höltermannsteig ansprach: «Entschuldigung, können Sie mal gucken?» Als ich nickte, zeigte er mir Fußballtricks, für die es in seinem Leben offenbar keine anderen Zuschauer gab.

Möglich, dass Christiane F. jetzt im Ideal-Haus an der Fritz-Erler-Allee leben würde, dem höchstem Wohngebäude der Stadt, wo alljährlich der «Tower Run» ausgetragen wird: zu Fuß vom Erd- bis ins Dachgeschoss, 90 Höhenmeter, 31 Stockwerke, 465 Stufen, derzeitiger Rekord: 3 Minuten, 16 Sekunden.

Ein letztes Mal musste ich an Christiane F. denken, als ich im Goldammerweg vor Berlins ältester erhaltener Windmühle stand, der «Jungfernmühle», die so heißt, weil im Jahr 1757 eine junge Müllerstochter von einem Flügel erfasst und zerschmettert wurde. Als das geschah, stand die Mühle noch in Potsdam. Erst 1872 wurde sie an ihren heutigen Standort versetzt, wo sie nun funktionslos zwischen den Hochhäusern steht und Passanten daran erinnert, wie plötzlich sich das Leben ändern kann.

Ob Christiane F. die Mühlengeschichte kannte?

* * *

Gefühlte Mitte: Gropius-Passagen

Sektorenzugehörigkeit bis zur Wiedervereinigung: Amerikanisch (West-Berlin)

Fläche: 2,7 km² (Platz 87 von 97)

Einwohner: 38 264 (Platz 38 von 97)

Bevölkerungsdichte: 14 341 Einwohner/km² (Berlin gesamt: 4323 Einwohner/km²)

Durchschnittsalter: 44,8 (Berlin gesamt: 42,7)

Verkehrsanbindung: U-Bahn (Linie U7), Bus (diverse Linien)

Leute: Walter Gropius (Architekt der Wohnsiedlung Gropiusstadt), Christiane F. (Buch- und Filmheroine, aufgewachsen in Gropiusstadt)

Sehenswürdigkeiten: Ideal-Haus (höchstes Wohngebäude der Stadt, gebaut 1969, Fritz-Erler-Allee 120), Jungfernmühle (historische Windmühle, Goldammerstr. 34)

Grünste Ecke: Vogelwäldchen

Gute Kneipe: Brinks Treff (Lipschitzallee 70)

NEUKÖLLN

Wo die Liebe schriller klingt

In Neukölln lag meine erste Berliner Wohnung. Ich zahlte 250 Mark im Monat für ein Hinterhofzimmer mit Küche und Bad. Die Wohnung war dunkel und nur mit Kohle zu heizen, aber ich war jung und brauchte das Geld für wichtigere Sachen.

Neukölln, liebe Kinder, war damals, in den 1990er Jahren, noch ein sehr anderer Ortsteil als heute. Es gab dort weder Kunstgalerien noch veganes Essen noch Start-up-Büros, sondern nur düstere Eckspelunken und türkische Spielercafés. Als Student, der ich damals war, gab man nicht gerne zu, in Neukölln zu wohnen – lieber murmelte man unbestimmt, man lebe «nicht weit weg vom Paul-Lincke-Ufer». Das war nicht einmal gelogen, denn meine Wohnung lag in der Tellstraße, einer kurzen Seitenstraße der Sonnenallee. Mitten in Kreuzkölln, würde man heute sagen, aber bis dieses Kunstwort für den Grenzbereich zum Nachbarortsteil Kreuzberg geläufig wurde, sollte noch viel Wasser den Landwehrkanal hinabfließen.

Direkt über mir wohnte damals die Hauswartin. Jeden Morgen, wenn ihr Mann die Wohnung verließ, um zur Arbeit zu gehen, rief die Hauswartin ihm quer über den Hof einen Abschiedsgruß hinterher. «Ich liebe dich!», rief sie, aber aus ihrem berlinischen Mund klang der Satz, den die Hinterhofwände dröhnend verstärkten, ungefähr so: «KLIEBEDÖÖÖSCH!» Dieses «KLIEBEDÖÖÖSCH!», das mich morgens regelmäßig aus dem Schlaf riss, war für mich der Sound von Neukölln.

Die Hauswartin war eine ruppige Frau. Ich erinnere mich gut daran, wie sich eines Frühlingstages vor meinem Badezimmerfenster ein Taubenpaar einnistete. «Det sind die Ratten der Lüfte!», erklärte mir die Hauswartin keifend. «Machen Sie det sofort weg!» Ich brachte es nicht über mich. Im Nest lagen Eier.

Ein paar Tage später folgte auf das vertraute morgendliche «KLIEBEDÖÖÖSCH!» ein merkwürdiges Kratzgeräusch. Beunruhigt stürmte ich ins Bad – und sah gerade noch, wie von oben ein langer Besen hinabfuhr und das Nest von der Fensterbank schubste. Die Eier zerplatzten im Hof, die Tauben kreisten noch Tage später verstört über der Tellstraße. Als ich kurz darauf von Neukölln nach England zog, war ich froh, der Hauswartin nicht mehr in die Augen sehen zu müssen.

Warum ich das alles erzähle? Weil es mich bei meinem Besuch des Ortsteils Neukölln natürlich in die Tellstraße zog. Ich erkannte sie nicht wieder. Verschwunden waren die Eckspelunken und Spielercafés, stattdessen hatte im Nebenhaus ein Co-Working-Space eröffnet, vor dem ein junger Computermensch mit rotem Holzfällerbart eine E-Zigarette rauchte. Ich erzählte ihm, dass ich hier mal gewohnt hatte, vor 20 Jahren, für 250 Mark, irre, oder? Er lächelte unsicher, als halte er eher mich für irre.

Ich staunte, als ich am Klingelschild meines alten Hauses den Namen der Hauswartin entdeckte. Ich war davon ausgegangen, dass der Besen der Neuköllner Gentrifizierung sie längst aus ihrem Nest geschubst haben musste. Dass ich mich geirrt hatte, machte mich froh. Ich verließ die Tellstraße in der Hoffnung, dass die Hauswartin ihrem Mann noch immer allmorgendlich ihr «KLIEBEDÖÖÖSCH!» hinterherbrüllt – und dass sie einen Scheiß darauf gibt, was die Spanier davon halten, deren Namen heute auf meinem Briefkasten stehen.

***

Gefühlte Mitte: Rathaus Neukölln

Sektorenzugehörigkeit bis zur Wiedervereinigung: Amerikanisch (West-Berlin)

Fläche: 11,7 km² (Platz 24 von 97)

Einwohner: 164 809 (Platz 2 von 97)

Bevölkerungsdichte: 14 091 Einwohner/km² (Berlin gesamt: 4323/km²)
Durchschnittsalter: 38,5 (Berlin gesamt: 42,7)
Verkehrsanbindung: S-Bahn (Linien S41, S42, S45, S46, S47), U-Bahn (Linien U7, U8), Bus (diverse Linien)
Leute: Friedrich Ludwig Jahn (Pädagoge, genannt Turnvater Jahn, gründete 1810 in der Hasenheide die deutsche Turnbewegung), Franz Körner (Unternehmer, ließ in den 1910er Jahren eine seiner Kiesgruben zur neobarocken Gartenanlage umgestalten und vermachte sie der damaligen Stadt Rixdorf, unter der Bedingung, den heutigen Körnerpark nach ihm zu benennen)
Sehenswürdigkeiten: Amtsgericht, Rathaus und Hauptpostamt Neukölln (Verwaltungsbauten der Jahrhundertwende im Stil der Neorenaissance, Karl-Marx-Str. 77–79/83/97), Stadtbad Neukölln (Schwimmbad von 1914 mit klassizistischer Innengestaltung, Ganghofer Str. 3), Böhmisches Dorf (historisches Wohnviertel der Herrnhuter, die 1737 als Glaubensflüchtlinge aus Böhmen nach Neukölln-Rixdorf einwanderten, mit Bauernhäusern, Bethlehemskirche und Friedhof, Richardstr./Kirchgasse/Jan-Hus-Weg), Rixdorfer Schmiede (historische Schmiede, Richardplatz 28), Türkischer Friedhof und Şehitlik-Moschee (ältester islamischer Friedhof Deutschlands, angelegt 1866, Columbiadamm 128), Sudhaus der Kindl-Brauerei (Industriedenkmal und Kunstgalerie, Am Sudhaus 3), Jahndenkmal (Standbild des Turnvaters Friedrich Ludwig Jahn, Hasenheide 106)
Theater: Neuköllner Oper (Musiktheater, Karl-Marx-Str. 131/133), Heimathafen Neukölln (Regionaltheater, Karl-Marx-Str. 141)
Museen und Galerien: Museum im Böhmischen Dorf (Ausstellung zur Herrnhuter-Gemeinde in Neukölln-Rixdorf, Kirchgasse 5), Puppentheater-Museum (Karl-Marx-Str. 135)
Grünste Ecken: Hasenheide, Ostteil des Tempelhofer Felds, Körnerpark
Gute Kneipe: Schankwirtschaft Laidak (Boddinstr. 42/43)

Neukölln
Britz
Buckow
Gropiusstadt
Buckow
Rudow

Kalauer-Friseure: Hair Sweet Hair (Fuldastr. 41)

Ortsteilhymnen: In Rixdorf is Musike (Oskar Klein/Eugen Philippi, 1895), Neukölln (David Bowie, 1977), Dit is Neukölln (Kurt Krömer/Gabi Decker, 2009)

RUDOW

Wo die Ehen Bergen gleichen

Rudow ist das Erste, was viele Touristen von Berlin wahrnehmen. Mit dem Flughafenbus aus Schönefeld überqueren sie die Stadtgrenze und sehen Neuköllns südlichsten Ortsteil an den Fenstern vorbeiziehen: Einfamilienhäuser, Vorgärten, Zäune, Hecken, Stromkästen mit blau-weißer Hertha-Bemalung und ein Asiarestaurant mit dem rätselhaften Namen «China Ecke Mauer». Die Touristen, die natürlich ein ganz anderes Berlin suchen, hieven am Bahnhof Rudow ihre Rollkoffer aus dem Bus und hasten in Richtung U-Bahn, vorbei an der Currywurstbude «Ketchup», wo keiner von ihnen je stehen bleibt. Schon bevor sie in ihren Airbnb-Wohnungen ankommen, haben die Hauptstadtgäste damit die erste Berliner Sehenswürdigkeit verpasst.

Die Sehenswürdigkeit heißt Margarete und brät seit 25 Jahren Würste in Rudow. Sie kam vor langer Zeit aus dem polnischen Zielona Góra nach Berlin und erinnert sich noch gut an ihre erste Currywurst, die sie in Charlottenburg aß. Bis heute könnte sie jeden Tag eine essen, am liebsten mit scharfen Zwiebeln.

Margaretes Arbeitstag ist lang. Jeden Morgen bricht sie um kurz nach fünf in ihrer Wohnung am nördlichen Stadtrand auf, um vor der Arbeit beim Großhändler einzukaufen. Zurück nach Hause kommt sie abends um halb zehn. Dazwischen steht sie in ihrer Bude, brät Würste, frittiert Pommes, brüht Filterkaffee auf und sieht durch ihr kleines Fenster dem nie versiegenden Strom der Rollkoffertouristen zu.

Margaretes Bude steht an der Spinne. So nennen die Rudower

den Verkehrsknotenpunkt am U-Bahnhof, weil die von hier auseinanderstrebenden Straßen auf dem Stadtplan einem Spinnennetz ähneln, in dessen Mitte die Currywurstbude liegt. Viele BVG-Fahrer verbringen an der Spinne ihre Pausen. Margarete kennt sie alle, und alle kennen Margarete. «Ist immer so gemütlich hier», hörte ich einen der Fahrer zu Margarete sagen. «Weil der Kaffee so schön kühl ist.» Margarete lächelte nachsichtig, als höre sie den Witz nicht zum ersten Mal. Überhaupt lächelt sie meistens, als habe sie in Rudow schon das eine oder andere gehört.

Ein paar Straßen weiter, in der Dorfkirche, fand gerade eine Hochzeit statt. Ich setzte mich unauffällig in die vorletzte Bank. Die Pastorin erklärte dem Brautpaar, sie sei als Gottesdienerin «in einem nicht immer frommen Umfeld» froh, wenn junge Leute mit dem Segen des Herrn heiraten. Ich war nicht sicher, ob sie damit die Berliner im Allgemeinen oder speziell die Rudower meinte. Kurz darauf gaben sich V. und M. das Jawort, ein Gospelsänger schmetterte amerikanischen Sakralpop, und die Hochzeitsgemeinde stimmte nach Kräften ein. Es war ein happy day für Rudow, oh lord, what a happy day, everybody now, say it, come on, Rudow …

Die Ehe, erklärte die Pastorin zum Abschluss, sei wie ein Gebirge: Manchmal gehe es bergauf, manchmal bergab. Ich hatte diese Worte noch im Ohr, als ich am südlichen Stadtrand den Dörferblick erklomm, einen 85 Meter hohen Berg aus Trümmern, Müll und einer dünnen Schicht Begrünung. Von oben hat man einen ausgezeichneten Blick auf den damals noch ewig unfertigen Großflughafen BER, der mir plötzlich vorkam wie eine schlechte Ehe: Er bewegt sich in keine Richtung, aber es fühlt sich immer an wie bergab.

* * *

Gefühlte Mitte: Rudower Spinne

Sektorenzugehörigkeit bis zur Wiedervereinigung: Amerikanisch (West-Berlin)

Fläche: 11,8 km^2 (Platz 23 von 97)

Einwohner: 42 898 (Platz 31 von 97)

Bevölkerungsdichte: 3631 Einwohner/km^2 (Berlin gesamt: 4323 Einwohner/km^2)

Durchschnittsalter: 46,2 (Berlin gesamt: 42,7)

Verkehrsanbindung: U-Bahn (Linie U7), Bus (diverse Linien)

Leute: Heinz Buschkowsky (SPD-Politiker, aufgewachsen in Rudow), Arno Funke (Kaufhauserpresser, genannt «Dagobert», aufgewachsen in Rudow), Jurassica Parka (Dragqueen, aufgewachsen in Rudow)

Sehenswürdigkeiten: Dorfkirche (mittelalterliche Feldsteinkirche mit späteren Ergänzungen, Köpenicker Str. 185)

Grünste Ecken: Dörferblick, Rudower Höhe, Rudower Fließ, Landschaftspark Rudow-Altglienicke

Gute Currywurst: Ketchup (Neuköllner Str./Groß-Ziethener Chaussee)

Kalauer-Friseur: Haireinspaziert (Hennensteig 2)

Ortsteilhymne: Endbahnhof Rudow (Berlin Boom Orchestra, 2009)

BEZIRK

PANKOW

Fläche: 103,2 km² (entspricht 11,6 % der Berliner Gesamtfläche)

Einwohner: 420 768 (entspricht 10,9 % der Berliner Gesamtbevölkerung)

- **Davon weiblich:** 51,0 % (Berlin gesamt: 50,6 %)
- **männlich:** 49,0 % (Berlin gesamt: 49,4 %)
- **ohne Migrationshintergrund:** 72,8 % (Berlin gesamt: 61,4 %)
- **mit Migrationshintergrund:** 27,2 % (Berlin gesamt: 38,6 %)
- **ledig:** 57,3 % (Berlin gesamt: 52,8 %)
- **verheiratet:** 30,5 % (Berlin gesamt: 33,2 %)
- **verwitwet:** 4,1 % (Berlin gesamt: 5,1 %)
- **geschieden:** 7,7 % (Berlin gesamt: 8,5 %)
- **in Lebenspartnerschaft:** 0,4 % (Berlin gesamt: 0,4 %)

Bevölkerungsdichte: 4078 Einwohner/km² (Berlin gesamt: 4323)

Durchschnittsalter: 41,2 (Berlin gesamt: 42,7)

Beliebteste Babynamen: Mia (Mädchen), Leon & Liam (Jungen)

* * *

Von den insgesamt 13 Ortsteilen des Bezirks Pankow sind im Bewusstsein der meisten Berliner nur die wenigsten wirklich verankert. Klar, Prenzlauer Berg kennt jeder. Zwischen Helmholtzplatz und Kastanienallee (alias Casting-Allee oder auch F[illegible]t-Euch-Allee) drängelt sich der besserverdienende Teil der Hauptstadt-Bohème, leben Schauspieler, Schriftsteller, Fotografen, Journalisten und andere Vertreter des sogenannten Bionade-Biedermeier (berühmt gewordener Begriff aus einer Prenzlauer-Berg-Reportage der «Zeit»), die die ursprünglich mal im Kiez angesiedelten

Arbeiter nach dem Mauerfall nahezu vollständig aus den hiesigen Mietskasernen verdrängt haben.

Die Gentrifizierungswelle schwappt inzwischen auch in den nördlich angrenzenden Ortsteil **Pankow** über, dem der Bezirk seinen Namen verdankt – auch ihn kennt jeder Berliner. **Weißensee** wiederum ist überregional bekannt durch die (fast) gleichnamige ARD-Fernsehserie, während **Niederschönhausen** zu Mauerzeiten ein Synonym für den DDR-Parteiapparat war, dessen «Oberindianer», wie Udo Lindenberg die Spitzenfunktionäre in seinem Song «Sonderzug nach Pankow» nannte, bevorzugt in den Villen am Majakowskiring lebten.

Bleiben neun Ortsteile, die im städtischen Bewusstsein wenig präsent sind, obwohl sie den weitaus größeren Teil des Bezirks ausmachen, der sich nach Norden hin bis zur Stadtgrenze zieht. Überwiegend sind es stille, zum Teil dörflich wirkende Gegenden, deren überschaubare Zentren sich oft um einen alten Anger mit Bauernhäusern und Dorfkirche gruppieren. In weiten Teilen noch von Land- und Pferdewirtschaft geprägt sind **Buch** und **Blankenfelde** am nördlichen Stadtrand. Einfamilienhäuser kennzeichnen die südlich anschließenden Ortsteile **Karow**, **Französisch Buchholz**, **Rosenthal**, **Blankenburg** und die **Stadtrandsiedlung Malchow**. Dazwischen liegen das schwer auf einen Nenner zu bringende Mischviertel **Heinersdorf** und der winzige, industriell geprägte Ortsteil **Wilhelmsruh**.

BLANKENBURG

Wo die Engel barfuß fliegen

Wo es Einfamilienhäuser gibt, gibt es immer auch originelle Hundewarnschilder. Ein besonders originelles sah ich an einem Gartenzaun in Blankenburg: «Liebe Einbrecher! Organspende hier jederzeit ohne Anmeldung, ohne Wartezeit, ohne Narkose. Viel Spaß!» Den dazugehörigen Hund sah ich nicht. Den Einbrecher auch nicht, dafür einen bedauernswerten Postboten, der mit seinem Fahrrad die Briefkästen abklapperte und jedes Mal fluchte, wenn sich kalbsgroße Köter krachend gegen die Gartenzäune warfen, heiser röchelnd, sinnlos sabbernd. Ich rief dem Mann ein paar mitfühlende Worte zu. Dankbar sah er mich an. «Manche dieser Viecher sind so irre, dass sie die Zäune kaputtbeißen», sagte er düster. «Es gibt hier Häuser, da verweigere ich die Zustellung. Wenn die Leute ihre Hunde nicht im Griff haben, geht ihre Post zurück.»

Neben vielen Einfamilienhäusern und entsprechend vielen Hunden gibt es in Blankenburg den «einzigen erhaltenen barocken Taufengel» der Stadt – so steht es auf einer Infotafel vor der Feldsteinkirche im Ortskern, die leider verschlossen war. Ich lief um das Gotteshaus herum, in der Hoffnung, die über dem Altar schwebende Engelsfigur wenigstens durch ein Fenster sehen zu können. Als ich endlich ein geeignetes fand, fiel mein Blick auf die nackten Sohlen zweier Holzfüße. Hastig zog ich mich zurück, in der Sorge, die Anwohner könnten es unschicklich finden, wenn ein Fremder ihrem Engel unter den Rock starrt.

Dabei haben die Blankenburger ganz andere Sorgen. Jeder, mit dem ich sprach, schimpfte über das Bauprojekt im Südosten des Ortsteils, wo neue Wohnungen für 18 000 Menschen gebaut werden sollen. Blankenburg hätte dann viermal so viele Einwohner wie bisher, was nicht jedem hier behagt. «Die werden nämlich sicher nicht alle aus Deutschland hierherziehen», raunte ein Spaziergänger vielsagend. Bevor ich etwas erwidern konnte, zog der Mann mit seinem riesigen Schäferhund weiter. Unwillkürlich fragte ich mich, ob das wohl der Hund war, vor dem das Organspendeschild warnte.

Ich traf aber auch ganz andere Menschen in Blankenburg. In der «Speisekammer», einem gemütlichen Gemischtwarenladen mit Mittagsküche, kam ich mit einem auffällig elegant gekleideten älteren Herrn ins Gespräch, der sich als pensionierter Korrespondent der DDR-Nachrichtenagentur ADN herausstellte. Zehn Jahre hatte er in Frankreich verbracht, ein paar weitere in Westafrika. Beiläufig erzählte er, wie 1968 in Paris die Studenten «Nieder mit der Bourgeoisie» skandiert hatten – und er seinen begeisterten Agenturchefs in Ost-Berlin beibringen musste, dass trotzdem keine Machtübernahme des französischen Proletariats bevorstand. Später hatte er einmal den kongolesischen Premierminister Patrice Lumumba vor einer Amtsenthebung bewahrt, weil er der Einzige im Raum war, der dem britischen UN-Kommandanten ins Englische übersetzen konnte, was Lumumba auf Französisch zu seiner Verteidigung vorbrachte – eine Rolle, die in seinem ADN-Bericht natürlich nicht vorkam. Umso lieber erzählte er nun mir davon.

Unsere Kohlsuppe wurde kalt, während ich gebannt seinen Geschichten lauschte. Als wir uns am Ende verabschiedeten, konnte ich kaum glauben, dass ich immer noch in Blankenburg war.

* * *

Gefühlte Mitte: Café Speisekammer
Sektorenzugehörigkeit bis zur Wiedervereinigung: Sowjetisch (Ost-Berlin)
Fläche: 6,1 km² (Platz 65 von 97)
Einwohner: 7017 (Platz 85 von 97)

Bevölkerungsdichte: 1158 Einwohner/km² (Berlin gesamt: 4323 Einwohner/km²)
Durchschnittsalter: 46,9 (Berlin gesamt: 42,7)
Verkehrsanbindung: S-Bahn (Linien S2, S8), Bus (diverse Linien)
Leute: Hansjürgen Bernschein (Ortsteilchronist, Autor des Buchs «Blankenburger Geschichten»), Johannes Maus (Schauspieler, geboren 1916 in Blankenburg)
Sehenswürdigkeiten: Dorfanger (Ortsteilkern mit Dorfkirche und historischen Bauernhäusern, Alt-Blankenburg), Dorfkirche (mittelalterliche Feldsteinkirche mit späteren Ergänzungen und barockem Taufengel, Alt-Blankenburg 17)
Grünste Ecke: Am Fließgraben

BLANKENFELDE

Wo Pferdeaugen wachsam blitzen

Geisterhafte Stille herrschte im Ortskern von Blankenfelde, an mein Ohr drang allein das Pochen meiner eigenen Schuhe auf dem Asphalt. Wie ausgestorben lag die alte Dorfstraße vor mir, nur in den Reitställen links und rechts blitzte ab und zu ein Augenpaar auf, das meinen Bewegungen misstrauisch zu folgen schien. Als ich das hintere Ende der Straße erreichte, hatte ich mehr Pferde als Menschen gesehen.

Blankenfelde hat nur rund 2300 Einwohner, aber mehr als 13 Quadratkilometer Fläche, kein anderer Ortsteil ist so dünn besiedelt. Eine Art Western-Stimmung prägt deshalb den Pankower Stadtrand, fast meinte ich, von irgendwoher Ennio Morricone hören zu können, die klagende Mundharmonikasequenz aus «Spiel mir das Lied vom Tod». Nur die Hertha-Flaggen in den Vorgärten störten das Bild.

Auf der Suche nach Menschen betrat ich den Saloon, doch auch dort, im Café des alten Stadtguts an der Hauptstraße, war nicht viel los. Eine Ausstellung zur Geschichte von Blankenfelde füllte die Hälfte des Raums. Ich lernte, dass der Ortsteil bis vor gar nicht langer Zeit so etwas wie die Kloake Berlins gewesen war. In der Frühphase der Industrialisierung hatte man hier großflächig sogenannte Rieselfelder angelegt, auf denen bis in die 1980er Jahre hinein Abwasser aus dem Rest der Stadt entsorgt wurde. Der Unrat, den man im Lauf eines knappen Jahrhunderts in den Blankenfelder Boden gepumpt hatte, würde 40-mal den Müggelsee füllen. Ach du Scheiße, dachte ich unwillkürlich – kein Wunder, dass hier so wenige Menschen leben.

Das war natürlich Unsinn. Auf dem Hof des Stadtguts, der heute ein alternatives Wohnprojekt beherbergt, erklärte mir eine sehr nette Frau mit ergrauter Hippie-Mähne, dass man in Blankenfelde im Gegenteil ganz ausgezeichnet lebe, sie selbst war mit ihren drei Kindern extra aus der Innenstadt hergezogen und genoss nun die Nähe zur Natur. Ein wenig schockiert hatten sie lediglich die Ergebnisse der letzten Abgeordnetenhauswahl: Im Blankenfelder Wahllokal 201 hatte die AfD im September 2016 so gut abgeschnitten wie sonst nirgends in Berlin. Ach du Scheiße, dachte ich unwillkürlich – ob das nicht doch irgendwie mit der braunen Brühe zusammenhängen könnte, die hier jahrzehntelang in den Boden …? Aber auch das war natürlich Unsinn.

Die Belastung der alten Rieselfelder mit Schwermetallen hat den zweifelhaften Vorteil, dass hier auf lange Sicht keine Landwirtschaft mehr möglich ist, weshalb Blankenfelde zu großen Teilen einfach nur aus wildem Grün besteht, aus struppigen Wäldern und strauchigen Feldern, über denen gelegentlich ein ferner, winziger Fernsehturm aufblitzt, ansonsten ist Berlin hier wirklich sehr weit weg.

Während ich den alten Mauerstreifen entlangwanderte, der Blankenfelde vom westlichen Nachbarortsteil Lübars trennt, musste ich an die Geschichte des Schäfers Läpple denken, die in der Ausstellung im Stadtgut dokumentiert ist. 1961, kurz vor dem Mauerbau, war der Mann hier über die grüne Zonengrenze hinweg von Ost nach West geflohen – mit 400 Schafen im Gefolge.

Heute kann man sich nur noch schwer vorstellen, dass die Felder links und rechts des Mauerwegs einst in zwei Staaten lagen, dass das Gras auf der einen Seite einmal grüner schien als das auf der anderen.

* * *

Gefühlte Mitte: Dorfkirche
Sektorenzugehörigkeit bis zur Wiedervereinigung: Sowjetisch (Ost-Berlin)
Fläche: 13,3 km^2 (Platz 17 von 97)
Einwohner: 2403 (Platz 95 von 97)
Bevölkerungsdichte: 181 Einwohner/km^2 (Berlin gesamt: 4323 Einwohner/km^2)
Durchschnittsalter: 45,5 (Berlin gesamt: 42,7)
Verkehrsanbindung: Tram (Linie 50), Bus (Linien 107, 124, 259)
Leute: James Hobrecht (Stadtplaner, Entwässerungsexperte, Rieselfeldentwickler)
Sehenswürdigkeiten: Stadtgut mit Café und Ortsteilmuseum (Hauptstr. 30), Dorf-

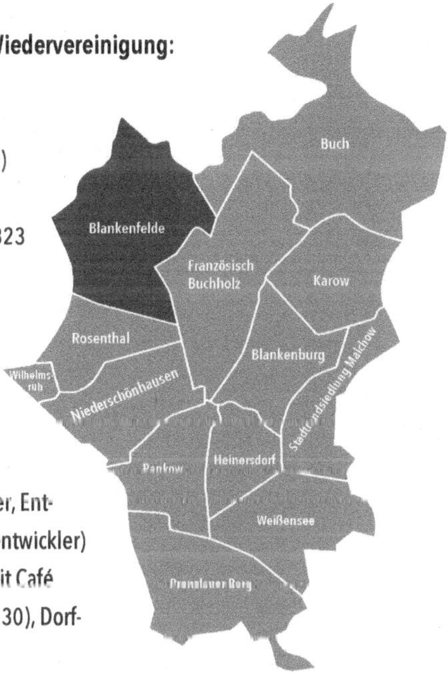

kirche (Feldsteinbau mit mittelalterlichen Ursprüngen, Hauptstr./Schildower Str.)

Grünste Ecke: Botanischer Volkspark (angelegt 1909, zu DDR-Zeiten ausgebaut zur «Zentralstation der Jungen Naturforscher Walter Ulbricht», heute Gartendenkmal und Naturerlebnisraum, Blankenfelder Chaussee 5)

BUCH

Wo Fontane im Stroh schlief

Kaum in Buch angekommen, vertiefte ich mich in ein Buch. «Zwei Meilen nördlich von Berlin», las ich, «liegt das Dorf Buch, reich an Landschaftsbildern aller Art, aber noch reicher an historischen Erinnerungen …» Das ist natürlich von Fontane, der hier 1860 vorbeischaute, als Buch noch nicht Berlins nördlichster Ortsteil war, sondern ein Wanderziel in der Mark Brandenburg. Fontane übernachtete im «Schlosskrug», der heute ein italienisches Restaurant ist und «Il Castello» heißt. Im Schlossitaliener gibt es ein Fontane-Devotionalien-Zimmer, in dem ich eine vierbändige Ausgabe der «Wanderungen» entdeckte. In Buch ein Buch über Buch zu lesen, ist seltsam genug. Das Buch in einer Gaststätte zu lesen, die im Buch-Buch vorkommt, ist seltsamer. Zu wissen, dass der Autor des Buch-Buchs in der Gaststätte nächtigte, löst Schwindel aus. Aber jetzt kommt's ganz dicke: Fontane erzählt, dass er seine Buch-Nacht auf einem Strohsack verbringen musste, weil alle Betten *ausgebucht* waren!

Damit zurück zum heutigen Buch. Neben der gleichnamigen S-Bahn-Station liegt ein Einkaufszentrum, vor dem ich ein Punkpärchen mit zwei Hunden auf dem Asphalt sitzen sah. Nanu, dachte ich, Punks in Buch? Ich warf den beiden einen Euro in den Becher und fragte, was sie hierher verschlagen habe. «Siehst du doch», sagten sie grinsend: «Die Arbeit.» Eigentlich, fuhren sie fort, lebten sie in einer Bauwagensiedlung in Karow, aber seitdem es dort ein Flüchtlingsheim gab, sei die Schnorrkonkurrenz zu groß geworden. «Die stellen sich einfach auf unsere Plätze», klagten die Punks. Neulich hätten sie ein paar Flüchtlinge beim Fahrradklauen ertappt und die Polizei gerufen, die aber nichts unternommen habe. «Viel Spaß noch, Deutschland», sagte der eine Punk düster. Seine Freundin nickte beipflichtend: «Die Merkel hätte echt mal genauer gucken sollen, wer hier so ins Land kommt.» Berlin, dachte ich, deine Punks sind auch nicht mehr, was sie mal waren.

Ansonsten gibt es in Buch noch den Hundepflegesalon «Mon bijou», an dessen Werbeslogan ich von nun an in dunklen Momenten denken werde, um mich selbst zum Lachen zu bringen: «Immer einen topgestylten Hund!» Es gibt außerdem jede Menge Wald und einen alten Schlosspark, in dem laut Fontane einst ein Denkmal für Julie von Voß stand, die preußische Hofdame, deren unsagbar trauriges Liebesschicksal im Buch-Kapitel der «Wanderungen» beschrieben ist. «Leider verschwunden», verriet mir eine ältere Dame, die ich nach dem Denkmal fragte.

Nicht verschwunden, aber neugierigen Blicken entzogen, sind die Mumien, die Fontane 1860 noch frei zugänglich in der Voß'schen Familiengruft unter der Bucher Schlosskirche vorfand. «Die mumifizierten Körper sehen weiß aus», schrieb er, «sind verhältnismäßig wenig eingedörrt und zeigen noch eine gewisse Elastizität von Haut und Fleisch.» Überprüfen lässt sich das nicht mehr, da die Gruft 1923 zugemauert wurde. Auch deshalb möchte ich unbedingt darauf hinweisen, dass in Buch Spenden für die Wiedererrichtung des kriegszerstörten Schlosskirchenturms gesammelt werden. Denn sollte der eines Tages gebaut werden, wird bei den Arbeiten bestimmt die Gruft geöffnet – und ich bin der Erste, der dann Fontanes Mumien sehen will.

* * *

Gefühlte Mitte: Schlosspark

Sektorenzugehörigkeit bis zur Wiedervereinigung: Sowjetisch (Ost-Berlin)

Fläche: 18,2 km^2 (Platz 9 von 97)

Einwohner: 17 478 (Platz 63 von 97)

Bevölkerungsdichte: 958 Einwohner/km^2 (Berlin gesamt: 4323 Einwohner/km^2)

Durchschnittsalter: 43,1 (Berlin gesamt: 42,7)

Verkehrsanbindung: S-Bahn (Linie S2), Bus (diverse Linien)

Leute: Julie von Voß (laut Theodor Fontane heimliche Zweitfrau von Friedrich Wilhelm II., starb kurz nach der Geburt ihres gemeinsamen Sohnes Gustav Adolf im Alter von 22 Jahren an Schwindsucht und wurde in der Schlosskirchengruft beigesetzt)

Sehenswürdigkeiten: Schlosskirche (barocker Sakralbau von 1736, mit Gruft der Adelsfamilie von Voß, Alt-Buch 36), Gutshof (Stall- und Wirtschaftsgebäude des 19. Jhdts., Alt-Buch 45), Heilanstalten (weitläufiges Krankenhausgelände der Jahrhundertwende, teils zum Wohnquartier umgebaut, mehrere Standorte im Ortsteil), Waldhaus (malerisch verfallene Ruine einer Lungenheilstätte, im Wald gegenüber des Industriegebiets Alt-Buch 72), Campus Berlin-Buch (medizinisches Forschungs- und Technologiezentrum, Robert-Rössle-Str. 10), nördlichster Punkt von Berlin (an der Hobrechtsfelder Str. auf Höhe des Lietzengrabens, 52° 40′ 32″ N, 13° 28′ 46″ E)

Museen und Galerien: Dauerausstellung über die nationalsozialistischen Euthanasieverbrechen in den Bucher Heilstätten (Hauptgebäude der Akademie der Gesundheit, Schwanebecker Chaussee 4, Haus 206)

Grünste Ecken: Schlosspark, Bucher Forst

FRANZÖSISCH BUCHHOLZ

Wo das Gemüse aus Bronze ist

Das Französischste, was mir in Französisch Buchholz begegnete, war ein Stapel ausrangierter Fondueteller nebst den dazugehörigen Fonduegabeln. Das Ensemble stand im Rosenthaler Weg auf dem Bürgersteig, am Gartenzaun daneben hing ein Zettel: «Zum Mitnehmen». Schlauberger werden jetzt einwenden, dass Fondue nicht französisch, sondern schweizerisch ist. Mag sein – aber immerhin ist der Name französisch, darin ähnelt das Schweizer Gericht dem Berliner Ortsteil.

Der Name kommt natürlich, wie fast alles Französische in Berlin, von den Hugenotten, die ab 1685 als verfolgte Bürgerkriegsflüchtlinge im Auffanglager Buchholz landeten. Die Zuzügler bauten unerhörte Gemüsesorten wie Blumenkohl, grüne Bohnen, Artischocken und Feldsalat an, die seinerzeit noch kein Berliner kannte, weshalb bald Scharen neugieriger Hauptstadtausflügler in die französische Kolonie jenseits der Stadtgrenze pilgerten.

An die damalige frankophile Welle erinnert heute ein Bronzedenkmal im alten Dorfkern. Es zeigt eine hübsche französische Bäuerin, die in der linken Hand ein exotisch aussehendes Gewächs hält. Da ich das Bronzepflänzchen nicht ganz einordnen konnte, fragte ich ein paar Buchholzer.

«Ananas», sagte ein polnischstämmiger Mann in den Fünfzigern.

«Ananas wächst nicht in Berlin», entgegnete eine jüngere Frau. «Kartoffel.»

«Mit Kartoffeln haben die Hugenotten nichts zu tun, die hat der Alte Fritz eingeführt», widersprach ein Familienvater. «Schalotte.»

Sein kleiner Sohn schüttelte den Kopf. «Artischocke, Papa.»

Der Artischockenthese schloss sich ein älteres Ehepaar an. «Det sieht man doch, wat soll det sonst sein?»

Abgesehen von der mutmaßlichen Bronzeartischocke sind die französischen Spuren in Buchholz spärlich. Der Pfarrer-Hurtienne-Platz neben der alten Dorfkirche erinnert an den letzten hugenottischen Vorsteher der evangelischen Gemeinde, der 1934 von den Nazis abgesetzt wurde. Auf dem Friedhof entdeckte ich zwar mehrere Gräber einer weitverzweigten Familie namens Guyot, ansonsten aber so gut wie keine frankophonen Namen. Ein Viertel mit klingenden Straßenbezeichnungen wie La-Rochelle-, Nantes-, Arnoux- und Nisbléstraße stellte sich als Neubauschöpfung der Nachwendezeit heraus. Zu DDR-Zeiten, erzählte mir ein älterer Anwohner, hätten die Feldwege hier nur schnöde Nummern getragen – der Petitweg zum Beispiel, wo wir uns unterhielten, hieß Straße 137. In seiner Kindheit, erinnerte sich der Mann, seien da, wo heute die Neubauten stehen, noch die einstigen Gemüsefelder der Hugenottenfamilien gewesen, aber übrig sei nichts davon, und er könne sich nicht entsinnen, jemals einem französischstämmigen Buchholzer begegnet zu sein.

Erst fand ich es irgendwie traurig, dass in Buchholz kaum etwas Französisches geblieben ist. Dann aber malte ich mir eine ferne, glückliche Zukunft aus, in der von der heutigen Flüchtlingsdebatte nichts übrig sein wird außer längst geläufig gewordenen Ortsteilnamen wie Syrisch Moabit oder Libysch Schmöckwitz – und vielleicht ein paar afghanischen Gemüsesorten, die dann keinem Berliner mehr exotisch vorkommen werden.

* * *

Gefühlte Mitte: Dorfkirche
Sektorenzugehörigkeit bis zur Wiedervereinigung: Sowjetisch (Ost-Berlin)
Fläche: 12,0 km² (Platz 22 von 97)
Einwohner: 21 709 (Platz 53 von 97)

Bevölkerungsdichte: 1805 Einwohner/km² (Berlin gesamt: 4323 Einwohner/km²)
Durchschnittsalter: 43,6 (Berlin gesamt: 42,7)
Verkehrsanbindung: S-Bahn (Linien S2, S8), Tram (Linie 50), Bus (diverse Linien)
Leute: Albert Hurtienne (hugenottischer Pfarrer in der Dorfkirche bis 1934), Helmut Faeder (Fußballnationalspieler, geboren 1935 in Französisch Buchholz)
Sehenswürdigkeiten: Hugenotten-Denkmal (Hauptstr. 13A), Dorfkirche (Feldsteinkirche mit mittelalterlichen Ursprüngen, Hauptstr. 58)
Grünste Ecken: Karower Teiche, Krugpfuhl, Panke-Ufer

HEINERSDORF

Wo in Baracken Burger brutzeln

Bei der Vorbereitung auf meinen Ausflug nach Heinersdorf stieß ich in einem heimatkundlichen Artikel auf folgende Zeilen: «Heinersdorf besitzt keine landschaftlichen Besonderheiten, kein erwähnenswertes Gewässer, keinen Park, kein Denkmal, keine geschichtlichen Extravaganzen, die den Ort in der Umgebung irgendwie bekannt machen würden oder die ein Anziehungspunkt wären.»

Gemessen an meinen geringen Erwartungen fand ich den Ortsteil dann eigentlich ganz sympathisch, auch wenn Heinersdorf neben den glamourösen Nachbarn Pankow (im Westen) und Weißensee (im Osten) tatsächlich etwas blass wirkt. Einfamilienhäuser und Laubenkolonien prägen das Bild, unterbrochen von

Industriehallen, viele davon Überbleibsel aus fernen DDR-Tagen, als die gesichtslosen Zweckbauten des «VEB Tiefbau» hier einen eigenen Architekturstil prägten, den scherzhaft sogenannten «Heinersdorfer Barack».

Tief in einem der Barackenlabyrinthe, versteckt zwischen Autowerkstätten, Baustoffhandlungen und Lastwagenleichen mit abgeschraubten Nummernschildern, entdeckte ich die «Alte Kantine». Ein bleicher Büffelschädel hing über der Eingangstür des Ladens, seine Hörner warfen geisterhafte Schatten auf den Asphalt. Der Chef, ein Koloss von einem Mann, stand in der Mittagssonne vor seinem Grill und briet Burger. Während er das Fleisch wendete, fragte ich ihn nach der durchbohrten Münze an seiner Halskette. «Mein Vierteldollar», sagte er. «Der erste, den ich damals umgetauscht habe.» Gleich nach der Wende war er in den Oldtimerhandel eingestiegen, jahrelang hatte er in Heinersdorf Cadillacs und alte Ford-Trucks zusammengeschraubt, aus Ersatzteilen, die er in den USA einkaufte. Als seine Gesundheit das irgendwann nicht mehr mitmachte, hatte er umsatteln müssen. «Schrauben und kochen, mehr kann ich nicht», sagte er grinsend. «Also koch ich jetzt.» Er kochte verflucht gut. Falls Sie mal in der Gegend sind: Die wahrscheinlich besten Cheeseburger östlich des amerikanischen Sektors gibt es mittwochs im Gewerbegebiet an der Blankenburger Straße.

Ansonsten entdeckte ich in Heinersdorf noch die traurige Ruine eines Wasserturms, in deren Schatten Kinder Fußball spielten – die örtliche Grundschule hat hier ihren Sportplatz. Die alte Feldsteinkirche fand ich verschlossen vor – wie übrigens fast alle Kirchen in fast allen Berliner Ortsteilen zu fast allen Tageszeiten. Offen war dagegen die neugebaute Khadija-Moschee. Lange stand ich in der menschenleeren Gebetshalle und blätterte in deutschen, englischen, arabischen, türkischen, spanischen, französischen, russischen und sogar dänischen Ausgaben des Korans. Wie viele Dänen sich wohl schon in die gut versteckte Moschee hinter dem KFC-Drive-thru an der Prenzlauer Promenade verirrt haben?

Abgesehen vom Moscheeneubau, scheint sich in Heinersdorf in den letzten Jahrzehnten nicht viel getan zu haben. Den Eindruck, dass hier die Zeit stehengeblieben ist, vermittelt der Ortsteil aber offenbar schon länger. In einem Lied, das in Berlin um die Wende vom 19. zum 20. Jahrhundert gesungen wurde, heißt es: «Die Heinersdorfer Mädels tragen noch Schnallen auf den Schuhen.»

Eine einheitliche Damenschuhmode konnte ich im heutigen Heinersdorf nicht ausmachen.

* * *

Gefühlte Mitte: Dorfkirche

Sektorenzugehörigkeit bis zur Wiedervereinigung: Sowjetisch (Ost-Berlin)

Fläche: 3,9 km² (Platz 81 von 97)

Einwohner: 8443 (Platz 82 von 97)

Bevölkerungsdichte: 2191 Einwohner/km² (Berlin gesamt: 4323 Einwohner/km²)

Durchschnittsalter: 43,2 (Berlin gesamt: 42,7)

Verkehrsanbindung: S-Bahn (Linien S2, S8), Tram (Linien 50, M2), Bus (diverse Linien)

Leute: Jutta Limbach (SPD-Politikerin, aufgewachsen in Heinersdorf), Jürgen Beckert (Ortsteilchronist)

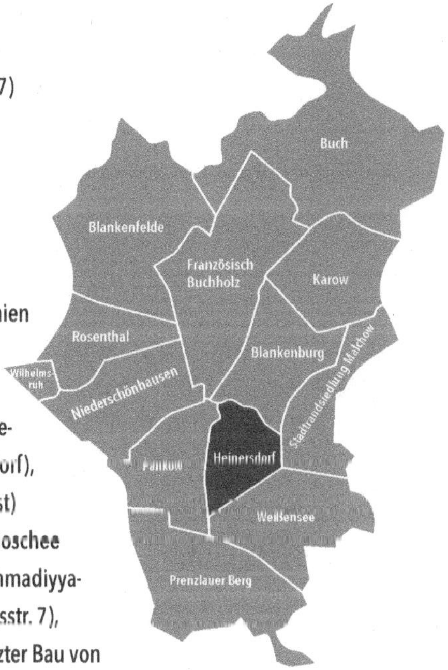

Sehenswürdigkeiten: Khadija-Moschee (islamisches Gotteshaus der Ahmadiyya-Gemeinde, gebaut 2008, Tiniusstr. 7), Wasserturm (denkmalgeschützter Bau von

1910, Tino-Schwierzina-Str./Am Wasserturm), Dorfkirche (Feldsteinkirche mit mittelalterlichen Ursprüngen, Romain-Rolland-Str. 54)

Grünste Ecke: Kleingartenanlage Freies Land e. V.

Gute Currywurst: Curry-Land (Romain-Rolland-Str. 25)

Kalauer-Friseur: Haarmonie (Romain-Rolland-Str. 72)

Ortsteilhymne: Die Heinersdorfer Mädels tragen noch Schnallen auf den Schuhen (Verfasser unbekannt, um die Wende vom 19. zum 20. Jhdt.)

KAROW

Wo die Pfarrer Witze reißen

Es gibt Ortsteile, deren Bewohner nur so lossprudeln, wenn sie nach örtlichen Sehenswürdigkeiten gefragt werden. Und es gibt Karow. Als ich die Kellnerin im Kaffeehaus an der Bahnhofstraße um Ausflugstipps bat, sah sie mich mit schreckgeweiteten Augen an. «In Karow? Oh Gott!» Eine ältere Kundin sprang ihr bei. «Sie können sich die alte Dorfstraße ansehen», sagte sie. «Aber damit werden Sie schnell fertig sein.»

Ich war keineswegs schnell fertig. Vor einem der alten Bauernhäuser an der Dorfstraße traf ich auf einen Trupp der Freiwilligen Feuerwehr, der gerade eine 17 Meter hohe Tanne schmückte. Ein Rettungsfahrzeug stand auf dem Gehweg, der Korb am Ende der ausgefahrenen Leiter schwenkte um die Baumkrone, zwei Einsatzkräfte wickelten Lichterketten in die Zweige. «Alte Tradition», erklärte mir der Hauptbrandmeister. «Den Baum schmücken wir seit 30 Jahren. Am Anfang war er noch acht Meter kleiner. Mit dem alten DDR-Leiterwagen würden wir heute gar nicht mehr an die Spitze kommen.»

Beiläufig erkundigte er sich, ob ich nicht Lust hätte, Feuerwehrmann zu werden – die Karower suchten dringend Nachwuchs. Als er hörte, dass ich nur zu Besuch hier war, sah er mich mitleidig an. «Aus der Innenstadt? Oh je. Für mich wär das nix.»

Er erzählte von seinen Feuerwehreinsätzen, den guten und nicht so guten. Der schlimmste war der mit den Schafen gewesen. Vor ein paar Jahren war in der Gegend ein Zug mit 80 Sachen durch eine verirrte Herde gebrettert. In jener Nacht mussten die Feuerwehrleute 150 tote Schafe von den Gleisen kratzen – und ein paar halbtote. Der Hauptbrandmeister war ein Mann wie ein Baum, mit einem Händedruck, der meine Finger knacken ließ, aber als er von den Schafen erzählte, wurde er blass. Nach jener Nacht, sagte er, hätten die Feuerwehrleute von Karow eine Weile keinen Döner mehr angerührt.

Vielleicht hätte ich Karow nach der Schafgeschichte in düsterer Stimmung verlassen – wenn mich nicht ein Pfarrer wieder aufgeheitert hätte. Im Gemeindezentrum war ein Weihnachtsmarkt im Gange, im Saal saßen Rentner und mampften Kuchen. Dann trat der Pfarrer mit einem Mikrophon vor die Senioren. Mit seinem roten Pulli und dem weißen Vollbart sah er ein bisschen aus wie der Weihnachtsmann. Er begann seine Ansprache mit einem Witz, mit dem er seinen Schäfchen vermutlich die Berührungsängste nehmen wollte, denn im Anschluss forderte er sie auf, am 24. Dezember in die Kirche zu kommen. Mit dem Witz des Pfarrers möge dieses Ortsteilporträt enden – wer mehr davon will, muss in Karow eine Messe besuchen.

Eines Tages kündigt der Papst an, eine Holzfällertruppe zu besuchen. «Jungs», schärft der Chef vorher den Waldarbeitern ein, «wenn der Papst euren Glauben prüfen will, wird er euch fragen, wie Jesus' Mutter hieß. Am besten, ihr schreibt euch die Antwort auf eure Sägen.» Gesagt, getan – und tatsächlich fragt der Papst nach dem Namen der Heiligen Jungfrau. «Maria!», rufen die Holzfäller im Chor. «Ganz recht», sagt der Papst. «Und jetzt sagt mir noch, wie die beiden Schurken hießen, die zusammen mit Jesus gekreuzigt wurden.» Ratlos starren die Holzfäller auf ihre Sägen. «Ich hab's!», ruft plötzlich einer. «Black und Decker!»

* * *

Gefühlte Mitte: Dorfkirche
Sektorenzugehörigkeit bis zur Wiedervereinigung: Sowjetisch (Ost-Berlin)
Fläche: 6,6 km^2 (Platz 58 von 97)
Einwohner: 20 152 (Platz 56 von 97)
Bevölkerungsdichte: 3050 Einwohner/km^2 (Berlin gesamt: 4323 Einwohner/km^2)
Durchschnittsalter: 42,9 (Berlin gesamt: 42,7)
Verkehrsanbindung: Regionalbahn (Bahnhof Karow), S-Bahn (Linie S2), Bus (diverse Linien)
Leute: Adolf und Oskar Schwiglewski (Dahlienzüchter, gewannen im späten 19. und frühen 20. Jhdt. internationale Preise für die Blumen, die sie auf ihrem Karower Laubengrundstück zogen), Martin Pfannschmidt (Ortsteilchronist und Pfarrer der Gemeinde Karow von 1913 bis 1933)

Sehenswürdigkeiten: Dorfkirche (spätromanische Feldsteinkirche, gebaut um 1250 mit späteren Ergänzungen, Alt-Karow 11A), Karower Bilderbibel (33-teiliger Gemäldezyklus mit biblischen Szenen von 1617, in der Dorfkirche), Kaisereiche (gepflanzt im Jahr 2004 von Friedrich Wilhelm Prinz von Preußen, dem Urenkel des letzten deutschen Kaisers Wilhelm II., als Ersatz für eine ältere, nicht erhaltene Eiche, die 1897 für Wilhelm I. gepflanzt worden war, vor der alten Feuerwache, Alt-Karow 10/11)
Grünste Ecken: Laake-Ufer, Kleingartenanlagen Kastanienheim und Pankeniederung

NIEDERSCHÖNHAUSEN

Wo die Bourgeoisie gesiegt hat

Wäre der Sonderzug, den Udo Lindenberg besang, tatsächlich nach Pankow gefahren, hätte die Endstation im Ortsteil Niederschönhausen liegen müssen. Hier, im sogenannten «Städtchen», dem Villenviertel am Majakowskiring, wohnten sie nämlich früher alle, die Oberindianer der DDR: Walter Ulbricht (Hausnummer 28), Wilhelm Pieck (29), Otto Grotewohl (46), Johannes R. Becher (34), Günter Schabowski (63), Erich Honecker (14) und viele andere.

«Lange her», sagte eine ältere Passantin, die ich fragte, ob in Niederschönhausen immer noch DDR-Prominenz lebe. «Alle tot.»

Ich fand den Heimatortsteil der sozialistischen Nomenklatura in einem Zustand fortgeschrittener Bourgeoisierung vor. Mittelklassewagen parkten vor neu gebauten Einfamilienhäusern, die in den letzten Jahren offenbar in jede Baulücke zwischen den älteren Villen gequetscht worden waren. Familien in hochwertiger Funktionskleidung flanierten durch den Ortskern. In einem Restaurant mit gediegener Bioküche hörte ich einen kleinen Jungen seinen Burger rezensieren. «Ich finde ja, man muss es mit der Sauce nicht übertreiben», erklärte er mit blasierter Stimme seiner Mutter. «Die hat so einen Eigengeschmack, der nicht wirklich leicht ist. Da ist der Käse schon noch das Niceste.» Ich schwöre, er sagte wirklich «das Niceste».

Als ich schon glaubte, in Niederschönhausen habe das Proletariat den Klassenkampf endgültig verloren, entdeckte ich den «Kummerkasten». Die Kneipe lag versteckt in einer Seitenstraße. Am Tresen saßen vier kettenrauchende Stammgäste. Sie waren wenig begeistert von der Entwicklung, die ihr Ortsteil in den letzten Jahren genommen hatte. Angefangen, erzählten sie, habe alles mit der Ankündigung, dass der Flughafen Tegel geschlossen werde. Obwohl das wegen der Bauverzögerungen am neuen Großflughafen in Schönefeld zu jenem Zeitpunkt noch nicht passiert war, seien in Niederschönhausen daraufhin die Wohnungspreise durch die Decke gegangen. «Ich will gar nicht wissen», sagte eine Frau verzweifelt, «was erst passieren wird, wenn hier eines Tages wirklich mal keine Flugzeuge mehr fliegen.»

Die Frau hieß Jana und trank nicht den ersten Rotwein. Sie erzählte mir, dass sie in den Hackeschen Höfen aufgewachsen war, zu einer Zeit, als es dort noch keinerlei Theater, Designläden und Bars gab, sondern nur schmutzige Autowerkstätten und enge Arbeiterwohnungen. Ihr Vater war der letzte Hausmeister der DDR-Ära gewesen, der in den Hofaufgängen abends das Licht anknipste, um es morgens wieder auszuknipsen. Es kam vor, dass er nicht mehr in der Lage war, die Lichtschalter mit dem Finger zu treffen, dann schickte er Jana durch die Höfe.

Nach der Wende hatte es Jana schrittweise aus der Mitte der Stadt an ihren Rand verschlagen. Zuletzt hatte sie innerhalb von Niederschönhausen umziehen müssen, weil sie sich die Miete nicht mehr leisten konnte. Ihre jetzige Wohnung habe vor ein paar Jahren ein Münchner gekauft. «Ich hoffe, der hat keine Kinder, die irgendwann hier studieren wollen», sagte Jana düster. «Wenn ich noch mal eine Eigenbedarfskündigung im Briefkasten finde, dann …» Sie stockte. «Dann …» Sie trank einen Schluck Rotwein. «Dann …» Sie ließ den Satz unvollendet.

Ich verließ Niederschönhausen in der Hoffnung, dass Tegel nie geschlossen wird – und dass die Kinder eines gewissen Münchner Immobilienbesitzers Berlin nicht leiden können.

* * *

Gefühlte Mitte: Ossietzkyplatz
Sektorenzugehörigkeit bis zur Wiedervereinigung: Sowjetisch (Ost-Berlin)
Fläche: 6,5 km² (Platz 61 von 97)

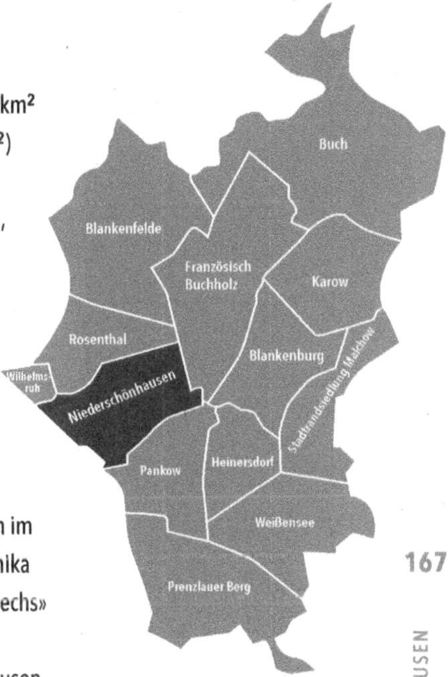

Einwohner: 32 587 (Platz 42 von 97)

Bevölkerungsdichte: 5026 Einwohner/km² (Berlin gesamt: 4323 Einwohner/km²)

Durchschnittsalter: 43,5 (Berlin: 42,7)

Verkehrsanbindung: S-Bahn (Linien S1, S25, S26), Tram (Linien 50, M1), Bus (diverse Linien)

Leute: Bolle (Volksliedheld, der sich im Gassenhauer «Bolle reiste jüngst zu Pfingsten» in eine Keilerei in der Schönholzer Heide stürzt), weite Teile der DDR-Nomenklatura (von deren Leben im Villenviertel am Majakowskiring Monika Maron in ihrem Roman «Stille Zeile Sechs» erzählt)

Sehenswürdigkeiten: Schloss Schönhausen (Barockschloss, gebaut 1664 als Herrenhaus, nach dem Krieg Amtssitz des ersten DDR-Präsidenten Wilhelm Pieck, heute Museum, Tschaikowskistr. 1), Villenviertel am Majakowskiring (Wohnhäuser der DDR-Nomenklatura), Sowjetisches Ehrenmal (Soldatenfriedhof im Volkspark Schönholzer Heide), Friedenskirche (mittelalterliche Feldsteinkirche, im 19. Jhdt. neoromanisch umgestaltet, Dietzgenstr. 19–23), katholische Kirche St. Maria Magdalena (expressionistischer Sakralbau von 1930, Platanenstr. 20)

Museen und Galerien: Wachhäuser des Schlosses Schönhausen (Ausstellung zur DDR-Geschichte des Schlosses und zum Nomenklatura-Wohnviertel am Majakowskiring)

Grünste Ecken: Volkspark Schönholzer Heide, Schlosspark, Brosepark

Gute Kneipe: Kummerkasten (Kuckhoffstr. 55)

Kalauer-Friseur: Haar-Genau (Hermann-Hesse-Str. 25 & Blankenburger Str. 79)

Ortsteilhymnen: Bolle reiste jüngst zu Pfingsten (Volkslied, 19. Jhdt.), Sonderzug nach Pankow (Udo Lindenberg, 1983)

PANKOW

Wo Angeber mit Titeln protzen

Die berühmtesten Lieder über Pankow handeln zwar vom Bezirk Pankow, aber nicht von dessen namensgebendem Ortsteil. Bolle etwa, der olle Krawalltourist aus dem Berliner Gassenhauer, reist zu Pfingsten in die Schönholzer Heide, die in Niederschönhausen liegt. Ebenfalls dort, im Funktionärsviertel am Majakowskiring, lebte der Oberindianer, den Udo Lindenberg mit seinem «Sonderzug nach Pankow» besuchen wollte. Auch der Name der DDR-Band Pankow spielt auf die Bonzenvillen in Niederschönhausen an.

Vom Ortsteil Pankow handelt, soweit ich das sehe, nur der Gassenhauer, in dem die nicht mehr existierende Badestelle im Bürgerpark besungen wird: «Komm, Karlineken, komm, wir woll'n nach Pankow jeh'n, da is et wunderschön, da kannste baden jeh'n und ick dir nackend seh'n, du brauchst dir nich zu schämen ...»

Das Lied muss aus der Zeit vor der Industrialisierung sein, als der Volksmund das namensstiftende Flüsschen des Ortsteils noch nicht von Plansche-Panke zu Stinke-Panke umgetauft hatte. Heute landen keine Industrieabwässer mehr in ihr, aber einladend sah mir die sumpfige, knietiefe Panke trotzdem nicht aus.

«Ziehe nach Pankow: Gesündester Vorort des Nordens», las ich auf einem alten Werbeplakat im Regionalmuseum in der Heynstraße. Dokumentiert wird dort unter anderem die Lebensgeschichte des Pankower Presse-Tycoons Hermann Killisch von Horn, eines parvenühaften Ehrgeizlings, der im 19. Jahrhundert sein halbes Leben darauf verschwendete, sich einen Adelstitel zu erschleichen. «Obschon ihm nur die Führung des Namens Killisch-Horn gestattet ist», notierte 1867 der Berliner Polizeipräsident, «versucht er unausgesetzt, den Namen Killisch von Horn in Gebrauch zu bringen.»

Reich geworden war Killisch als Gründer der «Berliner Börsen-Zeitung». Er muss eine große Nervensäge vor dem Herrn gewesen sein, aber hätte er sich nicht ein Protzanwesen mit exzentrischem Landschaftsgarten bauen lassen, gäbe es in Pankow heute keinen Bürgerpark. Erkenntlich gezeigt hat sich der Ortsteil mit einem Straßenschild, auf dem der umstrittene Adelstitel in voller Pracht prangt: «Killisch-von-Horn-Weg».

Beisetzen ließ sich Killisch in einem Privatmausoleum neben dem Park. Die kleine Kapelle steht dort noch heute. Ihre Fassade ist übersät mit Einschusslöchern aus dem Krieg. Ein Metallgitter versperrt den Eingang, die Holztür dahinter hängt schief in den Angeln, im dunklen Innenraum liegen Bierdosen und Herbstlaub in zwei leeren Särgen. Grabräuber haben die Kapelle in den 1970er Jahren geplündert, Killischs Überreste und die seiner Frau sind seitdem verschollen. Ihr verwahrlostes Mausoleum wirkt wie eine subtile Mahnung an alle Angebertypen dieser Welt.

«An manchen Stellen kann man sehen, dass alles immer schöner wird», heißt es in «Neuer Tag in Pankow», einem relativ jungen Lied der immer noch existierenden Band Pankow. «Da, wo sie todschicke Häuser in die letzten freien Lücken bauen. / Ich weiß, das hört sich gerade nicht so an, doch ich bin eigentlich ganz gerne hier. / Komm, Karlineken, komm, du bist die beste aller Frauen.»

* * *

Gefühlte Mitte: Florastraße

Sektorenzugehörigkeit bis zur Wiedervereinigung: Sowjetisch (Ost-Berlin)

Fläche: 5,7 km² (Platz 72 von 97)

Einwohner: 67 005 (Platz 18 von 97)

Bevölkerungsdichte: 11 852 Einwohner/km^2 (Berlin gesamt: 4323 Einwohner/km^2)

Durchschnittsalter: 41,3 (Berlin gesamt: 42,7)

Verkehrsanbindung: S-Bahn (Linien S1, S2, S8, S25, S26, S85), U-Bahn (Linie U2), Tram (diverse Linien), Bus (diverse Linien)

Leute: Christa Wolf (Schriftstellerin, lebte von 1988 bis zu ihrem Todesjahr 2011 in der Wohnanlage Amalienpark, schrieb dort «Medea», «Leibhaftig» und «Stadt der Engel»), Josef Garbáty (Zigarettenfabrikant, gründete das Tabakwarenwerk an der Hadlichstr. 120)

Sehenswürdigkeiten: Rathaus (Backsteinbau von 1903 mit Elementen von Neobarock, Neogotik und Jugendstil, heute Sitz der Bezirksverordnetenversammlung, Breite Str. 24A), Alte Pfarrkirche zu den vier Evangelisten (Feldsteinkirche des 15. Jhdts., erweitert in den 1850er Jahren, Breite Str. 37), Hoffnungskirche (neoklassizistischer Bau von 1913 mit Jugendstilinterieur, Elsa-Brandström-Str. 33–36), Historischer Friedhof im Bürgerpark (mit Grabkapelle des Pankower Verlegers Hermann Killisch-Horn)

Museen und Galerien: Museum Pankow/Standort Heynstraße (bürgerliches Leben um die Wende vom 19. zum 20. Jhdt., Wohnräume des Pankower Unternehmers Fritz Heyn, Heynstr. 8)

Grünste Ecke: Bürgerpark

Gute Kneipe: Prager Frühling (Florastr. 62)

Kalauer-Friseure: Atmosphair (Wollankstraße 110), Haargenau (Prenzlauer Promenade 129)

Ortsteilhymnen: Komm, Karlineken, komm (Emil Ascher/Adolf Spahn, 1889), Janz draußen an der Panke (Fredy Sieg, 1923), Neuer Tag in Pankow (Pankow, 2011)

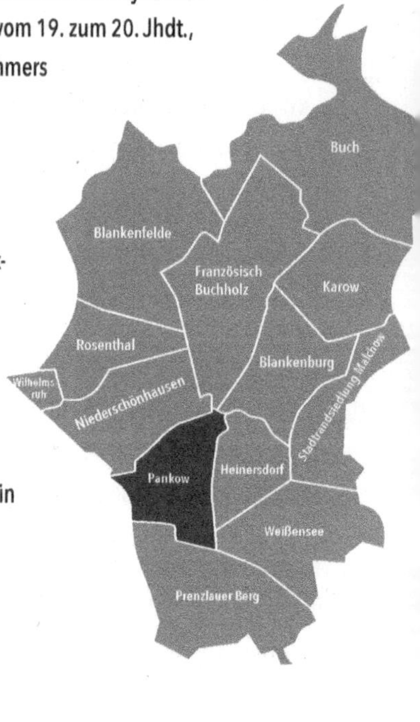

PRENZLAUER BERG

Wo die Schwaben traurig grinsen

Nachmittägliche Betrachtungen eines Biertrinkers auf einer Parkbank am Helmholtzplatz:

«Eins rat ich dir, Junge. Mach einen Bogen um die Tischtennisplatte. Da hängen die Säufer rum. Jede Woche rückt die Polizei an, weil da wieder was los ist. Komm denen nicht zu nahe. Solange die dich kennen, bist du auf der sicheren Seite, aber Fremde … Fremde mögen die nicht.

Prost. Mir reicht mein Bier. Schnaps fass ich keinen mehr an. Hab ja gesehen, was aus meiner Ollen geworden ist.

Seit '98 wohn ich in Prenzlauer Berg. Davor Mitte, davor Neukölln, davor Neuruppin. Die Wohnung hier hat mir das Amt angeboten. Zwei Zimmer. Hab ich sofort genommen. War besser als die 27 Quadratmeter, wo wir vorher zu zweit gehockt haben, die Olle und ich. Der Preis geht. Neben mir, der Japaner, der hat die gleiche Wohnung, genauso groß, aber der zahlt das Doppelte. Weil er später eingezogen ist. Muss man sich mal vorstellen: die gleiche Wohnung – und zahlt das Doppelte. Und wenn jetzt wieder einer neu einzieht, muss der das Doppelte von dem Japaner zahlen. Zieht aber keiner mehr ein. Weil keiner mehr auszieht. Klammern sich alle an ihre Wohnungen. Selbst der Japaner sagt schon, dass man nirgends mehr hinziehen kann. Dabei ist der nicht arm.

Von den Leuten her kann man's hier aushalten. Viele Zugezogene natürlich. Aus dem Schwabenland vor allem. Du lachst, Junge, aber das ist Fakt. Schwaben gibt's hier mehr als Türken. Tun aber keinem was. Reden bloß komisch.

Die Säufer saufen, aber Drogen nehmen die nicht. Ist nicht wie Hermannplatz hier. Früher gab's mal Dealer, aber da hat die Polizei mit aufgeräumt.

Seit das bei mir mit dem Arbeiten vorbei ist, sitz ich hier und denk mir meinen Teil. Hat sich schon verändert, die Gegend. Wie ich hierherkam, gab's noch jede Menge Ossis. Die sind alle weg. Keine Ahnung, wohin. Nur die Säufer, die gehen nicht weg. Die hängen an ihrem Helmholtzplatz.

Die neuen Leute im Kiez versteh ich manchmal nicht. Hast du die Klamotten in den Läden gesehen? Sehen aus wie von der Kleidersammlung, kosten aber wie neu. Wo ist da der Witz? Hier gibt's Leute, die laufen rum wie ich, aber sie zahlen ein Heidengeld dafür. Muss ich das verstehen?

Und was die für ein Getue mit ihren Kindern machen. Heiti hier, heiti da. Wie sollen die Piepels denn mal klarkommen, wenn's irgendwann kein Heiti mehr gibt?

Nicht mal 43 ist meine Olle geworden. Ich hab sie noch gewarnt. Wenn du so weitermachst, hab ich gesagt, erlebst du Weihnachten nicht und deinen Geburtstag nicht. Wollte nicht auf mich hören. Wer nicht hören will, muss fühlen. Acht Monate ging das so. Am Ende war's gar kein Schock mehr. Hatte mich längst damit abgefunden. War ja klar, dass sie krepiert.

Manchmal frag ich mich, ob die Leute hier glücklich sind. Die strahlen alle so, als hätten sie was zu verstecken. Grinsen sich selbst was vor. Vielleicht irr ich mich auch, keine Ahnung. Ist nur so ein Gefühl.

Ich werd mal losziehen. Muss noch Bier holen. Um vier ist Fußball.»

* * *

Gefühlte Mitte: Kollwitzplatz

Sektorenzugehörigkeit bis zur Wiedervereinigung: Sowjetisch (Ost-Berlin)

Fläche: 11,1 km² (Platz 25 von 97)

Einwohner: 167 807 (Platz 1 von 97)

Bevölkerungsdichte: 15 153 Einwohner/km² (Berlin gesamt: 4323/km²)

Durchschnittsalter: 39,1 (Berlin gesamt: 42,7)

Verkehrsanbindung: S-Bahn (Linien S1, S2, S8, S25, S26, S41, S42, S85), U-Bahn (Linie U2), Tram (diverse Linien), Bus (diverse Linien)

Leute: Käthe Kollwitz (Bildhauerin, lebte von 1891 bis zum Zweiten Weltkrieg in der Weißenburger Straße, der heutigen Kollwitzstraße, direkt am Wörther Platz, dem heutigen Kollwitzplatz), Max und Charlotte Konnopke (Wurstverkäufer, gründeten 1960 den nach ihnen benannten Imbiss unter dem Hochbahngleis an der Schönhauser Allee Ecke Danziger Straße)

Sehenswürdigkeiten: Kastanienallee (alias «Castingallee», Flaniermeile mit Bars, Cafés und Läden), Kulturbrauerei (ehemalige Schultheiss-Brauerei, gebaut Ende des 19. Jahrhunderts nach dem Vorbild einer mittelalterlichen Burganlage, heute alternatives Kulturzentrum mit Kinos, Theatern, Clubs, Schönhauser Allee 36), Synagoge Rykestraße (jüdischer Sakralbau von 1904, geschändet in der Nazi-Ära, wiedereingeweiht 1953, seitdem größte Synagoge Deutschlands, Rykestr. 53), Jüdischer Friedhof (eröffnet 1827, Schönhauser Allee 25), Gethsemanekirche (neogotisch-neoromanischer Backsteinbau von 1893, im Herbst 1989 Sammelpunkt der DDR-Opposition, Stargarder Str. 77), Stadtbad Oderberger Straße (Neorenaissance-Schwimmhalle von 1902, heute öffentlich zugänglicher Hotelpool und Veranstaltungsraum, Oderberger Str. 57), Wasserturm (ältester Berliner Wasserturm, gebaut 1877, Knaackstr. 23), Zeiss-Großplanetarium (eröffnet 1987, modernisiert 2016, Prenzlauer Allee 80)

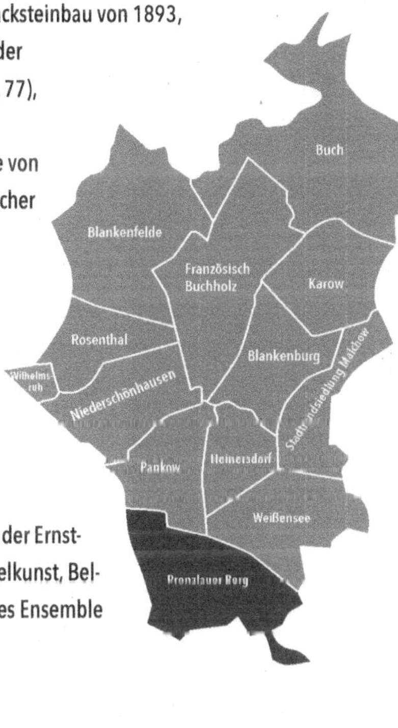

Theater: bat-Studiotheater (Bühne der Ernst-Busch-Hochschule für Schauspielkunst, Belforter Str. 15), Theater o. N. (Freies Ensemble mit Schwerpunkt Biographie- und Jugendtheater, Kollwitzstr. 53), Ballhaus Ost (Bühne für freies Theater, Performance und Tanz, Pappelallee 15), Dock11 (Tanztheater, Kastanienallee 79), Halle Tanzbühne (Tanztheater, Eberswalder Str. 10), Theater unterm Dach (Bühne für freie Theaterprojekte, Danziger Str. 101), Panda (russisches und multikulturelles Theater, Kulturbrauerei, Schönhauser Allee 36), Theater an der Parkaue (Kinder- und Jugendtheater, Kastanienallee 7–9), Pfefferberg-Theater (Varieté, Comedy, Kindertheater, Schönhauser Allee 176), RambaZamba (integratives Theater, Schönhauser Allee 36–39), Haus für Poesie (Literaturbühne, Kulturbrauerei, Schönhauser Allee 36)

Museen und Galerien: Museum Pankow (Bezirksgeschichte, Prenzlauer Allee 227), Museum Pankow/Standort Dunckerstraße (Bauen und Wohnen in Prenzlauer Berg um die Wende vom 19. zum 20. Jhdt., Dunckerstr. 77),

Museum in der Kulturbrauerei (Alltag in der DDR, Knaackstr. 97), MACHmit! (Spiel- und Lernmuseum für Kinder, Senefelderstr. 5)

Grünste Ecken: Mauerpark, Volkspark Prenzlauer Berg, Ernst-Thälmann-Park, Anton-Saefkow-Park

Gute Currywurst: Konnopke (Schönhauser Allee 44B)

Gute Kneipe: Schwarzsauer (Kastanienallee 13)

Kalauer-Friseure: Hairlich Natürlich (Stargarder Str. 25), Haarcore (Käthe-Niederkirchner-Str. 14), Haareszeiten (Oderberger Str. 7 & Danziger Str. 56), Haareszeit (Christburger Str. 4), Vier Haareszeiten (Bornholmer Str. 13), Cutja (Lychener Str. 10), Fräulein Schneider (Oderberger Str. 37), Über Kurz oder Lang (Torstr. 59)

Ortsteilhymnen: Der King vom Prenzlauer Berg (City, 1978), Prenzlauer Berg (Rainald Grebe, 2010), Fickt-Euch-Allee (Großstadtgeflüster, 2015)

ROSENTHAL

Wo die Bäcker länger backen

Es gibt Ortsteile, deren Bewohner regelrecht zusammenzucken, wenn man sie nach örtlichen Sehenswürdigkeiten fragt. «Gibt's hier nicht!», antwortete mir ein älterer Herr mit schreckgeweiteten Augen. «Brauchen Sie nicht nach suchen!», sagte eine Dame mit Kinderwagen, ihre Schritte leicht beschleunigend. «Da müssen Sie woanders hin!», bellte ein altes Mütterchen mit drohend erhobenem Spazierstock.

Es war, als hätte ich meinen Finger in eine schwärende Wunde der Rosenthaler gelegt. Dabei ist der Ortsteil, jedenfalls sein Kern, recht idyllisch. Die Dorfkirche, eine der ältesten Berlins, steht auf einem pittoresken Anger, umgeben von alten, niedrigen Bauernhäusern. Dahinter endet die Idylle schnell. Einfamilienhäuser mit der üblichen Vorgartenfolklore, ein Rewe, ein Penny und die Baustelle eines neuen Aldi. Im Großen und Ganzen ist es die Art von Gegend, die so außerstädtisch wirkt, dass man fast erschrickt, wenn irgendwo ein gelber BVG-Doppeldecker um die Ecke biegt.

Wer Rosenthal besucht, landet früher oder später unausweichlich im Café «Zur Alten Backstube». Das Café ist, wie der Name schon sagt, eine alte Backstube, die 1863 in Rosenthal gegründet wurde und sich seit 1918 gegenüber der Dorfkirche befindet. An den Wänden des Ladens hängt eine wilde Mixtur aus Beatles-Memorabilia, Fußballsouvenirs und alten Gerätschaften des Bäckerhandwerks.

Eine kleine Zwangspause musste die Backstube in ihrer ansonsten ungebrochenen Geschichte ab dem Jahr 1987 einlegen. Von den Hintergründen erzählte mir der heutige Inhaber des Cafés, der den Laden in vierter Generation leitet. Die Backstube sei auch zu DDR-Zeiten immer in Familienhand geblieben. Den Behörden sei die Rosenthaler Privatbäckerei jedoch stets ein Dorn im Auge gewesen, was sich in ständigen Betriebsprüfungen äußerte. Bei der letzten stellten die Inspektoren fest, dass die Backstube dringend neu zu fliesen sei. «Aber die wussten natürlich genauso gut wie wir», erklärte mir der Inhaber, «dass man in der DDR als Privatperson höchstens mal genug Fliesen für eine Badezimmerwand bekam, aber nie im Leben für eine ganze Backstube.»

Und so machten die Behörden den Laden am 16. August 1987 dicht. Hier hätte seine Geschichte enden können, wenn nicht kurz darauf die DDR-Geschichte geendet hätte. Es dauerte dann zwar noch eine ganze Weile, bis die Familie Ziekow unter den veränderten Marktbedingungen einen Neustart wagte, aber 2007 eröffnete in den Räumen der alten Backstube schließlich das heutige Café.

An einer der Wände hängt ein gerahmtes Gedicht aus DDR-Zeiten, ein Werk des Rosenthaler Satirikers Jo Schulz. «Das Brot von Bäcker Ziekow aus Rosenthal / hat eine Kruste wie die Mondoberfläche / daran fuhrwerke nicht mit dem Messer herum, / solch ein Brot ist wert, dass man's breche …» Das Gedicht ist recht lang, weshalb ich hier zu den letzten Zeilen springe: «… wie Kenner ihren Whisky und Wodka unvermischt trinken / isst man dieses Brot vorteilhaft ohne Butter und Schinken.»

Alles in allem muss man wohl sagen, dass in Rosenthal das Brot von höherer Qualität ist als die Reime.

* * *

Gefühlte Mitte: Dorfanger

Sektorenzugehörigkeit bis zur Wiedervereinigung: Sowjetisch (Ost-Berlin)

Fläche: 4,9 km² (Platz 76 von 97)

Einwohner: 9 962 (Platz 81 von 97)

Bevölkerungsdichte: 2025 Einwohner/km² (Berlin gesamt: 4323 Einwohner/km²)

Durchschnittsalter: 44,5 (Berlin gesamt: 42,7)

Verkehrsanbindung: Tram (Linie M1), Bus (diverse Linien)

Leute: Bernd Ziekow (Bäcker und Gastronom), Jo Schulz (Satiriker)

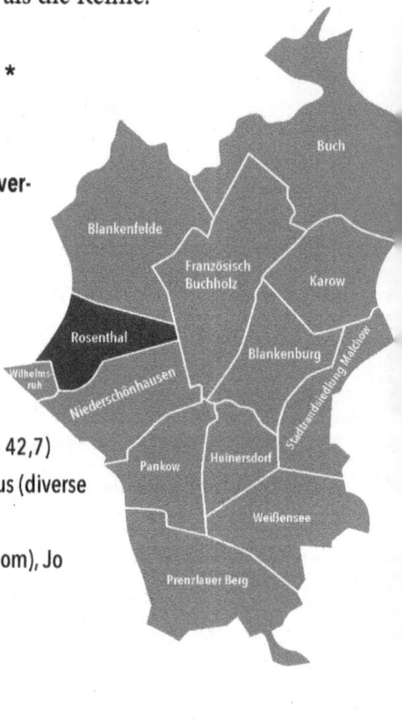

Sehenswürdigkeiten: Dorfanger (mittelalterliche Dorfanlage mit Kirche, Gemeinde- und Gutshaus), Dorfkirche (Feldsteinkirche des 13. Jhdts. mit späteren Ergänzungen, Hauptstr. 153)
Grünste Ecken: Nordgrabenufer, Mauerweg

STADTRANDSIEDLUNG MALCHOW

Wo die Bälle niedrig fliegen

An einer stillen Straßenecke im Berliner Norden sah ich einen Mann mit einer langen Stange Walnüsse aus dem Wipfel eines Baumes schütteln. «Den Baum habe ich ’83 mit meinem Vater gepflanzt», sagte er stolz.

Bewundernd musterte ich die Baumkrone, die die niedrigen Einfamilienhäuser der Stadtrandsiedlung Malchow um ein gutes Stück überragte.

Die Siedlung, erklärte mir der Mann, sei für kinderreiche Familien wie die seines Urgroßvaters gebaut worden, der hier ein Eigenheim zugeteilt bekommen habe, als er aus Schlesien in die Hauptstadt übergesiedelt sei. In den 1930er Jahren sei das gewesen, fuhr er fort, wobei er zwei Fingerspitzen auf seine Oberlippe legte. «Als der Mann mit dem kleinen Bart an der Macht war.» Ich begriff nun auch, woher die nordisch-mythischen Straßennamen des Ortsteils kamen. Der Walnussbaum stand an der Ecke Lindwurmweg/Nachtalbenweg, außerdem begegneten mir ein Tronjepfad, ein Nornenweg, ein Gnomenplatz, ein Schwarzelfen- und ein Lichtelfenweg, eine Runenzeile sowie ein Königskinderweg.

Ansonsten ist die Stadtrandsiedlung Malchow ein derart still und schläfrig und gänzlich unstädtisch wirkendes Viertel, dass einem hier schon ein Briefkasten am Straßenrand überraschend urban vorkommt. Sie ist außerdem das vielleicht beste Beispiel dafür, dass Berlins Verwaltungsgrenzen nicht immer besonders logisch gezogen wurden, denn während das eigentliche Dorf

Malchow ein Ortsteil des benachbarten Bezirks Lichtenberg ist, gehört die unmittelbar angrenzende Stadtrandsiedlung Malchow zum Bezirk Pankow. Des Weiteren hat sie unter allen Berliner Ortsteilen das mit Abstand höchste Durchschnittsalter: 52 Jahre. Ich vermute, dass die allerbetagtesten unter den Einwohnern die vorzeitlichen Fabelwesen von den Straßenschildern noch aus eigener Anschauung kennen.

Nur der Süden des Ortsteils ist besiedelt, der Rest besteht aus Wiesen, Wäldern und einem ausgedehnten Golfplatz. Als ich Letzteren betrat, wurden auf der Caféterrasse des Clubhauses gerade die Tagesergebnisse verkündet. «Platz eins mit 69 Nettoschlägen und Handicap-Verbesserung auf 24,5 geht heute an ...» Menschen mit Markenbaseballmützen applaudierten höflich. Paare, die aussahen, als hätten sie lange nicht mehr miteinander gesprochen, sahen ihren Kindern schweigend beim Kindertelleressen zu. «Können Sie auf einen Hunderter rausgeben?», hörte ich einen Gast die Kellnerin fragen. «Natürlich», antwortete die, «da lach ich doch drüber.»

Auf dem Weg zum Neun-Loch-Platz lief ich neben einer Gruppe von Spielern her, deren Unterhaltung so klischeehaft unsympathisch klang, als habe sie ihnen der Autor eines Golfplatz-Fernsehkrimis auf den Leib geschrieben. «Du musst den Leuten nur ordentlich in den Arsch treten», sagte eine blondierte Dame, «dann bewegen die sich auch.» Ihr Mann lachte ein zähnebleckendes Wolfslachen. «Schwachmaten», knurrte er. «Und dann erwarten die noch, dass ich ihnen einen Bonus zahle.»

Schnell bog ich in einen Seitenpfad ab. Doch weit kam ich nicht. In der Ferne sah ich einen Mann rudernde Armbewegungen machen. Sein Dialekt war einen halben Kilometer gegen den Wind zu erkennen. «Des isch verboda, hier lang zo ganga!», rief er. «Des isch gfährlich!» Weil ich um nichts in der Welt durch den Golfschlag eines Schwaben sterben wollte, kehrte ich der Stadtrandsiedlung Malchow den Rücken.

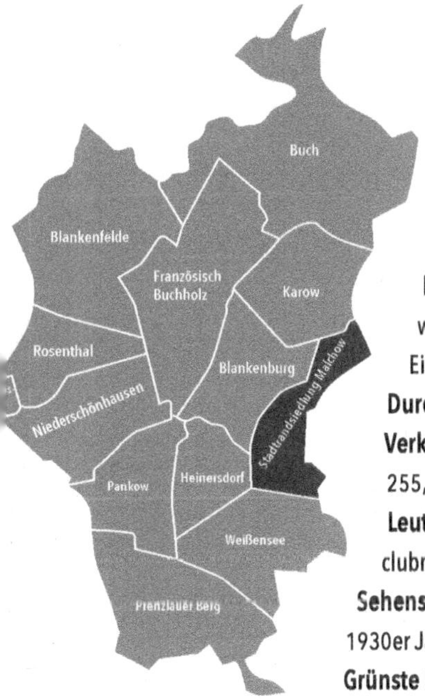

Gefühlte Mitte: Ullerplatz
Sektorenzugehörigkeit bis zur Wiedervereinigung: Sowjetisch (Ost-Berlin)
Fläche: 5,7 km² (Platz 70 von 97)
Einwohner: 1114 (Platz 96 von 97)
Bevölkerungsdichte: 195 Einwohner/km² (Berlin gesamt: 4323 Einwohner/km²)
Durchschnittsalter: 52,1 (Berlin: 42,7)
Verkehrsanbindung: Bus (Linien X54, 154, 255, 259)
Leute: Constanze Fath/Fabio Inserra (Golfclubmeister 2017 der Damen/Herren)
Sehenswürdigkeiten: Einfamilienhäuser der 1930er Jahre (rund um die Ortnitstr.)
Grünste Ecke: Golfplatz

WEISSENSEE

Wo Erinnerungen trügen

Der Ortsteil, von dem in diesem Porträt die Rede sein wird, existiert zweimal. Einer von beiden lag früher in der DDR und schreibt sich mit -ß- in der Mitte. Der andere schreibt sich mit -ss- in der Mitte und liegt bis heute in der DDR. Nach Weißensee kommt man mit der Tram oder mit dem Bus, nach Weissensee mit Netflix. Die Menschen, die schon mal im Ortsteil Weißensee waren, sind inzwischen wahrscheinlich zahlenmäßig denen unterlegen, die schon mal die ARD-Fernsehserie fast gleichen Namens gesehen haben.

Im Café Milchhäuschen, einem DDR-Pavillon am Ufer des Weißen Sees, sind Teile des Stasi-Dramas gedreht worden. Es werde oft danach gefragt, erzählte mir eine junge Kellnerin. Sie selbst habe noch keine Folge gesehen, aber ihre Großeltern seien eifrige Zuschauer. «Die haben das ja alles miterlebt.»

Ich war mir nach meinem Besuch des Ortsteils allerdings nicht mehr sicher, ob sich in Weißensee wirklich je miterleben ließ, wovon in «Weissensee» erzählt wird. War der reale Ortsteil wirklich das DDR-Bonzenviertel, als das er in der Serie porträtiert wird? Ich lief dreimal um den Weißen See und stellte die Frage jedem Passanten, der mir begegnete. Die Antworten fielen diametral unterschiedlich aus. Alles gelogen, sagten die einen, es gab hier gar keine Bonzen, die wohnten alle in Pankow und Niederschönhausen! Genau so war es, sagten die anderen, alles voller Stasi-Offiziere, die leben hier bis heute!

Was wahr ist, ist inzwischen vermutlich kaum noch zu eruieren, weil sich die Legende untrennbar mit der Realität vermischt hat. Es ist wie mit Kindheitsfotos: Wir glauben, dass wir uns an die Begebenheiten erinnern, aber eigentlich erinnern wir uns nur an die Fotos.

Ich setzte mich ins Café der Seniorenresidenz Weißensee, in der Hoffnung, dort vielleicht den einen oder anderen Stasi-Senior aufzuspüren. Aber die nette 82-Jährige, mit der ich ins Gespräch kam, war erst kürzlich aus Gießen hierhergezogen, weil ihre beiden Töchter in Berlin lebten. Sie erzählte mir die haarsträubende Geschichte, wie sie in den Kriegswirren auf der Flucht aus Posen ihre Eltern verloren und sich im zerbombten Berlin einer Bande von Straßenkindern angeschlossen hatte, bevor die Eltern sie endlich wiederfanden. Jetzt wunderte sie sich, warum so viele Senioren in der Residenz ängstlich in ihren Zimmern hockten, während sie selbst munter Berlin erkundete. «Vielleicht wären die Menschen mutiger, wenn sie alle mal auf der Flucht gewesen wären», sagte sie lachend.

Ansonsten gibt es in Weißensee jenseits der stark befahrenen und belebten Berliner Allee viele kleine Nebenstraßen, in denen es sehr schnell sehr ruhig wird, ruhig im behaglichen wie im unbehaglichen Sinne.

Und es gibt den Jüdischen Friedhof, den größten erhaltenen in Europa. Kurt Tucholsky, dessen Vater hier begraben liegt, unter einem Stein, auf dem auch der Name der Mutter steht, obwohl sie nicht hier und auch nirgends sonst begraben, sondern im KZ Theresienstadt ermordet wurde – Kurt Tucholsky hat über den Weißenseer Friedhof eines seiner schönsten Gedichte geschrieben. Es endet mit diesen Versen: «Du siehst noch drei, vier fremde Städte, / Du siehst noch eine nackte Grete, / Noch zwanzig-, dreißigmal den Schnee, / Und dann: Feld P in Weißensee.»

* * *

Gefühlte Mitte: Weißer See
Sektorenzugehörigkeit bis zur Wiedervereinigung: Sowjetisch (Ost-Berlin)
Fläche: 7,9 km² (Platz 47 von 97)
Einwohner: 56 853 (Platz 22 von 97)
Bevölkerungsdichte: 7168 Einwohner/km² (Berlin gesamt: 4323 Einwohner/km²)
Durchschnittsalter: 41,4 (Berlin: 42,7)
Verkehrsanbindung: Tram (Linien 12, 27, 50, M1, M2, M4, M10, M13), Bus (diverse Linien)
Leute: Johann Pistorius (Unternehmer, kaufte 1821 das Rittergut Weißensee, um Kartoffeln anzubauen und daraus Schnaps zu brennen), Bertolt Brecht (Schriftsteller, lebte in der Nachkriegszeit am Ufer des Weißen Sees)
Sehenswürdigkeiten: Weißer See (mit

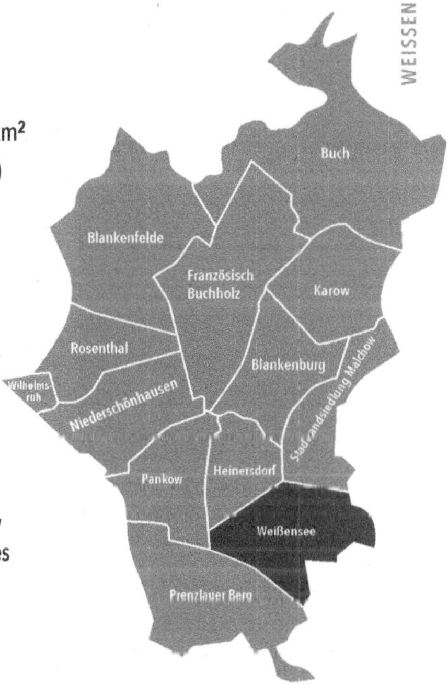

Strandbad, Restaurant Milchhäuschen, Freilichtbühne und Uferweg), Jüdischer Friedhof (angelegt 1880, größter erhaltener jüdischer Friedhof Europas, Herbert-Baum-Str. 45), Brecht-Haus (Stadtvilla, in der von 1949 bis 1953 Bertolt Brecht mit Helene Weigel lebte, Berliner Allee 185), Dorfkirche (mittelalterliche Feldsteinkirche mit neogotischen Ergänzungen, Berliner Allee 184), Brotfabrik (Kulturzentrum mit Kino, Bühne und Kunstgalerie, Caligariplatz 1), Kunsthochschule Weißensee (Bühringstr. 20)

Grünste Ecke: Volkspark am Faulen See

Gute Kneipe: Brotfabrikkneipe (Caligariplatz 1)

Kalauer-Friseure: Hauptstadtschnitt (Berliner Allee 16), Kopfarbeit (Pistoriusstr. 117)

Ortsteilhymne: Titelmelodie der ARD-Serie «Weissensee»

WILHELMSRUH

Wo die Totenköpfe grinsen

Wilhelmsruh, einer der kleinsten Ortsteile, besteht aus einem überschaubaren Wohngebiet und einem weitläufigen Industriegebiet. Letzteres hat in seiner gut hundertjährigen Geschichte die typischen Stadien der Berliner Wirtschaftsentwicklung durchlaufen: aufgeblüht in der Gründerzeit, zerstört im Krieg, isoliert während der Teilung, umgekrempelt nach der Wiedervereinigung.

Den Anfang machte der Industrielle Sigmund Bergmann, der das Areal 1906 kaufte, weil seinem Stammwerk in Wedding der Platz ausging. Eine Turbinenfabrik entstand, ein Umspannwerk, später Rüstungsbetriebe, die das Gelände im Krieg zum Ziel alliierter Bombenangriffe machten. Viel war von den Bergmann-Werken danach nicht übrig. Was sich wiederaufbauen ließ, wurde zum Volkseigenen Betrieb Bergmann-Borsig zusammengefasst.

Was dann passierte, illustriert ein Comic, den ich in einer kleinen Bibliothek auf dem Werksgelände entdeckte. Er erschien im DDR-Jugendmagazin «Atze» unter dem Titel «Es geschah in

Wilhelmsruh». Die Story: Man schreibt das Jahr 1961, als ein paar dreiste Agenten aus dem amerikanischen Sektor versuchen, einen Ingenieur des VEB Bergmann-Borsig in den Westen zu verschleppen. Ein wachsamer Volkspolizist kann das verhindern, doch weil die kapitalistischen Menschenhändler in jenen Tagen ständig ostdeutsche Wissenschaftler, Ärzte und Fachleute kidnappen, bleibt dem sozialistischen Staat nur ein Ausweg: Unter dem Jubel der Ost-Berliner Bevölkerung wird ein antifaschistischer Schutzwall quer durch die Stadt gebaut.

Möglicherweise hatten die DDR-Oberen das Gefühl, den Menschen in Wilhelmsruh den Mauerbau besonders gut begründen zu müssen, weil er hier, an der Zonengrenze, besonders spürbar war: Die Mauer verbarrikadierte den Zugang zum S-Bahnhof Wilhelmsruh, der jetzt nur noch von westlicher Seite zu betreten war, während die Wilhelmsruher Bus fahren mussten.

Eine Bibliothekarin, die früher im VEB gearbeitet hatte, erzählte mir von der Nachwendezeit, als die Bergmann-Werke von einem West-Konkurrenten übernommen wurden und der Großteil der Belegschaft die Arbeit verlor. Als kurz darauf auch noch die alte Bücherei des Ortsteils einging, restaurierten ein paar Freiwillige das Pförtnerhäuschen der Bergmann-Werke, in dem heute die ehrenamtlich betriebene Bibliothek sitzt. Die Geschichte des Fabrikareals hätte damit einigermaßen versöhnlich enden können – wenn das dicke Ende nicht noch käme.

Auf dem Werkgelände hat sich nämlich seit der Wende ein wachsendes Unternehmen für Veranstaltungstechnik ausgebreitet: Black Box Music, bekannt vor allem als Tourorganisator von Rammstein. Dessen Logo, ein Totenkopf mit gekreuzten Mikrophonen, ziert inzwischen das halbe Bergmann-Areal – und zuletzt hat die Firma nun auch das historische Pförtnerhäuschen aufgekauft. Die Bibliothek steht damit vor dem Aus, wie mir die Ehrenamtler voller Bitterkeit erzählten. «Der janz normale Kapitalismus», klagte eine der Frauen.

Wenn eine Geschichte mit Dampfturbinen beginnt und am Ende ein Subkulturimperium alles andere verdrängt, dann ist das wohl tatsächlich der ganz normale Berliner Kapitalismus.

* * *

Gefühlte Mitte: Hauptstraße
Sektorenzugehörigkeit bis zur Wiedervereinigung: Sowjetisch (Ost-Berlin)
Fläche: 1,4 km² (Platz 95 von 97)
Einwohner: 8238 (Platz 83 von 97)
Bevölkerungsdichte: 6057 Einwohner/km² (Berlin gesamt: 4323 Einwohner/km²)
Durchschnittsalter: 45,3 (Berlin gesamt: 42,7)

Verkehrsanbindung: S-Bahn (S1, S26), Bus (diverse Linien)
Leute: Sigmund Bergmann (Industrieller, gründete Anfang des 20. Jhdts. die ortsteilprägenden Elektrizitätswerke), Thilo Goos (Musikunternehmer, Inhaber des Konzerttechnikanbieters Black Box Music)
Sehenswürdigkeiten: Industriegebiet (ehemals Bergmann-Elektrizitätswerke, gebaut im frühen 20. Jhdt., später VEB Bergmann-Borsig, heute gemischtes Gewerbegebiet, Hertzstr./Lessingstr.), Umspannwerk (expressionistischer Industriebau von 1926, heute genutzt von Vattenfall, Kopenhagener Str. 83), Ortsteilbibliothek (Zukunft unklar, im Wärterhäuschen der Bergmannwerke, Hertzstr. 61)
Grünste Ecke: Wilhelmsruher See
Gute Currywurst: Scharf & Lecker (Hauptstr. 32)
Kalauer-Friseur: Hauptsache (Hertzstr. 11)

BEZIRK

REINICKENDORF

Fläche: 89,3 km^2 (entspricht 10,0 % der Berliner Gesamtfläche)

Einwohner: 286 308 (entspricht 7,0 % der Berliner Gesamtbevölkerung)

Davon weiblich: 50,8 % (Berlin gesamt: 50,6 %)

männlich: 49,2 % (Berlin gesamt: 49,4 %)

ohne Migrationshintergrund: 61,9 % (Berlin gesamt: 61,4 %)

mit Migrationshintergrund: 38,1 % (Berlin gesamt: 38,6 %)

ledig: 46,1 % (Berlin gesamt: 52,8 %)

verheiratet: 37,8 % (Berlin gesamt: 33,2 %)

verwitwet: 6,6 % (Berlin gesamt: 5,1 %)

geschieden: 9,3 % (Berlin gesamt: 8,5 %)

in Lebenspartnerschaft: 0,2 % (Berlin gesamt: 0,4 %)

Bevölkerungsdichte: 3005 Einwohner/km^2 (Berlin gesamt: 4323)

Durchschnittsalter: 44,6 (Berlin gesamt: 42,7)

Beliebteste Babynamen: Anna & Lina (Mädchen), Leon & Liam (Jungen)

* * *

Schwer zu sagen, was Reinickendorf zusammenhält. Die lebensweltliche Spannweite innerhalb des Bezirks reicht von den altehrwürdigen Villen **Frohnaus** bis zu den Betonburgen des **Märkischen Viertels**, mit so ziemlich allen Zwischenstufen, die innerhalb dieses Gefälles denkbar sind. Vielleicht ist es eine Art Nord-Berliner Lebensgefühl, das dem heterogenen Bezirk über alle Unterschiede hinweg sein Gepräge gibt – und das sich historisch bedingt vom Nord-Ost-Berliner Lebensgefühl des benachbarten Ex-DDR-Bezirks Pankow unterscheidet.

Das Villenviertel **Frohnau** zählt zu den exklusivsten der Stadt, auch wenn es seiner Lage wegen nie als ganz gleichwertig mit den bekannteren Nobelgegenden des Berliner Südwestens wahrgenommen wird – zum Schmerz manches Frohnauers. Etwas weniger großbürgerlich, aber immer noch vorstädtisch-elegant sind die südlich anschließenden Viertel **Heiligensee** und **Hermsdorf** sowie Teile von **Konradshöhe**, **Wittenau** und **Waidmannslust**. Letzterer Ortsteil besteht zum Teil aus sehr ähnlichen Hochhäusern wie denen, die auch das benachbarte **Märkische Viertel** kennzeichnen, eine bis in die jüngere Vergangenheit hinein ziemlich übel beleumundete Sozialbausiedlung der 1960er und 1970er Jahre.

Lübars, gelegen an der nördlichen Stadtgrenze, ähnelt mit seiner land- und pferdewirtschaftlichen Prägung den Pankower Nachbarortsteilen Blankenfelde und Buch. **Borsigwalde** wiederum ist Teil jener historischen Industriesiedlung, zu der auch die angrenzenden Teile von **Tegel** gehören. Letzteres ist der weitaus größte Ortsteil des Bezirks, der unter anderem den gleichnamigen Flughafen und den ausgedehnten Tegeler Forst beheimatet. **Reinickendorf** schließlich, der namensgebende Ortsteil des Bezirks, liegt genau in der ehemaligen Einflugschneise des inzwischen geschlossenen Flughafens Tegel – ein ruhestörendes Manko, das mancher Reinickendorfer aber stoisch als Teil des Nord-Berliner Lebensgefühls betrachtete.

BORSIGWALDE

Wo die Hipster morgen wohnen

Bei meinen Wanderungen durch die Ortsteile bin ich oft Zeuge städtischer Ungleichzeitigkeiten geworden. Nicht alle Dinge passieren in allen Teilen Berlins zum selben Zeitpunkt – manchmal hinken die entlegeneren Viertel dem Zentrum hinterher, manchmal ist es umgekehrt. Die Jahreszeiten etwa arbeiten sich nach meiner Erfahrung vom Rand zur Mitte voran. Lange bevor man im Zentrum etwas von Weihnachten wissen will, werden am Stadtrand schon die ersten Einfamilienhäuser in Lichterketten gewickelt, und während Monate später in der Innenstadt noch Weihnachtsbaumleichen die Bürgersteige zieren, tauchen in den Vorgärten der Peripherie schon die ersten Plastikosterhasen auf.

Insofern erschrak ich fast, als ich bei meinem Besuch in Borsigwalde an einem Obstbäumchen bunte Eier hängen sah – Ostern lag zu diesem Zeitpunkt einen guten Monat zurück. Sicher zerrissen sich die Nachbarn schon das Maul über diesen faulen Vorgartendekorateur.

Borsigwalde ist winzig und besteht zu großen Teilen aus alten Industriebauten, in denen einmal Lokomotiven (Kaiserreich) und Massenvernichtungswaffen (nächstes Reich) gefertigt wurden. Mit den Folgen von Letzterem schlägt sich bis heute eine im Ortsteil ansässige Behörde herum, die das Personalarchiv der Wehrmacht verwaltet und Schicksale von Gefallenen aufklärt. Der eigentliche Wohnkern von Borsigwalde umfasst nur wenige Straßenzüge. Neben Einfamilienhäusern mit jahreszeitlich dekorierten Vorgärten gibt es dort Bauten, wie man sie sonst nirgends in Berlin findet, nämlich die Arbeiterhäuser, die Ende des 19. Jahrhunderts rund um die Räuschstraße für die Belegschaft der Borsigwerke gebaut wurden. Sie haben rote Backsteinfassaden und verzierte Giebel, sind selten breiter als drei Fenster und nie höher als drei Etagen. Läge Borsigwalde nicht so weit außerhalb, hätten Berlins Hipster sicher längst gemerkt, wie sehr das Straßenbild hier London ähnelt. Pssst, erzählen Sie das bloß nicht weiter, sonst tauchen hier ruckzuck die ersten Bike-Shops und Biokäsemanufakturen auf.

Vorläufig scheinen in den Borsig-Häusern allerdings eher Rentner zu wohnen, und außer der Bäckerei Schleckermäulchen, wo Arbeiter in Blaumännern Filterkaffee trinken, gibt es hier nur ein italienisches, ein spanisches und ein kroatisches Restaurant. Die Inhaberin des Trödelladens an der Holzhauser Straße verriet mir, dass der Italiener in Wirklichkeit ein Türke, der Spanier ein Libanese und der Jugoslawe ein Pole sei. Überhaupt war die Trödlerin Expertin für Nationalitäten. Von ihr erfuhr ich, dass es in Borsigwalde Waliser gibt, die keine Engländer mögen, Marokkaner, die nichts mit Tunesiern zu tun haben wollen, Türken, die was gegen Araber haben, Araber, die nichts von Afrikanern halten, und Ukrainer, deren Schmuggelzigaretten noch billiger sind als die der Vietnamesen. Sogar zwei Mongolen hatte die Trödlerin schon im Ortsteil gesichtet, die hatten gebrauchte Geländeautos gekauft und wollten damit zurück in die Mongolei fahren. Vorher schauten sie im Trödelladen vorbei und füllten ihre Kofferräume mit Berlin-Souvenirs.

In letzter Zeit, erzählte die Trödlerin ganz zum Schluss, seien übrigens viele junge Leute nach Borsigwalde gezogen, darunter Künstler, Musiker, Schauspieler. Herrje, dachte ich, geht das jetzt wirklich auch hier schon los?

* * *

Gefühlte Mitte: Café Schleckermäulchen
Sektorenzugehörigkeit bis zur Wiedervereinigung: Französisch (West-Berlin)
Fläche: 2,0 km² (Platz 92 von 97)
Einwohner: 6 911 (Platz 87 von 97)

Bevölkerungsdichte: 3 382 Einwohner/km² (Berlin gesamt: 4323 Einwohner/km²)
Durchschnittsalter: 44,4 (Berlin gesamt: 42,7)
Verkehrsanbindung: S-Bahn (Linie S25), U-Bahn (Linie U6), Bus (diverse Linien)
Leute: August Borsig (Industrieller, expandierte im 19. Jhdt. mit seinem wachsenden Lokomotivbauunternehmen in den Berliner Norden, wo später ein Ortsteil nach ihm und seinen Erben benannt wurde)

Sehenswürdigkeiten: Borsigsiedlung (Arbeiterhäuser, gebaut um die Wende vom 19. zum 20. Jhdt. im Stil der Neogotik/Neorenaissance, Räuschstr./Holzhauser Str./Ernststr.), Industriegebiet (umfasst diverse historische Industriebauten der Borsig-Ära, heute als Gewerbegebiet genutzt, rund um Miraustr./Holzhauser Str./Ernststr.), Militärarchiv der Nazi-Ära (Unterabteilung des Bundesarchivs, Standort Eichborndamm 179)

FROHNAU

Wo die Reichen meditieren

Am Zeltinger Platz in Frohnau gibt es eine Butter-Lindner-Filiale, einen Zigarrenladen mit Humidor, ein Maklerbüro, das Einfamilienhäuser auf Madagaskar und Baugrundstücke an der Ägäisküste im Angebot hat, sowie ein Nobelbistro, in dem ich zwei ältere Damen beim Tischgespräch belauschte. «Manche mögen ja kein Fett», sagte die eine. «Versteh ich gar nicht, ich kann nicht genug davon kriegen. Die weißen Stücke vom Suppenfleisch! Die Kruste von der Schweinshaxe! Das Schwabbelige vom Eisbein! Der Fettkern vom Entrecôte! Köstlich, einfach köstlich!»

Frohnau ist so etwas wie das Fettauge des Berliner Nordwestens. Das war schon so, als um 1910 herum die ersten metropolenmüden Besserverdiener ihre Villen in die sanft gewellte Landschaft setzten. Staunend lief ich durch die pittoresk gewundenen Pflasterstraßen, an deren Rändern immer mal wieder ein geparkter Porsche stand, ein sorgfältig gepflegter VW Käfer oder ein offenes Cabrio mit lässig auf dem Sitz drapiertem Kaschmirpulli. An den Gartentoren standen statt Namen oft nur diskrete Initialen: «O. M.», «F. H.», «G. S.». Mein Favorit war ein Schild in der Wiltinger Straße, das deutlich zu buchstabieren schien, wie Frohnau tickt: «Dr. D. G.»

Am Poloplatz zupfte eine Dame ihrem Terrier Kletten aus dem Fell. Nein, sagte sie, Polo werde hier schon länger nicht mehr gespielt. «Dafür braucht man spezielle Pferde. War wohl zu teuer, die hier zu halten.» Als ich fragte, ob die Frohnauer etwa ärmer geworden seien, schüttelte sie mit einem ironischen Lächeln den Kopf. «Da machen Sie sich mal keine Sorgen, junger Mann.» In jüngerer Zeit, erzählte sie, sei im Ortsteil die «Unsitte» eingerissen, die riesigen Gärten der alten Villen zu unterteilen und mit erschwinglicheren Häusern zu bebauen. Dagegen mache jedoch ein örtlicher Bürgerverein Stimmung. «Die wollen, dass auch weiterhin nur die wirklich Reichen hierherziehen.»

Irritiert entschied ich, dem materialistischen Frohnau den Rücken zu kehren, und betrat stattdessen das Buddhistische Haus am Edelhofdamm, eine japanisch anmutende Villa, die hier in den 1920er Jahren der Arzt und Schriftsteller Paul Dahlke bauen lassen hat. Im Garten lackierte ein orange gewandeter Mönch mit meditativen Pinselstrichen einen Blumenkübel, daneben saßen zwei Frauen, deren konzentrierte Blicke zwischen den Zeichenblöcken auf ihren Knien und dem Pagodendach eines Tempels hin- und herwanderten.

Am Eingang des Tempels lag ein «Lebendfänger» aus, mit dem man Insekten buddhistisch korrekt fangen und freilassen kann, ohne sie zu töten. Ich lief mit dem kleinen Plastikgerät durch den dunklen Tempel, aber nirgends waren Insekten zu sehen, jemand musste mir zuvorgekommen sein. Am Ende setzte ich mich auf den Boden und versuchte, so zu meditieren, wie es auf einem Plakat am Eingang erklärt wurde, nämlich ohne an die Vergangenheit oder die Zukunft zu denken, an Freunde oder Angehörige, an Bücher, Politik, Beruf, Reisen «und sonstige banale Angelegenheiten». Ich schaffte es tatsächlich, das alles vorübergehend zu verdrängen – nur den blöden Lebendfänger, den bekam ich einfach nicht aus dem Kopf. Wäre der Lebendfänger nicht gewesen, wer weiß, vielleicht wäre ich in Frohnau aus dem ewigen Kreislauf des Leidens geschieden.

***

Gefühlte Mitte: Zeltinger Platz

Sektorenzugehörigkeit bis zur Wiedervereinigung: Französisch (West-Berlin)

Fläche: 7,8 km^2 (Platz 49 von 97)

Einwohner: 16 582 (Platz 67 von 97)

Bevölkerungsdichte: 2116 Einwohner/km^2 (Berlin gesamt: 4 323 Einwohner/km^2)

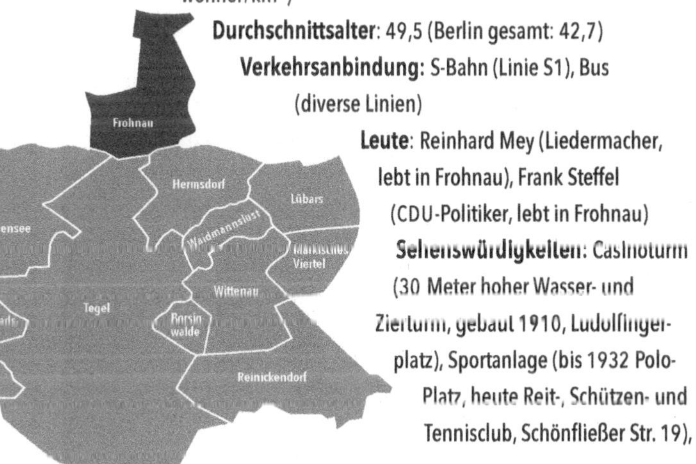

Durchschnittsalter: 49,5 (Berlin gesamt: 42,7)

Verkehrsanbindung: S-Bahn (Linie S1), Bus (diverse Linien)

Leute: Reinhard Mey (Liedermacher, lebt in Frohnau), Frank Steffel (CDU-Politiker, lebt in Frohnau)

Sehenswürdigkeiten: Casinoturm (30 Meter hoher Wasser- und Zierturm, gebaut 1910, Ludolfingerplatz), Sportanlage (bis 1932 Polo-Platz, heute Reit-, Schützen- und Tennisclub, Schönfließer Str. 19),

Buddhistisches Haus (Tempelanlage, gebaut 1923 auf Initiative des Arztes und Schriftstellers Paul Dahlke, Edelhofdamm 54), Johanneskirche (neoromanischer Sakralbau von 1936, Zeltinger Platz 18), Wasserturm Hermsdorf (gebaut 1909, porträtiert in zwei Gemälden von Max Beckmann, Frohnauer Str. 122)

Grünste Ecken: Waldgelände Frohnau, Ludwig-Lesser-Park, Joseph-Brix-und-Felix-Genzmer-Park

Ortsteilhymne: Frohnau-Lied (Fritz Eckardt, 1986)

HEILIGENSEE

Wo Schwäne unheilvoll starren

Als ich die Linden-Baude in Alt-Heiligensee betrat, platzte ich mitten in eine philosophische Diskussion.

«Ich hab meinen Gemüsegarten», sagte einer der versammelten Trinker. «Wenn's hart auf hart kommt, kann ich mich selbst versorgen.» Ein zweiter schaltete sich ein: «Geld kann in den Arsch gehen. Nur ein Haus, das geht nie in den Arsch.» Ein dritter meldete sich zu Wort: «Mehr als ein Auto kann man nicht fahren», sagte er. «Und mehr als einen Pulli nicht tragen», pflichtete ein vierter bei. Ein fünfter räusperte sich gewichtig. «Ins Grab nimmste nüscht mit», ergänzte er.

Die Linden-Baude dürfte eine der kleinsten Kneipen Berlins sein. Es geht die Legende um, dass sich in dem winzigen Schankraum einmal 17 Leute gleichzeitig aufgehalten haben sollen, aber Sitzplätze gibt es nicht einmal für die Hälfte, und wenn das mit den 17 Leuten stimmt, können unmöglich alle von ihnen beide Füße auf dem Boden gehabt haben. Der kleine Backsteinpavillon, in dem die Kneipe untergebracht ist, steht neben einer Bushaltestelle, die mal eine Tramhaltestelle war – in der Linden-Baude gibt es ein Foto aus den seligen Zeiten, als noch Straßenbahnen nach Heiligensee fuhren.

Der sehr dörfliche Kern des Ortsteils liegt auf einer Art Landzunge zwischen der Havel und dem namensgebenden Heiligensee, einem kleinen, schilfumwehten Gewässer, über das hier viele Sagen kursieren. Alle Gäste in der Linden-Baude kannten die Sagen, aber keiner bekam sie richtig zusammen. Ein Schloss sei im See versunken, meinte einer. Nein, eine Kirche, glaubte ein anderer zu wissen, bei Vollmond höre man manchmal Glocken läuten, worauf eine weiße Frau aus dem See steige. Sabine, die Bauden-Wirtin, hatte in ihren 60 Heiligenseer Jahren allerdings weder die weiße Frau gesehen noch die Glocken gehört.

In der nächsten Kneipe erfuhr ich mehr. Handschriftlich fixierte Überlieferungen der Seesagen zierten in der Gaststätte des Strandbads Heiligensee die Wände. Ich studierte die gerahmten Blätter. Versunkenes Schloss – check. Versunkene Kirche – check. Weiße Frau – check. Weiter hieß es dort, dass nach Stürmen manchmal Silbermünzen an den Ufern gefunden wurden, dass ferner einst zwei schwarze Stiere in die Fluten gesprungen und nie wieder aufgetaucht seien, dass außerdem ein Bauer am Ufer eine eiserne Kette gefunden und daran einen schwarzen Schwan aus dem See gezogen habe. Auch von Glocken war die Rede – Glocken, die manchmal aus der Tiefe auftauchten und läutend miteinander sprachen.

Am Ufer des Sees sah ich nur eine verwaiste Damenumkleide, deren Holztür im Herbstwind quietschte. Zwei Schwäne starrten mich an, nicht schwarz, sondern weiß, aber ihre Blicke kamen mir nach all den Sagen irgendwie unheimlich vor.

Fährt man von Alt-Heiligensee ostwärts den Elchdamm entlang, landet man in den Baumbergen, einer sogenannten Binnendünenlandschaft, was bedeutet, das hier windbewegte Sandhügel durch die Wälder wandern. Die Baumberge sind ein ganz und gar unberlinischer und auch unbrandenburgischer Ort, auf deren sandigen Gipfeln man sich sehr weit weg und fast am Meer wähnt, besonders bei stürmischem Herbstwetter.

Sie werden mir das nicht glauben – aber während ich da oben in den Dünen stand, schien vom See her plötzlich leises Glockengeläut an mein Ohr zu dringen.

* * *

Gefühlte Mitte: Dorfanger

Sektorenzugehörigkeit bis zur Wiedervereinigung: Französisch (West-Berlin)

Fläche: 10,7 km² (Platz 27 von 97)

Einwohner: 18 122 (Platz 62 von 97)

Bevölkerungsdichte: 1696 Einwohner/km² (Berlin gesamt: 4323 Einwohner/km²)

Durchschnittsalter: 48,6 (Berlin gesamt: 42,7)

Verkehrsanbindung: S-Bahn (Linie S25), Bus (diverse Linien)

Leute: Hannah Höch (Dada-Künstlerin, bewohnte von 1939 bis zu ihrem Todesjahr 1978 ihr Landhaus in Heiligensee, An der Wildbahn 33), Max und Maria Klesse (NS-Widerständler, betrieben ab 1934 gemeinsam eine Arztpraxis in Heiligensee, Am Hirschwechsel 34)

Sehenswürdigkeiten: Strandbad (am Heiligensee, Sandhauser Str. 132), Dorfschmiede (Handwerksbetrieb in historischem Schmiedehaus, Alt-Heiligensee 61), Dorfkirche (gebaut im 15. Jhdt., später barock ergänzt, Alt-Heiligensee 45), Denkmal zum 700-jährigen Dorfjubiläum (gegenüber der Dorfkirche, Alt-Heiligensee), Underberg-Werk (Spirituosenproduktion, Hennigsdorfer Str. 165)

Grünste Ecke: Baumberge

Gute Kneipen: Linden-Baude (Alt-Heiligensee 71A), Gaststätte Seebad (Sandhauser Str. 132)

Kalauer-Friseur: Haarklein (Ruppiner Chaussee 404)

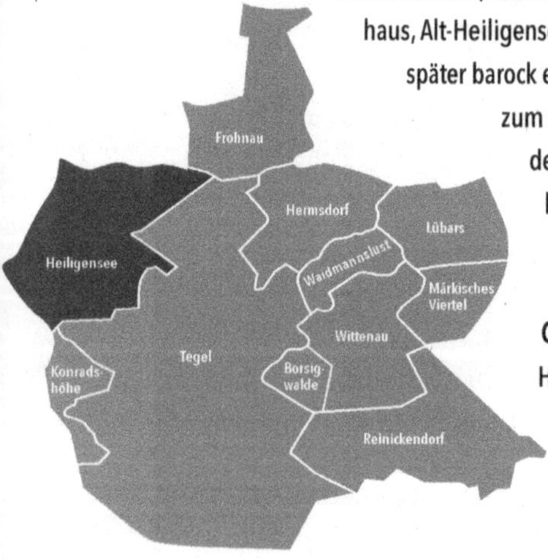

HERMSDORF

Wo das Salz versiegt ist

Hätten Sie gedacht, dass Farin Urlaub von den Ärzten älter ist als Frank Steffel von der CDU? Ich auch nicht, und mir wäre die Frage wohl auch nie in den Sinn gekommen, wenn ich in Hermsdorf nicht am Georg-Herwegh-Gymnasium vorbeigelaufen wäre, einer Art Berliner Promibrutstätte. Alec Empire von Atari Teenage Riot ist hier zur Schule gegangen, Alba-Chef und DIHK-Präsident Eric Schweitzer, der K.I.Z.-Rapper Nico Seyfried, DGB-Chef Michael Sommer sowie Jan Ulrich Max Vetter alias Farin Urlaub (Abijahrgang 81) und Frank Steffel (Abijahrgang 84). Ob der kleine Frank auf dem Schulhof wohl heimlich den großen Farin bewundert hat?

Hermsdorf war nicht immer eine Promigegend. In den verwinkelten Gassen seines alten Kerns sieht man dem Ortsteil immer noch das ärmliche märkische Dorf an, das er einmal war und wohl auch geblieben wäre, wenn hier nicht Ende des 19. Jahrhunderts eine Salzquelle entdeckt worden wäre. Ihretwegen strömten Kurgäste in den Berliner Norden, Hotels und Tanzlokale schossen aus dem Boden, ein Villenviertel entstand, in dem sich Bankiers, Industrielle und Künstler niederließen. Zu Letzteren zählte Max Beckmann, der Maler, aus dessen Porträts des Hermsdorfer Wasserturms ein begeisterter zeitgenössischer Kritiker Anspielungen auf den Turmbau zu Babel herauslas. Offenbar konnte man damals tatsächlich noch den Eindruck gewinnen, dass in Hermsdorf himmelstürmende Entwicklungen im Gange waren.

Dafür braucht es heute Phantasie. Der hügelige Ortsteil ist berückend schön, aber viel los ist hier nicht. Im Heimatmuseum des Bezirks Reinickendorf zuckte der Kassierer erschrocken zusammen, als ich plötzlich vor ihm stand – offenbar erwartete er an einem Werktagvormittag keine Gäste. Ich war der einzige Besucher, der sich das große Landschaftsmodell des Tegeler Fließes ansah. Wo heute Hermsdorf liegt, durchquerten winzige Modellrentiere den Fluss, verfolgt von noch winzigeren Rentierjägern, die hier um 9000 vor Christus ein Zeltdorf gründeten. Fast machte die Hermsdorfer Steinzeit einen belebteren Eindruck als die Hermsdorfer Gegenwart.

Seine große Zeit als Ausflugsziel habe der Ortsteil leider lange hinter sich, erzählte mir eine Spaziergängerin, der ich am Fließufer über den Weg lief. Eine kurze Renaissance jener goldenen Tage habe es zu Mauerzeiten gegeben, als Hermsdorf den eingeschlossenen West-Berlinern das dörfliche Umland ersetzte. «Aber seit der Wende fahren die Leute einfach mit der S-Bahn weiter nach Brandenburg», sagte die Dame seufzend.

Niemand konnte mir sagen, wo die alte Salzquelle lag, der Hermsdorf seinen Aufstieg verdankte. Auf der Suche nach Hinweisen betrat ich den Schönheitssalon «Salzresort» an der Heinsestraße. Eine heimatkundlich überraschend gut informierte Kosmetikspezialistin erklärte mir, dass die Quelle schon ein gutes Jahrzehnt nach ihrer Erschließung versiegt sei, angeblich infolge von Überstrapazierung. Ihr Salon, erzählte sie weiter, biete diverse Solebehandlungen an und beherberge sogar eine Heilgrotte. «Mit Salz aus Hermsdorf?», fragte ich. «Nein», sagte sie bedauernd. «Aus dem pakistanischen Teil des Himalaya-Gebirges.»

* * *

Gefühlte Mitte: S-Bahnhof Hermsdorf
Sektorenzugehörigkeit bis zur Wiedervereinigung: Französisch (West-Berlin)
Fläche: 6,1 km² (Platz 66 von 97)
Einwohner: 16 726 (Platz 65 von 97)
Bevölkerungsdichte: 2761 Einwohner/km² (Berlin gesamt: 4323 Einwohner/km²)
Durchschnittsalter: 49,2 (Berlin gesamt: 42,7)

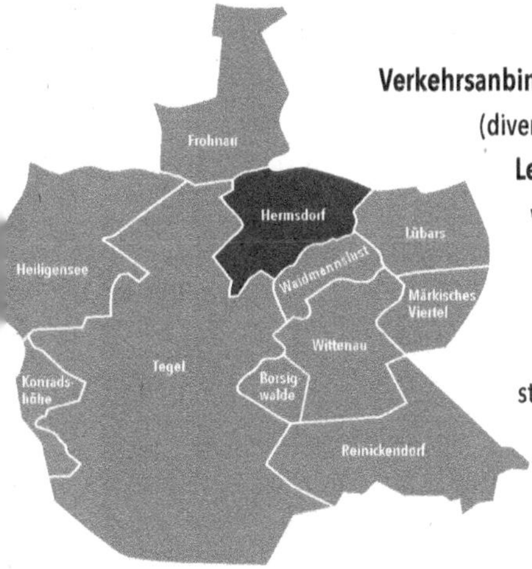

Verkehrsanbindung: S-Bahn (Linie S1), Bus (diverse Linien)

Leute: Max Beckmann (Maler, lebte von 1906 bis zum Ersten Weltkrieg in einem von seiner Frau entworfenen Atelierhaus an der Ringstr. 17), Erich Kästner (Schriftsteller, lebte in den 1960er Jahren mit seiner Freundin Friedel Siebert in der Parkstr. 3A)

Sehenswürdigkeiten: Dorfkirche (barocker Sakralbau von 1830, Almutstr. 7), Max-Beckmann-Büste (am Max-Beckmann-Platz vor dem S-Bahnhof Hermsdorf), Entenschnabel (ehemalige DDR-Exklave, die zu Mauerzeiten zwischen den West-Ortstellen Hermsdorf und Frohnau eingeschlossen war, Gedenk- und Informationsstele an der Oranienburger Chaussee unmittelbar nördlich der Stadtgrenze), Aagaard-Tunnel (Fluchttunnel, durch den 1963 mehrere Brandenburger Familien unter dem Mauerstreifen hindurch nach Hermsdorf flohen, Informationstafel nördlich der Stadtgrenze vor dem Haus Ottostr. 7)

Museen und Galerien: Museum Reinickendorf (Bezirksgeschichte, Alt-Hermsdorf 35)

Grünste Ecken: Tegeler Fließ, Tegeler Forst, Waldsee

Kalauer-Friseure: Die Hairmsdorfer (Hermsdorfer Damm 151), Haarscharf (Heinsestr. 30), Haarlekin (Forststr. 9)

KONRADSHÖHE

Wo in Grotten Feen tanzen

Konradshöhe gehört zu den Ortsteilen, in denen man nicht zufällig auf der Durchfahrt landet. Hinter Konradshöhe kommt nämlich nichts mehr, der winzige Ortsteil hinter dem Tegeler

Forst liegt in einer Sackgasse, die im Westen von der Havel und im Südosten vom Tegeler See begrenzt wird. Nur eine einzige Buslinie führt durch den Wald nach Konradshöhe und auf demselben Weg wieder heraus. Außerhalb der Stoßzeiten verkehrt der 222er nur dreimal pro Stunde. 222 mal drei ergibt 666, was vermutlich kein Zufall ist: Konradshöhe – das biblische Biest unter den Berliner Ortsteilen.

Am Havelufer lag ein Restaurantschiff namens «Feen-Grotte» vertäut. Es war geschlossen. Ich sprach einen sehr betagten Herrn an, der in einer sehr roten Outdoorjacke seinen Schäferhund ausführte. Als ich nach dem seltsamen Schiffsnamen fragte, ging ein Lächeln durch sein müdes Gesicht. «Lange Geschichte», sagte er. Das Schiff habe den Namen eines legendären Tanzlokals übernommen, das in Konradshöhe bis in die Nachkriegszeit existiert hatte. In den Glanzzeiten der Feen-Grotte seien dort die schillerndsten Varietékünstler aufgetreten. Der Mann murmelte ein paar Namen – «aber die sagen Ihnen natürlich nichts mehr». Aus ganz Berlin seien die Menschen damals zum Tanzen nach Konradshöhe geströmt. «Aber warum Grotte?», fragte ich. Weil das Lokal einer Tropfsteinhöhle nachempfunden gewesen sei, antwortete der Mann. «Und warum Feen?» Wieder lächelte er. «Weil da die schönsten Feen tanzten.»

Früher, fuhr der Mann wehmütig fort, habe es in Konradshöhe jede Menge Ausflugslokale gegeben, der Ortsteil sei an den Wochenenden kaum zur Ruhe gekommen. Doch nachdem in den 1950er Jahren die Straßenbahnlinie eingestellt wurde, mit der er selbst als junger Mann noch zum AEG-Praktikum im nahen Borsigwalde gefahren sei, war der Publikumsverkehr versiegt. «Keine Ahnung, wo die Leute heute zum Tanzen hinfahren.»

Es war nicht das erste Mal, dass ich bei meinen Touren durch die abgelegeneren Ortsteile von untergegangenen Ausflugslokalen hörte, in denen sich einst Tausende von Berlinern verlustiert hatten. Seltsam, dass diese Amüsierwelt so sang- und klanglos verschwunden ist, dass heute kein Mensch mehr auf die Idee kommt, zum Tanzen nach Konradshöhe oder Grünau oder Buch zu fahren. Man könnte eine ganze Chronik über diese verschwundenen Vergnügungsstätten der Berliner Randbezirke schreiben, in der es vor Tropfsteinhöhlen, Varietékünstlern und tanzenden Feen nur so wimmeln würde.

Im heutigen Konradshöhe gibt es nicht viele Lokale. Die wenigen, die ich am Havelufer entdeckte, waren geschlossen. Erst spät stolperte ich in der Habichtstraße, nahe der alten Villa, in der einst der Cowboy-Artist Billy Jenkins lebte, über einen Stehimbiss namens «Susi's Hexenhaus». Allein schon wegen Susi, der wahrscheinlich charismatischsten Imbissköchin Berlins, lohnt sich ein Ausflug nach Konradshöhe. Neben Eintöpfen braut Susi in ihrem Hexenhaus unerhört gute Kräuter- und Früchtetees zusammen, deren Zusammensetzung ihr Geheimnis bleibt. «Ick schau, wat für'n Typ du bist, denn weeß ick, wat für'n Tee du brauchst», sagte Susi. «Gloob mir, ick spür det.»

Ein Ortsteil, der solche Hexen hat, braucht keine Feen.

* * *

Gefühlte Mitte: Falkenplatz

Sektorenzugehörigkeit bis zur Wiedervereinigung: Französisch (West-Berlin)

Fläche: 2,2 km² (Platz 90 von 97)

Einwohner: 6 051 (Platz 89 von 97)

Bevölkerungsdichte: 2765 Einwohner/km² (Berlin gesamt: 4323 Einwohner/km²)

Durchschnittsalter: 49,5 (Berlin gesamt: 42,7)

Verkehrsanbindung: Bus (Linie 222), Autofähre (nach Hakenfelde)

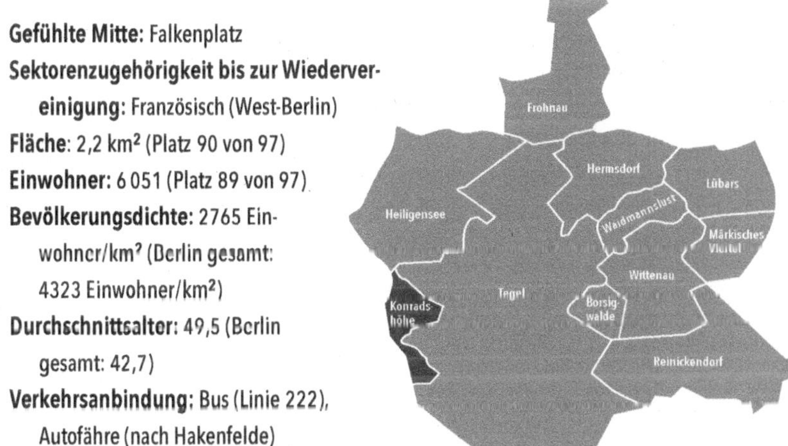

Leute: August Friedrich Theodor Rohmann (Kupferschmied, erwarb 1865 ein Grundstück an der Havel, baute dort eine Schmiede nebst Gaststätte und benannte das Gelände nach seinem Sohn Conrad), Billy Jenkins (eigentlich Erich Rudolf Otto Rosenthal, Cowboykünstler und Greifvogeldompteur, lebte bis zum Zweiten Weltkrieg in Konradshöhe)

Sehenswürdigkeiten: Uferwanderweg (von Sandhauser Str. bis Tegeler Forst), ehemalige Villa und Greifvogelfarm von Billy Jenkins (Habichtstr. 8), Gastschiff Feen-Grotte (am Havelufer), Denkmal für hingerichtete NS-Widerstandskämpfer aus Konradshöhe (am Falkenplatz)

Grünste Ecken: Havelufer, Tegeler Forst

Gute Currywurst: Susi's Hexenhaus (Dohlenstr./Spechtstr.)

LÜBARS

Wo die Bauern Mauern plätten

Totenstille lag über dem Lübarser Dorfanger. Weder bei der Feldsteinkirche noch auf den umliegenden Bauernhöfen war ein Mensch zu sehen. Wäre mir nicht ein dezenter Mistgeruch in die Nase gestiegen, ich hätte gezweifelt, ob hier überhaupt jemand lebte. Erst als die Kirchenglocken in Mittagsgeläut ausbrachen und die Hunde des Dorfs jaulend einstimmten, machte Lübars einen etwas belebteren Eindruck.

Drei kleine Bauwerke stachen mir auf dem Dorfanger ins Auge. Das erste war eine schilfgedeckte Lehmhütte, die 1993 der hiesige Heimatverein aufgestellt hatte, um zu demonstrieren, wie im 13. Jahrhundert die Erstbewohner des Dorfs gehaust hatten. Nicht viel kleiner war eine alte, gelbe Telefonzelle, die vermutlich aus den 1950er Jahren stammte, aber mit modernster Telefon- und Kreditkartentechnik ausgestattet worden war – für wen auch immer. Nur ein paar Meter entfernt stand eine neue, magentafarbene Telefonzelle, die man entkernt und zur Büchertauschbox umfunktioniert hatte. Lange blieb ich vor diesem Ensemble architektonischer Merkwürdigkeiten stehen, das den Archäologen der Zukunft sicher einiges Kopfzerbrechen bereiten wird.

Ein anderes architektonisches Rätsel ließ sich schnell auflösen. Wo Lübars an Blankenfelde grenzt, stieß ich auf einen kleinen Gedenkstein: «Checkpoint Qualitz», las ich – «als Dank und zur Erinnerung an den mutigen Grenzdurchbruch am 16. Juni 1990.» Als ich im Dorf nach dem Stein fragte, landete ich schnell im Wohnzimmer des Bauern Christian Qualitz, der mir erzählte, wie er 1990 zusammen mit seinem inzwischen verstorbenen Vater Hubert ein Loch in die Berliner Mauer gerissen hatte. Auf eigene Faust hatten die beiden mit ihrem Traktor eine Durchfahrt zwischen Lübars und Blankenfelde geschaffen. «Beauftragt hatte uns niemand», sagte Qualitz. «Aber mein Vater war ein Typ, der gerne vorpreschte – dem ging das alles zu langsam mit der Mauer.»

Als ich Qualitz fragte, wie es ihm seit jenem Tag ergangen war, fiel ihm wenig Gutes ein. Seit der Wende, erklärte er, donnere jeden Morgen der Pendlerverkehr aus dem Osten über das Lübarser Kopfsteinpflaster – ab 4 Uhr morgens könne man praktisch kein Fenster mehr öffnen, weil die lange versprochene Entlastungsstraße nie gebaut worden sei. Außerdem würden seit dem Mauerfall immer mehr Flächen im Ortsteil unter Landschaftsschutz gestellt, auf denen die Bauern keine Zäune mehr aufstellen dürften. Die brauche es aber für die Pferdewirtschaft, von der in Lübars sechs Bauernhöfe, vier Ausflugslokale, eine Eisdiele und ein Reitbedarfsladen lebten. «Unsere Familie bewirtschaftet diesen Hof seit 340 Jahren», sagte Qualitz. «Aber ich bin nicht sicher, ob wir noch mal 50 Jahre durchhalten.»

Am Ende fragte ich mich fast, ob Qualitz es bereute, dass er damals die Mauer eingerissen hatte. «Sagen wir mal so», knurrte er, als ich ihn darauf ansprach. «Wir haben hier die Vorarbeit gemacht – aber gedankt hat es uns keiner.»

Nach dem Gespräch stand ich lange am Ufer des Tegeler Fließes, dessen mäandernder Lauf die Grenze zwischen Berlin und

Brandenburg markiert. Ich versuchte mir vorzustellen, dass dieser sumpfige Bach einst Teil des Eisernen Vorhangs war. So lange ich auch hinsah, es wollte mir nicht in den Kopf.

***

Gefühlte Mitte: Dorfkirche

Sektorenzugehörigkeit bis zur Wiedervereinigung: Französisch (West-Berlin)

Fläche: 5,0 km² (Platz 75 von 97)

Einwohner: 5092 (Platz 90 von 97)

Bevölkerungsdichte: 1016 Einwohner/km² (Berlin gesamt: 4323 Einwohner/km²)

Durchschnittsalter: 47,4 (Berlin gesamt: 42,7)

Verkehrsanbindung: Bus (Linien 120, 222)

Leute: Hubert und Christian Qualitz (Landwirte, brachen 1990 mit ihrem Traktor auf eigene Initiative ein Loch in die Mauer, um eine Durchfahrt zum Ost-Ortsteil Blankenfelde zu schaffen)

Sehenswürdigkeiten: Dorfanger (mit Kirche, Dorfkrug und Bauernhöfen, Alt-Lübars), Dorfkirche (barocker Sakralbau von 1794, Alt-Lübars), Lehmhütte (nachgebildete Behausung der mittelalterlichen Erstbewohner von Lübars, am Dorfanger), historische Telefonzelle (aus den 1950er Jahren, am Dorfanger), Studentenstammtisch (Holztisch mit eingeschnitzten Sprüchen aus der Vorkriegszeit, Gaststätte Fließtal, Zabel-Krüger-Damm 229), Gedenkstein «Checkpoint Qualitz» (am ehemaligen Mauerstreifen auf Höhe der Blankenfelder Chaussee), Alte Fasanerie (Erlebnisbauernhof, Fasanerie 10)

Grünste Ecken: Lübarser Höhe, Lübarser Fließ

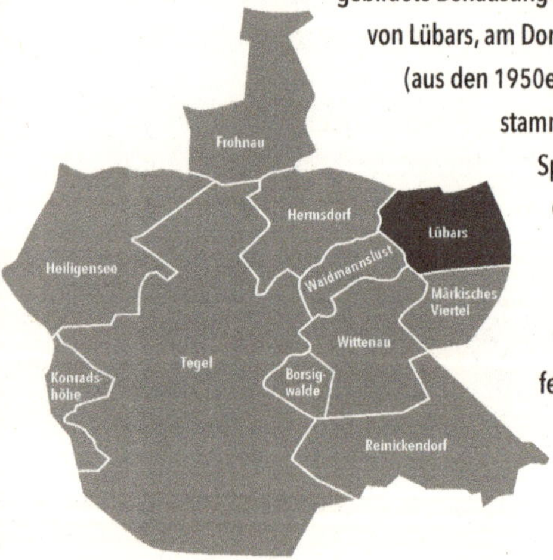

MÄRKISCHES VIERTEL

Wo die dicksten Blöcke stehen

In der Treuenbrietzener Straße sah ich Blaulichter blinken. Ich beschleunigte meine Schritte und malte mir aus, was ich am Tatort wohl vorfinden würde – Junkies mit verdrehten Augen, Huren mit ausgeschlagenen Zähnen, Mafiosi mit abgetrennten Gliedmaßen, blutüberströmte Opfer einer Bandenschießerei?

«Nö», sagte der Polizist, der mit seinem Wagen die Straße versperrte. «Fehlalarm.» Er deutete auf die Feuerwehrautos, die vor einem der kiezcharakteristischen Hochhäuser parkten – die Besatzungen waren gerade dabei, ihre Schläuche wieder einzurollen. «Ein Nachbar hat Rauch aus einem Fenster aufsteigen sehen. War aber nur ein Topf, den jemand auf dem Herd vergessen hat.»

Fast war ich ein bisschen enttäuscht. War das Märkische Viertel am Ende gar nicht das Gangsterparadies aus Sidos inoffizieller Ortsteilhymne «Mein Block», die ich zur Vorbereitung auf meinen Ausflug gehört hatte? Der Polizist lächelte müde. «Lange her», sagte er. In den 1990er Jahren, als Sido hier um die Blöcke gezogen sei, habe es im Märkischen Viertel noch Jugendgangs gegeben, erklärte er mir. Aber deren Mitglieder hätten ihre Kleinkriminellenkarrieren längst an den Nagel gehängt, und neue Gangs seien ihnen nicht nachgefolgt. «Nichts mehr los mit der Jugend», sagte der Polizist grinsend.

Als ich weiter durch den Ortsteil lief, wurde mir schnell klar, was die jungen Leute hier vom Gang-Gründen abhielt. Auf Schritt und Tritt begegneten mir Jugendzentren, Familienzentren, Selbsthilfe-, Erziehungs- und Beratungszentren, Skateparks, Trampolinhallen, BMX-Parcours und andere Einrichtungen, die ganz offensichtlich darauf abzielten, den Nachwuchs nicht auf dumme Gedanken kommen zu lassen.

Nur in einer Kneipe neben der zentralen Einkaufspassage sah ich noch ein paar Gestalten sitzen, die aussahen, als suchten sie in der «Café-Bar Fun» keinen Spaß, sondern Ärger. Mit düsteren Blicken und mahlenden Kieferknochen droschen sie auf ihre Spielautomaten ein. Im Fernsehen liefen Musikvideos mit tanzenden Frauen, die 30 Jahre jünger waren als die Frauen hinter der Theke. Eine der Bardamen trug eine voluminöse Nutellastreifen-Undercut-Haarsprayfrisur, die ihr in den Hipster-Ortsteilen dieser Stadt neidvolle Seitenblicke garantieren würde. Als ich sie fragte, ob es im Märkischen Viertel irgendwelche Sehenswürdigkeiten gebe, schüttelte sie amüsiert ihre Mähne. «Dit is Ghetto hier.»

Gegenüber, im Fontane-Haus, fand gerade ein Festival für Country-Fans statt. Nie zuvor hatte ich so viele Cowboyhutträger auf einem Fleck gesehen. Zwei rauchende Thüringerinnen mit weißen Stetsons erzählten mir, dass sie jedes Jahr ins Märkische Viertel reisten, weil das Western-Treffen im Fontane-Haus das größte in Europa sei. Sieh an, dachte ich – das hätte sich der gute alte Fontane sicher nicht träumen lassen.

Am Ende schlich ich mich in einen der Wohnblöcke, fuhr mit dem Fahrstuhl in den 18. Stock und stellte mich auf die Außenplattform des Treppenhauses. Weit unter mir hörte ich das Rauschen des Verkehrs und die Schreie von ein paar Jungs, die in einem Bolzkäfig Fußball spielten, während im Dunst hinter den Hochhäusern die märkische Weite verschwamm. Fontane, dachte ich, steig aus dem Grab, das musst du sehen!

* * *

Gefühlte Mitte: Shopping-Mall Märkisches Zentrum

Sektorenzugehörigkeit bis zur Wiedervereinigung: Französisch (West-Berlin)

Fläche: 3,2 km² (Platz 83 von 97)

Einwohner: 41 099 (Platz 33 von 97)

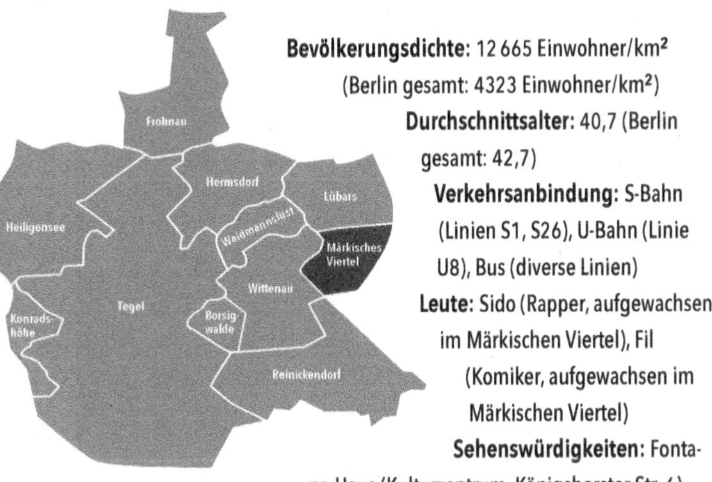

Bevölkerungsdichte: 12 665 Einwohner/km² (Berlin gesamt: 4323 Einwohner/km²)
Durchschnittsalter: 40,7 (Berlin gesamt: 42,7)
Verkehrsanbindung: S-Bahn (Linien S1, S26), U-Bahn (Linie U8), Bus (diverse Linien)
Leute: Sido (Rapper, aufgewachsen im Märkischen Viertel), Fil (Komiker, aufgewachsen im Märkischen Viertel)
Sehenswürdigkeiten: Fontane-Haus (Kulturzentrum, Königshorster Str. 6)
Grünste Ecken: Seggeluchbecken, Mittelfeldbecken
Gute Kneipe: American Western Saloon (Wilhelmsruher Damm 142)
Ortsteilhymne: Mein Block (Sido, 2004)

REINICKENDORF

Wo der Himmel näher ist

Meine Annäherung an den damals noch nicht geschlossenen Flughafen Tegel verlief im Zuge meiner Ortsteilwanderungen so: In Falkenhagener Feld kamen mir die Flugzeuge schon ziemlich niedrig vor, in Haselhorst konnte ich mit bloßem Auge die Namen der Airlines auf den Maschinen entziffern, in Niederschönhausen und Pankow musste ich an den alten Otto-Witz denken, in dem ein Reporter eine Frau zu ihrem Leben an der Autobahn befragt («Gibt es irgendwelche Folgeschäden?» – «Nnnnneinnnnn, nnnnneinnnnn, nnnnneinnnnn!»).

Das alles aber war nichts gegen Reinickendorf.

Schon als ich am Bahnhof Schönholz aus der S-Bahn stieg, sah ich die Maschinen geisterhaft groß über die Straßenschluchten hinwegziehen. Ich folgte ihrer Flugbahn quer durch den Ortsteil, immer an der Tegel-Einflugschneise entlang. Die Flieger ließen die Einkaufsmeile an der Residenzstraße hinter sich, donnerten zwischen der alten Dorfaue und dem malerischen Schäfersee hindurch, überquerten mit ausgeklapptem Fahrwerk die 1920er-Jahre-Wohnblöcke der «Weißen Stadt». Als ich ihnen bis zum Kurt-Schumacher-Platz gefolgt war, flogen sie so niedrig, dass ich mir einbildete, das Weiße im Auge der Piloten sehen zu können.

Komischerweise schien ich der Einzige zu sein, der von dem Schauspiel Notiz nahm. Am Kutschi, wie sie den Kurt-Schumacher-Platz hier nennen, gibt es einen Biergarten auf dem Parkhausdach eines Einkaufszentrums, dessen Gäste den Flugzeugen praktisch aufs Cockpitfenster spucken können – aber kaum jemand dort hebt auch nur den Blick vom Glas, wenn mal wieder der Schatten einer Maschine über die Biertische rast.

Der letzte Ortsteilzipfel vor den Landebahnen ist ein gemischtes Wohn-, Industrie- und Kleingartenviertel, das abrupt vor der A 111 endet. Am Ende der Meteorstraße führt ein Trampelpfad den Hang hinauf zur Autobahnbrüstung. Ich stellte mich zu ein paar Plane-Spottern, die über die Fahrbahn hinweg den Flugzeugen beim Landen zusahen. «Nur noch eins!», schrie ein kleiner Junge, an den Hals seines Vaters geklammert. «Noch eins, Papa!» Der Vater lächelte müde. «Das sagst du seit einer Stunde.»

Die Aussichtsplattform war eine Art Kieztreffpunkt. Zwei Frauen zerrissen sich das Maul über die Affären einer Nachbarin. Neben ihnen knutschte ein Teenagerpärchen. Unten auf der Autobahn rasten ab und zu Biker vorbei, die genau vor der Brüstung ihr Vorderrad hochzogen. «Die Strecke ist unser Catwalk», erklärte mir ein Typ in Motorradkluft. «Weil hier oben immer Publikum steht.»

Einer der Luftfahrtfreunde trug außer einer abgeschnittenen Jeans und einem graublonden Ho-Chi-Minh-Bart nichts am Leib. Er war Ur-Reinickendorfer und erzählte mir, dass er seit 50 Jahren genau in der Einflugschneise lebe. Ich stellte die Frage, die sich aufdrängte: «Gibt es irgendwelche Folgeschäden?» Er schüttelte den Kopf. «Im Gegenteil! Wenn der Lärm eines Tages weg wäre, müsste ich ihn mir auf Schallplatte besorgen – ohne den kann ich nicht leben!» Tegel dürfe auf keinen Fall schließen, fuhr er fort. «Was machen wir denn sonst, wenn's Krieg gibt? Ich hab so ein Gefühl, dass die bald wieder einen anfangen. Dann brauchen wir den Flughafen – wie soll sonst das Essen in die Stadt kommen?»

Manche Berliner Ängste, dachte ich innerlich, sitzen wirklich tief.

* * *

Gefühlte Mitte: Residenzstraße
Sektorenzugehörigkeit bis zur Wiedervereinigung: Französisch (West-Berlin)
Fläche: 10,5 km² (Platz 31 von 97)
Einwohner: 83 912 (Platz 15 von 97)
Bevölkerungsdichte: 8009 Einwohner/km² (Berlin gesamt: 4323 Einwohner/km²)
Durchschnittsalter: 41,8 (Berlin gesamt: 42,7)
Verkehrsanbindung: S-Bahn (Linien S1, S25, S26), U-Bahn (Linien U6, U8), Bus (diverse Linien)
Leute: Otto Rudolf Salvisberg (Architekt der Großsiedlung Weiße Stadt), Frank Steffel (CDU-Bundestagsabgeordneter, seit 2005 Präsident des Sportvereins Füchse Berlin Reinickendorf)
Sehenswürdigkeiten: Siedlung Weiße Stadt (Wohnkomplex der Berliner Moderne, gebaut 1931, UNESCO-Weltkulturerbe, Schillerring), Dorfkirche (Feldsteinbau des 15. Jhdts.

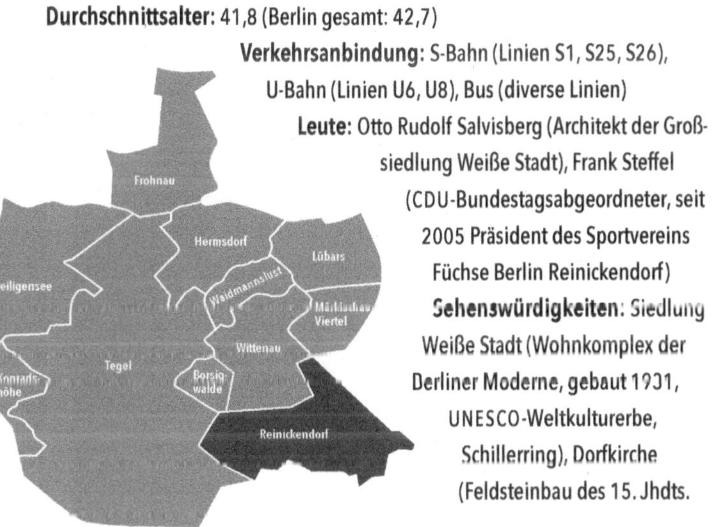

mit späteren Ergänzungen, Alt-Reinickendorf 21), Sportpark Füchse Berlin (Sitz des Sportvereins Füchse Berlin Reinickendorf, vor allem bekannt für sein Handballteam, Kopenhagener Str. 33)

Grünste Ecken: Schäfersee, Kienhorstpark

Gute Currywurst: Altberliner Imbiss am Kutschi (Kurt-Schumacher-Platz 1)

Gute Kneipe: Clou Corner (Biergarten auf dem Dach des Clou-Einkaufszentrums, Kurt-Schumacher-Platz 1)

Kalauer-Friseur: Abschnitt 10 (Residenzstr. 39)

TEGEL

Wo die Bäume Wunder wirken

Auf dem Russisch-Orthodoxen Friedhof zwischen der A111 und der Tegeler S-Bahntrasse entdeckte ich ein Hinweisschild, das mich neugierig machte: «Werte Friedhofsbesucher! Ab sofort ist es strengstens untersagt, ausgebrannte Grabkerzen oder andere Gegenstände mit heiligen christlichen Symbolen (Ikonen) in die Abfallkörbe zu entsorgen!»

Zwei russische Damen zeigten mir in der Friedhofskirche den Spezialeimer zur Entsorgung sakralen Sondermülls. Der Inhalt, erklärten sie mir, werde rituell verbrannt, damit er nicht mit Profanmüll in Berührung komme. Keinesfalls, fügten sie hinzu, dürfe außerdem orthodoxes Altarbrot auf den Friedhofsboden gekrümelt werden, weil man sonst darauf treten könnte, was Sünde sei. Es sei vorgekommen, versicherte mir eine der Damen, dass die Friedhofsameisen solche Krümel aufgelesen und in Form eines Kreuzes auf dem Boden ausgebreitet hätten, den Menschen zur Warnung.

Auch sonst ist der Friedhof ein wunderlicher Ort. Bedeckt ist er mit 4000 Tonnen russischer Erde, die Zar Alexander III. Ende des 19. Jahrhunderts nach Berlin verfrachten ließ, damit sich seine Landsleute in heimischem Boden bestatten lassen konnten. Unter anderem wurde hier Vladimir Nabokov beigesetzt, der Vater des gleichnamigen Schriftstellers, nachdem russische Monarchisten den Revolutionsflüchtling 1922 in Berlin ermordet hatten. Bis heute, erklärte mir eine der Damen in der Kirche, sei der Friedhof unter Exilrussen äußerst beliebt. «Viele reservieren sich hier Gräber», sagte sie. «Bald wird der Platz knapp.»

In den Weiten des zweitgrößten Berliner Ortsteils (nach Köpenick) verbergen sich überhaupt die erstaunlichsten Dinge. Etwa der Borsigturm, Berlins einziger historischer Wolkenkratzer, ein zwölfstöckiger Backsteinriese aus den 1920er Jahren. Oder die Ausflugslokale «Wiesenstein» und «Alter Fritz», die sich an der Karolinenstraße genau gegenüberliegen und beide Berlins älteste Gaststätte sein wollen. «Soll so sein», antwortete eine Kellnerin im «Wiesenstein», als ich sie auf den Superlativ ansprach. «Aber Sie sind skeptisch?», hakte ich nach. «Na ja», antwortete sie, «die einen nennen sich älteste Gaststätte, die anderen ältestes Wirtshaus, älteste Kneipe, ältestes Lokal ...»

Dann ist da noch der Schlosspark Tegel, der eigentlich in Privatbesitz ist, aber eine Anwohnerin riet mir, die entsprechenden Hinweisschilder getrost zu ignorieren. Da ich an jenem Tag offenbar der Einzige war, der diesem Rat folgte, begegnete mir im Inneren des märchenhaften Parks rund um das Schloss und die Grabstätte der Familie Humboldt keine Menschenseele – wo gibt es das sonst in Berlin?

Westlich des Parks, nicht weit vom Ufer des Tegeler Sees entfernt, steht eine alte Eiche. Ihr Stamm hat einen Umfang von fast sechs Metern, ihr Alter wird auf über 800 Jahre geschätzt. «Dicke Marie» sollen die Humboldt-Brüder Alexander und Wilhelm den Baum genannt haben, in Anspielung auf die beleibte Köchin der Familie. Auf einer Bank neben der Eiche saßen zwei Damen. Die «Dicke Marie», erklärte mir eine von ihnen, möge es sehr, umarmt zu werden, ich solle sie ruhig «kräftig knuddeln». Auch könne man ihr kleine Gaben hinterlassen, als Opfer für die Geister des Waldes.

Als ich den großen Baum näher betrachtete, sah ich auf einem niedrigen Ast tatsächlich ein paar Münzen und bunte Bänder liegen. Sieh an, dachte ich – in Tegel glauben also nicht nur die Orthodoxen an Wunder.

* * *

Gefühlte Mitte: Greenwichpromenade
Sektorenzugehörigkeit bis zur Wiedervereinigung: Französisch (West-Berlin)
Fläche: 33,6 km² (Platz 2 von 97)
Einwohner: 37 227 (Platz 39 von 97)

Bevölkerungsdichte: 1107 Einwohner/km² (Berlin gesamt: 4323 Einwohner/km²)
Durchschnittsalter: 46,8 (Berlin gesamt: 42,7)
Verkehrsanbindung: S-Bahn (S25), U-Bahn (Linie U6), Bus (diverse Linien)
Leute: Alexander und Wilhelm von Humboldt (Gelehrte, verbrachten als Kinder ihre Sommer auf dem Familiengut in Tegel)
Sehenswürdigkeiten: Greenwichpromenade (Flaniermeile am Ufer des Tegeler Sees), Sechserbrücke (stählerne Fußgängerbrücke am Tegeler Hafenbecken, gebaut 1908), Inseln im Tegeler See (Valentinswerder, Maienwerder, Baumwerder, Reiswerder, Scharfenberg, Lindwerder, Hasselwerder, im Sommer teilweise mit Ausflugsbooten vom Tegeler Hafen aus zu erreichen), Dorfkirche (neoromanischer Sakralbau von 1912, Alt-Tegel 39A), Borsigturm (expressionistisches Bürohochhaus, gebaut 1924, Am Borsigturm 11), Borsigtor (backsteinernes Eingangsportal zu den ehemaligen Borsigwerken, Berliner Str./Am Borsigturm), Humboldt-Bibliothek (postmoderner Bau von 1989, Karolinenstr. 19), Russisch-Orthodoxer Friedhof (gegründet 1893, Wittestr. 37), Schloss Tegel (Familienanwesen der Humboldts, gebaut 1824 von Karl Friedrich Schinkel, Adelheidallee 19), Humboldt-Familiengrabstätte (im Schlosspark, Eingang Adelheidallee 19), Dicke Marie (ältester Baum Berlins, zwischen Restaurant Waldhütte und Segler-Vereinigung Tegel, An der

Malche 1), Villa Borsig (Landhaus der Industriellenfamilie Borsig von 1913, heute genutzt als Gästehaus des Auswärtigen Amts, Reiherwerder 1)

Museen und Galerien: Humboldt-Museum (Privatausstellung im Schloss Tegel, Adelheidallee 19)

Grünste Ecken: Schlosspark, Tegeler Forst, Jungfernheide

Kalauer-Friseure: HairRein (Brunowstr. 51), Haarmonie (Alt-Tegel 7), Scherenschnitt (Egellsstr. 10), Kopfsache (Berliner Str. 103), Mecki Messer (Altenhofer Weg 6–8)

Ortsteilhymnen: In Tegel gibt's lockere Vögel (Claire Waldoff, 1930er Jahre), Tegel (Klaus Hoffmann, 1985)

WAIDMANNSLUST

Wo die Hunde Menschen gleichen

Am villengesäumten Waidmannsluster Damm kam ich mit einem Mann ins Gespräch, der an zwei Leinen seine beiden französischen Bulldoggen ausführte. Beim Erzählen gestikulierte er, wie ich es bei Berliner Hundebesitzern inzwischen öfter erlebt habe, mit einem gut gefüllten Hundetütchen.

Wir kamen schnell auf die französische Vergangenheit des Ortsteils zu sprechen – in den nobelsten der Waidmannsluster Villen hatten zu Mauerzeiten der französische Stadtkommandant und der französische Gesandte residiert. Hinzu kam, wie mir der Hundetütchenmann erklärte, jede Menge französisches Fußvolk, auch in seiner Schulklasse habe es ein paar französische Kinder gegeben. «Aber die spielten nie mit uns», sagte er. «Die hielten sich für was Besseres.» Überhaupt, fuhr er fort, seien ihm die Berliner Besatzungsfranzosen immer ein bisschen arrogant vorgekommen, ganz anders als die leutseligen Amerikaner in den südwestlichen Ortsteilen. Mit den Engländern wiederum habe es oft Schlägereien gegeben. «Die Engländer waren schon immer kleine Pitbulls», erklärte er mir.

«Wenn die Engländer Pitbulls waren», fragte ich, «was für Hunde waren dann die Franzosen?»

Er dachte keine Sekunde nach. «Pudel.»

Bei den Amis verständigten wir uns auf Beagles. Uneins waren wir uns bei den Russen. Ich schlug Huskys vor, wegen der Kälteresistenz, aber der Mann schüttelte entschieden den Kopf. «Viel zu nette Hunde», sagte er mit plötzlich verfinstertem Gesichtsausdruck. «Die Russen züchten zwar tolle Owtscharkas – aber auch die sind zu nett, die würde ich nie mit den Russen vergleichen.»

Waidmannslust war der Name eines Wirtshauses, bevor es der Name eines Ortsteils wurde. Wo heute der Waidmannsluster Damm verläuft, gründete ein Förster namens Ernst Bondick um 1875 eine mit Jagdtrophäen vollgestopfte Waldgaststätte, die zum beliebten Ausflugsziel wurde. Als das nordwestliche Berlin ein paar Jahre später eine Bahnanbindung bekam, ließen sich die ersten Villenbesitzer in Waidmannslust nieder. Bis heute prägen dichte Waldstücke den kleinen, im Norden und Süden von zwei malerischen Fließen eingefassten Ortsteil, dessen Gründungsgeist an jagdaffinen Straßennamen wie Am Ansitz, Hubertus-, Artemis- oder Hochjagdstraße abzulesen ist.

Außerdem bildete ich mir ein, in Waidmannslust auffällig viele Hunde zu sehen – an den Leinen der Spaziergänger, auf den Warnschildern der Villenumzäunungen sowie am Jubiläumsbrunnen vor der Dorfkirche, gebaut 1925 zum 50-jährigen Bestehen des Orts und gekrönt von einem kleinen steinernen Jäger, an dessen Knie sich ein Terrier schmiegt.

Südöstlich der S-Bahn-Station enden die Villen abrupt, hier

ragt eine Hochhaussiedlung in den Waidmannsluster Himmel. Mit dem noblen Rest des Ortsteils verbanden das Wohngebiet in meinen Augen allein die Hunde, von denen es hier fast noch mehr zu geben schien. Am Zabel-Krüger-Damm kam ich mit einer jungen Frau mit pink gefärbten Haaren ins Gespräch, die an vier Leinen drei Australian Shepherds und einen kleinen Havanesen ausführte. Sie schüttelte den Kopf, als ich fragte, ob dieser Teil von Waidmannslust ebenfalls von arroganten Pudelfranzosen geprägt gewesen sei.

«Hier war schon immer Multikulti», sagte sie. «Hier wohnen Mischlinge.»

* * *

Gefühlte Mitte: S-Bahnhof Waidmannslust

Sektorenzugehörigkeit bis zur Wiedervereinigung: Französisch (West-Berlin)

Fläche: 2,2 km² (Platz 89 von 97)

Einwohner: 11 240 (Platz 77 von 97)

Bevölkerungsdichte: 5038 Einwohner/km² (Berlin gesamt: 4323 Einwohner/km²)

Durchschnittsalter: 42,0 (Berlin gesamt: 42,7)

Verkehrsanbindung: S-Bahn (Linien S1, S26), Bus (diverse Linien)

Leute: Ernst Bondick (Förster, gründete 1875 im Berliner Norden die Gaststätte Waidmannslust, um die sich später der heutige Ortsteil formte), Marianne Sydow (Science-Fiction-Autorin, schrieb u. a. für die Perry-Rhodan-Serie, lebte 25 Jahre lang in Waidmannslust)

Sehenswürdigkeiten: Königin-Luise-Kirche (neogotischer

Sakralbau von 1913, Bondickstr. 14), Jubiläumsbrunnen (errichtet 1925 zum 50-jährigen Bestehen von Waidmannslust, neben der Königin-Luise-Kirche), Villen französischer Funktionäre zur Zeit der Berliner Teilung (Botschafterresidenz: Dianastr. 42–43, Gesandtenresidenz: Dianastr. 44–46, Generalsresidenz: Bondickstr. 1), Berlins größter Wasserfall (im Steinbergpark)

Grünste Ecken: Tegeler Fließ, Packereigraben, Steinbergpark

WITTENAU

Wo Franzosen Kugeln warfen

Ganz im Norden von Wittenau, an der Grenze zu Waidmannslust, lebten zu Mauerzeiten die französischen Besatzungstruppen. Das grüne Neubauviertel mit den französischen Straßennamen gibt es noch, nur die Franzosen sind mit der Mauer verschwunden. Heute trifft man hier nur noch Botschaftsangehörige aus französischsprachigen Ländern in Afrika, die aus alter Verbundenheit Wohnungen in der «Cité Foch» mieten.

Mit etwas Glück trifft man außerdem einen kleinen Mischlingshund namens Zizou, aufgelesen in Kroatien während der Fußball-WM 2006 und benannt nach Frankreichs damaligem Nationalspieler Zinedine Zidane. Zizous Herrchen erzählte mir, dass in Wittenau ansonsten wenig französisches Erbe geblieben sei.

Erst später entdeckte ich den Pétanque-Platz neben dem Rathaus, auf dessen Sandbahnen ein einsamer Mann Boule-Würfe probte. Er erzählte mir, dass zu den Vereinsturnieren bis heute ehemalige Truppenangehörige aus Frankreich anreisen.

Dalldorf hieß der Ort, als er noch kein Berliner Ortsteil, sondern ein Dorf nordwestlich der Stadtgrenze war. Im Jahr 1903 aber wandten sich die Bewohner mit einer überraschenden Bitte an den Landkreis Niederbarnim: Sie wollten nicht länger Dalldorfer heißen – weil sie es satt hatten, von den Berlinern für verrückt gehalten zu werden.

Was war geschehen? Im Jahr 1863 hatte am Dorfrand die «Irren- und Idiotenanstalt Dalldorf» eröffnet, eine psychiatrische Heilstätte, die in Berlin bald bekannter war als der namensgebende Ort. Wenn die Berliner «Dalldorf» sagten, meinten sie plemplem, meschugge, nicht ganz dicht. Der Landkreis Niederbarnim gestattete den Dalldorfern, sich fortan Wittenauer zu nennen, nach ihrem Gemeindevorsteher Peter Witte. Leider löste das ihr Problem nicht. Wenn die Berliner gaga, ballaballa, pieppiep meinten, sagten sie fortan «Wittenau». Vielleicht wäre es klüger gewesen, nicht den Dorfnamen, sondern die unglückliche Bezeichnung «Irren- und Idiotenanstalt» zu ändern. Aber darauf kam man erst später.

Die Nazis verlegten sich in den 1930er Jahren auf eine ganz andere Lösung des Wittenau-Problems. Sie setzten einen neuen Anstaltsarzt ein, den Autor eines Buchs namens «Aufartung durch Ausmerzung: Sterilisation und Kastration im Kampf gegen Erbkrankheiten und Verbrechen». Der Arzt begnügte sich bald nicht mehr mit Sterilisationen, sondern ging zur systematischen Ermordung seiner Patienten über. Eine finstere Dauerausstellung auf dem Klinikgelände dokumentiert etwa den Fall der Berlinerin Ida B., die im Oktober 1943 eingeliefert wurde. «Schreit und tobt tagelang», heißt es in ihrer Krankenakte. «Auch beschimpft sie oft den Führer.» Ein paar Monate nach ihrer Einlieferung schimpfte die 49-Jährige nicht mehr. Sie war tot, gestorben angeblich an einer Bauchfellentzündung, wie man ihrem entsetzten Mann mitteilte.

Die Anstalt wurde nach dem Krieg umbenannt in Karl-Bonhoeffer-Nervenklinik, woraus der Berliner Volksmund «Bonnies Ranch» machte. Inzwischen wird sie nur noch teils als Psychiatrie genutzt, den größeren Teil belegen ein Gefängniskrankenhaus und eine Notunterkunft für Asylbewerber. Letztere soll zu Berlins neuem Ankunftszentrum für Geflüchtete ausgebaut werden – für das der Name Wittenau dann bald zum Synonym werden dürfte.

* * *

Gefühlte Mitte: Dorfkirche
Sektorenzugehörigkeit bis zur Wiedervereinigung: Französisch (West-Berlin)
Fläche: 5,9 km^2 (Platz 68 von 97)
Einwohner: 25 346 (Platz 50 von 97)
Bevölkerungsdichte: 4301 Einwohner/km^2 (Berlin gesamt: 4323 Einwohner/km^2)
Durchschnittsalter: 47,4 (Berlin gesamt: 42,7)
Verkehrsanbindung: S-Bahn (Linien S1, S25, S26), U-Bahn (Linie U8), Bus (diverse Linien)
Leute: Peter Witte (Gemeindevorsteher um die Wende vom 19. zum 20. Jhdt., Namensgeber des Ortsteils), Anton Saefkow (NS-Widerstandskämpfer, agitierte in den 1930er und 1940er Jahren in den Wittenauer Rüstungsbetrieben gegen die Nazis)

Sehenswürdigkeiten: Dorfkirche (mittelalterliche Feldsteinkirche mit späteren Ergänzungen, Alt-Wittenau 64A), Rathaus Reinickendorf (neobarocker Verwaltungsbau von 1911, mit Pétanque-Platz, Eichborndamm 215), Cité Foch (ehemalige Wohnanlage der französischen Besatzungstruppen, Avenue Charles de Gaulle/Rue Montesquieu/Rue Racine/Rue Diderot), Klinikgelände (ehemalige Dalldorfer Irrenanstalt, später Karl-Bonhoeffer-Nervenklinik, heute psychiatrische Ambulanz und Gefängniskrankenhaus, zwischen Oranienburger Str. und S-Bahn-Trasse)
Museen und Galerien: Totgeschwiegen (Dauerausstellung zum NS-Euthanasieprogramm in den Wittenauer Heilstätten, Vivantes-Klinikum, Oranienburger Str. 285, Haus 10)
Grünste Ecken: Triftpark, Nordgrabenufer

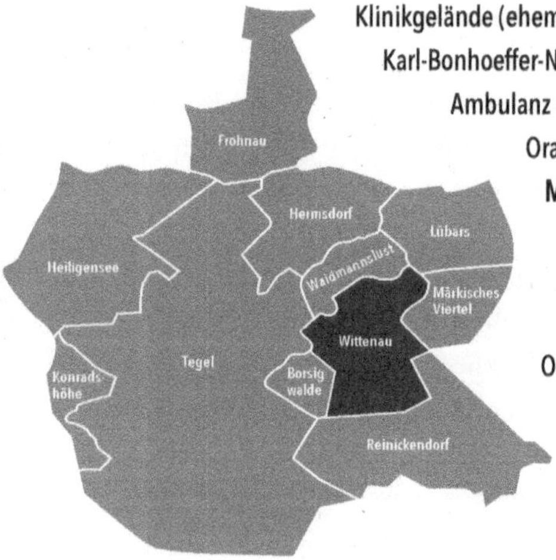

BEZIRK

SPANDAU

Fläche: 91,8 km² (entspricht 10,3 % der Berliner Gesamtfläche)
Einwohner: 254 175 (entspricht 6,6 % der Berliner Gesamtbevölkerung)
Davon weiblich: 51,0 % (Berlin gesamt: 50,6 %)
männlich: 49,0 % (Berlin gesamt: 49,4 %)
ohne Migrationshintergrund: 57,6 % (Berlin gesamt: 61,4 %)
mit Migrationshintergrund: 42,4 % (Berlin gesamt: 38,6 %)
ledig: 47,6 % (Berlin gesamt: 52,8 %)
verheiratet: 36,6 % (Berlin gesamt: 33,2 %)
verwitwet: 6,3 % (Berlin gesamt: 5,1 %)
geschieden: 9,4 % (Berlin gesamt: 8,5 %)
in Lebenspartnerschaft: 0,2 % (Berlin gesamt: 0,4 %)
Bevölkerungsdichte: 2767 Einwohner/km² (Berlin gesamt: 4323)
Durchschnittsalter: 43,2 (Berlin gesamt: 42,7)
Beliebteste Babynamen: Emilia (Mädchen), Emil (Jungen

* * *

Spandau sticht unter den Berliner Bezirken dadurch hervor, dass die Spandauer ihn nur unwillig als Berliner Bezirk betrachten. Lieber sehen sie ihre Heimat als eigenständige Stadt, was Spandau zwar seit der Eingemeindung von 1920 formal nicht mehr ist, aber im Geiste der Spandauer wohl immer bleiben wird. Das bringt jede Menge Neurosen im Spandauer Verhältnis zum großen Nachbarn Berlin mit sich. Etwa das beharrliche Betonen der Tatsache, dass Spandau laut urkundlicher Ersterwähnung ein paar Jahre älter ist als der Konkurrent an der Spree. Oder die beharrliche Eigenbezeichnung des Bezirks als «Spandau bei Berlin» – steigerungsfähig noch durch die Fremdbezeichnung der Nachbarstadt als «Berlin bei Spandau». Vieles davon ist natürlich Folklore und wird inzwischen vielleicht sogar öfter von Nicht-Spandauern zitiert als tatsächlich von Spandauern gesagt. Trotzdem: Ganz ankommen werden die Spandauer in Berlin wohl nie.

Das gilt zumindest für jene Teile des Bezirks, die am linken Havelufer liegen – und nicht am rechten wie Berlin. In erster Linie ist das der namensgebende Ortsteil **Spandau**, das Herzstück des Bezirks mit seinem bemerkenswert gut erhaltenen Altstadtzentrum. Am südlichen Havelufer liegen die Wassersport- und Villenvororte **Gatow** und **Kladow**. Bodenständigere Wohnviertel sind **Staaken**, die **Wilhelmstadt** und **Hakenfelde**, dazwischen liegt am westlichen Stadtrand Spandaus sozial schwache Schmuddelecke, die Hochhaussiedlung **Falkenhagener Feld**.

Zwei weitere Ortsteile finden sich rechts der Havel: Das Industrieareal **Siemensstadt** ist, wie der Name verrät, das alte Berliner Stammareal des Hauses Siemens, während zum Wohnviertel **Haselhorst** die wichtigste Sehenswürdigkeit des Bezirks gehört: die Zitadelle Spandau.

FALKENHAGENER FELD

Wo die Reime härter klingen

Sie wissen nicht, wo Falkenhagener Feld liegt? Ist auf dem Stadtplan ganz einfach zu finden. Wenn Sie Ihren Zeigefinger die Startbahn des Flughafens Tegel entlanggleiten lassen und dann in direkter Verlängerung weiter Richtung Westen bewegen, wird er sich auf der Spandauer Seite der Havel einmal der Länge nach durch Falkenhagener Feld schieben. Gefunden? Dann wissen Sie jetzt auch schon, was bis zur Schließung des Flughafens das größte Problem dieses Ortsteils war: Alle paar Minuten flog ziemlich tief und ziemlich laut ein Flugzeug drüber weg.

Falls Sie die Fingerübung online durchgeführt haben, tippen Sie nun bei Google «Falkenhagener Feld» ein. Die erste vorgeschlagene Suchwortergänzung ist «Kriminalität». Das ist das nächste Problem.

Problem Nummer drei: Der Ortsteil besteht zu weiten Teilen aus vier- bis sechzehnstöckigen West-Plattenbauten.

Nimmt man das alles zusammen, ist es eigentlich ein kleines Wunder, dass Falkenhagener Feld noch keinen überregional bekannten Gangsta-Rapper hervorgebracht hat. Falls sich jemand der Sache annehmen möchte, hier schon mal ein Textvorschlag: «Yo, hier spricht Feldheld MC, lautere Reime gab's nie, ich dreh am Pegel, übertön die Flieger aus Tegel, hey Sido, streich die Segel, dein Block ist kleiner als meiner, Märkisches Viertel braucht keiner, mein Teil der Welt heißt Falkenhagener Feld …»

Obwohl ich an einem grauen Regentag zwischen den Hochhäusern unterwegs war, fand ich den Ortsteil mit seinen Kampfhundehaltern und Bierdosentrinkern und Trainingsanzugträgern nicht unsympathisch. Vor allem lag das wohl an der charmanten älteren Dame, die ich im Café Zeppelin kennenlernte, gelegen in einem der expressionistischen Eckhäuser an der

Kreuzung Falkenseer Chaussee/Zeppelinstraße, die hier mehr oder weniger die einzigen Altbauten sind. Die Frau kam von der niederländischen Karibikinsel Aruba, lebte aber schon ewig in Spandau und sprach ein zauberhaft irrlichterndes Deutsch. «Früher es gab im Wald eine dolle Nervenklinik, mit sehr Bekloppten, das waren die beste Menschen hier! Wenn jemand im Bus zu dir Hallo gesagt hat, du wusstest, das ist ein netter Bekloppter aus der Klinik, weil sonst in Deutschland schweigen ja alle im Bus!»

Wir kamen ins Gespräch, als ich die Kellnerin fragte, ob es in Falkenhagener Feld etwas Interessantes zu sehen gebe. Der Kellnerin fiel nichts ein, stattdessen meldete sich die Arubanerin zu Wort. «Ich bin eine Wanderin!», sagte sie. «Ich weiß das!» Sie erzählte mir von der Mauer, die früher am Westrand des Ortsteils gestanden hatte. Die britischen Soldaten, die dort stationiert waren, hatte sie damals oft in ihren Wachhäuschen besucht, wenn sie als «Wanderin» unterwegs am Mauerstreifen war. Sie trank Tee mit ihnen und winkte hinüber zu den Türmen auf der anderen Seite, wo die DDR-Grenzer mit ihren Ferngläsern standen, und manchmal, aber nur selten, winkte einer zurück.

Am Ende der Falkenseer Chaussee, wo früher die Mauer stand, steht heute ein großes Schild. «Hier waren Deutschland und Europa bis zum 13. November 1989 um 18 Uhr geteilt», las ich. Unwillkürlich fragte ich mich, ob Falkenhagener Feld damals wohl auf der deutschen oder auf der europäischen Seite der Mauer gelegen hatte.

***

Gefühlte Mitte: Café Zeppelin

Sektorenzugehörigkeit bis zur Wiedervereinigung: Britisch (West-Berlin)

Fläche: 6,9 km² (Platz 56 von 97)

Einwohner: 39 477 (Platz 37 von 97)

Bevölkerungsdichte: 5743 Einwohner/km² (Berlin gesamt: 4323 Einwohner/km²)
Durchschnittsalter: 43,4 (Berlin gesamt: 42,7)
Verkehrsanbindung: Bus (Linien M37, 130, 134, 137, 237, 337)
Leute: Thomas Dörflein (Zoopfleger aus Falkenhagener Feld, kümmerte sich von 2006 bis 2011 um Berlins berühmtesten Eisbären Knut, starb kurz nach dessen plötzlichem Tod 44-jährig an einem Herzinfarkt und liegt auf dem Friedhof in den Kisseln begraben)
Sehenswürdigkeiten: expressionistische Wohnhäuser (gebaut 1927, an der Zeppelinstr.), Gedenkstein für den Eisbären Knut (Friedhof in den Kisseln, am Grab von Zoopfleger Thomas Dörflein, Pionierstr. 82), Mauerweg (an der westlichen Stadtgrenze)
Grünste Ecke: Spektewiesen
Kalauer-Friseur: Die Wellenreiter (Falkenseer Chaussee 231)

GATOW

Wo die Königin niederkam

An der Kleinen Badewiese in Gatow stand ein älterer Herr am Havelufer. Er hatte eine Kapitänsmütze auf dem Kopf, eine Zigarre im Mundwinkel und eine Fernsteuerung in den Händen. Als ich seinem konzentrierten Blick folgte, entdeckte ich das Modellsegelboot, das er in der Havel kreuzen ließ. «Ragazza 2», sagte er stolz. «Gibt auch noch Ragazza 1, 3 und 4, die stehen zu Hause.»

Ich erfuhr einiges über die Welt des Fernlenksegelns. Mit seinen vier Modellmädels hatte der Herr bei zahllosen Miniaturregatten Preise eingeheimst. Auch mit echten Booten spielte er gelegentlich, aber die mietete er lieber, zum Halten waren sie ihm zu sperrig. «Wo wollen Sie die denn hinstellen?»

Mit diesen Bedenken schien er in Gatow allerdings recht allein zu sein – am Havelufer lief ich an so vielen Segel-, Ruder- und Paddelclubs vorbei, dass ich mich unwillkürlich fragte, ob der dünn bevölkerte Ortsteil wohl mehr Boote als Menschen zählt.

Mehr oder weniger schiffsfrei war allein der Uferstreifen, den die imposante Villa Lemm mit ihrem Garten einnimmt, erbaut für den Schuhputzmittelmagnaten Otto Lemm. Später, in der Zeit der Sektorengrenzen, residierte hier der britische Stadtkommandant. Wenn dessen oberste Dienstherrin, Ihre Majestät Elizabeth II., Berlin besuchte, landete sie grundsätzlich auf dem Flugplatz Gatow, um dessen prinzipielle Gleichwertigkeit mit Tegel und Tempelhof zu unterstreichen, den Flughäfen der anderen West-Sektoren.

In der Villa Lemm sollte nach der Wende eigentlich der Bundeskanzler wohnen. «Aber dem Kohl war das zu poplig», erklärte mir ein Anwohner. Stattdessen zog der Unternehmer Hartwig Piepenbrock ein, der 2013 starb. Seitdem, fuhr der Anwohner fort, sehe man auf dem riesigen Grundstück nur noch den Gärtner. Der Mann lachte. «Gärtner müsste man sein, wa?»

Ansonsten gibt es in Gatow noch eine Windmühle, die 2004 aus Wusterhausen hierherverfrachtet wurde, um die Originalwindmühle des Ortsteils zu ersetzen, die vor etwa hundert Jahren an eine Filmproduktion verscherbelt wurde. Der Regisseur Richard Eichberg (größter Hit: «Der Tiger von Eschnapur») brauchte sie, um sie in seinem Film «Die Liebesabenteuer der schönen Evelyne» in Flammen aufgehen zu lassen. Ob sich das Opfer gelohnt hat, lässt sich leider nicht mehr beurteilen, da der Film verschollen ist. Geblieben ist von der alten Mühle nur ein roter Backsteinsockel, auf dem ein trauriger Gatower seine eigenen Liebesabenteuer verewigt hat: «Ich brauche dich mehr als alles andere; du brauchst dich selbst und deine Freiheit», steht da mit Edding geschrieben.

Ganz am Ende stolperte ich dann mitten im Wald noch über Berlins wohl kosmopolitischstes Gräberfeld, den islamischen Teil des Gatower Landschaftsfriedhofs. Lange lief ich zwischen den Grabsteinen entlang und notierte staunend die Geburts- und Todesdaten von Menschen aus aller Welt, die an der Havel ihre letzte Ruhestätte gefunden hatten. 1939 Izmir – 2001 Berlin. 1935 Teheran – 2012 Berlin. 1946 Kabul – 2002 Berlin. 1958 Moulmein, Burma – 2000 Berlin. 1956 Ferizaj, Kosovo – 2011 Berlin. 1953 Jerusalem – 2011 Berlin.

* * *

Gefühlte Mitte: Dorfkirche
Sektorenzugehörigkeit bis zur Wiedervereinigung: Britisch (West-Berlin)
Fläche: 10,1 km² (Platz 34 von 97)
Einwohner: 3603 (Platz 92 von 97)
Bevölkerungsdichte: 365 Einwohner/km² (Berlin gesamt: 4323 Einwohner/km²)
Durchschnittsalter: 49,5 (Berlin gesamt: 42,7)
Verkehrsanbindung: Bus (Linien X34, 134, 135, 334, 638)
Leute: Elizabeth II. (britische Königin und Gatower Flugpassagierin), Otto Lemm (Unternehmer und Gatower Villenbewohner)
Sehenswürdigkeiten: Villa Lemm (gebaut 1908 für den Schuhputzmittelfabrikanten Otto Lemm, zu Mauerzeiten Residenz des britischen Stadtkommandanten, Rothenbücher

Weg 2), Dorfkirche (Feldsteinkirche des 14. Jhdts. mit späteren Ergänzungen, Alt-Gatow 32), Windmühle (aufgestellt 2004 als Ersatz für die verbrannte Gatower Originalwindmühle, An den Berggärten)

Grünste Ecken: Rieselfelder, Windmühlenberg, Mauerweg, Havelufer

HAKENFELDE

Wo die Biker Burgen bauen

Ganz im Osten von Hakenfelde liegt die Insel Eiswerder. Zwei Brücken verbinden sie mit den Ufern der Havel, dazwischen liegen Kleingärten, alte Munitionsfabriken und das Vereinsgelände des Kanu-Polo-Klubs «Havelbrüder Berlin», Vize-Europameister

2017 in der U21-Klasse der Herren.

Neugierig blieb ich vor einem Schild am Eingang einer Industriehalle stehen: «Wer hier klaut, stirbt!» Ein Mann in schwarzer Biker-Kluft lehnte mit einem dampfenden Pott Kaffee im Hallentor. «Und», fragte ich, «wie viele sind schon gestorben?» Er zog belustigt eine Augenbraue hoch. «Du kannst der Erste werden.»

Peter, der wahrscheinlich netteste Biker Berlins, zeigte mir sehr ausgiebig, was es in der Halle zu klauen gab. Sein Motorradklub war gleichzeitig eine Art Künstlerkollektiv, dessen Mitglieder hier ihren Schaffensdrang auslebten. Einer hatte aus Hartschaumblöcken ein bis zur Decke reichendes Spukschloss voller Vampire, Hexen und Zombies gebaut, andere schweißten hier Chopper-Fahrräder zusammen oder sprühten Airbrush-Landschaften. Peter selbst war Kunstschmied, sein Amboss und die Esse standen in einer Hallenecke. «Happy Metal» nannte er seine Werkstatt. Die kleinen Silberhandschellen, die er als Verschlusshaken an der Lederjacke trug, hatte er selbst geschmiedet.

Gelegentlich unterbrach Motorendröhnen unser Gespräch, weil die Flugzeuge auf dem Weg nach Tegel damals noch so niedrig über Eiswerder hinwegzogen, dass man bequem die Schriftzüge auf dem Rumpf lesen konnte. Peter hatte sich daran gewöhnt. «Komisch klingt's erst, wenn sie mal nicht fliegen», sagte er. «Wie damals, bei dem Vulkanausbruch in Island. Diese Stille – das war nicht mehr mein Eiswerder.»

Der Rest des Ortsteils ist merkwürdig unstrukturiert. Es gibt in Hakenfelde von allem etwas: Mietskasernen, Einfamilienhäuser, schöne Villen, hässliche Hochhäuser, eine alte Gartenstadtsiedlung, neue Apartmentblöcke, schicke Lofts in umgebauten Industriehallen – und den riesigen Spandauer Forst. Nur einen erkennbaren Ortskern gibt es nicht. Lange suchte ich vergeblich danach, bis ich begriff, dass Hakenfelde nicht von einem Zentrum zusammengehalten wird, sondern von zwei eisigen Polen: Ganz im Osten liegt Eiswerder, ganz im Westen Eiskeller.

Letzteres war zu Mauerzeiten eine West-Berliner Exklave, die mit dem übrigen Stadtgebiet nur durch einen dünnen, quer durch DDR-Gebiet verlaufenden Korridor verbunden war. Berühmt ist die Geschichte des zwölfjährigen Erwin Schabe, der kurz nach dem Mauerbau behauptete, DDR-Grenzer hätten ihm den Schulweg nach Spandau versperrt. Danach wurde er eine Weile von britischen Soldaten zur Schule eskortiert, die Bilder gingen um die Welt. Erst Jahrzehnte später gestand Schabe, dass die Geschichte Humbug war – in Wirklichkeit hatte er einfach die Schule geschwänzt.

Erwin Schabe lebt schon lange nicht mehr in Eiskeller, aber in der winzigen Kneipe der Bauernhofsiedlung fand ich einen alten Mann, der ihn noch gekannt hatte. Der «Dorfbürgermeister», wie die anderen Biertrinker ihn nannten, lachte nur müde, als ich ihn auf die Geschichte ansprach. «Ach, der Erwin», sagte er. «Hier in Eiskeller hat ihm das von Anfang an keiner geglaubt.»

* * *

Gefühlte Mitte: Streitstraße

Sektorenzugehörigkeit bis zur Wiedervereinigung: Britisch (West-Berlin)

Fläche: 20,4 km² (Platz 7 von 97)

Einwohner: 33 111 (Platz 41 von 97)

Bevölkerungsdichte: 1625 Einwohner/km² (Berlin gesamt: 4323 Einwohner/km²)

Durchschnittsalter: 44,5 (Berlin gesamt: 42,7)

Verkehrsanbindung: Bus (Linien X36, 136, 139, 236, 652), Autofähre (nach Konradshöhe)

Lokalpromi: Erwin Schabe (erfindungsreicher Schulschwänzer)

Sehenswürdigkeiten: Waldsiedlung (Reihenhaussiedlung im Gartenstadtstil, gebaut 1914–1919, Wichernstr./Niederneuendorfer Allee), Havelinseln (Eiswerder: zugänglich über Havelbrücke, Kleiner Wall: erreichbar mit Booten, Großer Wall und Pionierinsel: unbewohnt), Eiskeller (zu Mauerzeiten West-Berliner Exklave in der DDR, Eiskellerweg), Mauerweg (an der westlichen Stadtgrenze)

Museen und Galerien: Galerie Inselspinnen (Biker-Kunst, Eiswerderstr. 15)

Grünste Ecke: Spandauer Forst

Gute Currywurst: Currybude (Neuendorfer Str./Parkstr.)

Gute Kneipe: Café Eiskeller (Eiskellerweg)

Kalauer-Friseur: Schnittkante (Wansdorfer Steig 23)

HASELHORST

Wo die Namen strittig sind

Warum die Zitadelle Spandau nicht zum Ortsteil Spandau gehört, sondern zum Nachbarortsteil Haselhorst, weiß der Himmel.

Der Himmel schien auch die beiden Rotarmisten geschickt zu haben, die im Mai 1945 vor dem zerschossenen Zitadellentor auftauchten: Major Wassili Grischin und der Dolmetscher Wladimir Gall. Zusammen mit Hunderten von Zivilisten hatten sich in der eingekesselten Festung ein paar Nazi-Offiziere verschanzt, die noch an den Endsieg glaubten. Um ein Blutbad zu vermeiden, kletterten Grischin und Gall an einer Strickleiter in den Schützenstand über dem Zitadellentor. Es gelang ihnen, die Deutschen zur kampflosen Aufgabe zu überreden.

Der DDR-Regisseur Konrad Wolf, der den Dolmetscher Gall an der Front kennenlernte, verfilmte diese Szene 1968 im Weltkriegsepos «Ich war neunzehn». Da die DDR-Oberen Wolf nur auf ihrer Seite der Mauer drehen ließen, musste im Film die Festung Küstrin im Oderbruch als Zitadelle Spandau durchgehen. In der echten Zitadelle erinnert heute eine Gedenktafel an Gall, der Spandau nach dem Krieg mehrfach besuchte und 2005 ins Ehrenbuch des Bezirks eingetragen wurde. Nach dem 2011 Verstorbenen soll nun auch ein Zufahrtsweg zur Zitadelle benannt werden, wogegen sich in der Bezirksverordnetenversammlung aber die AfD sperrt. Die Partei möchte auf dem Straßenschild lieber die deutschen Namen zweier Generäle lesen, die 1813 die Franzosen aus der Festung verjagten – oder die Namen der beiden Volkssturmoffiziere, die auf deutscher Seite mit Gall über die Kapitulation verhandelten.

Man darf unter diesen Vorzeichen gespannt sein auf eine andere Namensdebatte, die in Haselhorst irgendwann zu führen sein wird – nämlich über den Gorgasring, der bis heute nach dem

Architekten und SS-Mitglied Curt Gorgas benannt ist. Am Gorgasring gibt es einen Bolzplatz, wo ich sieben Jungs beim Fußballspielen zusah. Immer, wenn ein Tor fiel, schrie einer von ihnen: «Allahu akbar!»

Ansonsten besteht Haselhorst vor allem aus der sogenannten Reichsforschungssiedlung, einem riesigen Sozialbauprojekt der frühen 1930er Jahre. An der Planung war unter anderem die liberale Abgeordnete Marie-Elisabeth Lüders beteiligt. «Erst die Küche, dann die Fassade!», forderte sie – die Häuser sollten funktional sein, nicht schön. Ich weiß nicht, wie in der Siedlung die Küchen aussehen, aber nach den Fassaden zu urteilen, ist der Plan aufgegangen.

Haselhorsts wenige Geschäfte liegen fast alle an der Gartenfelder Straße. In der «Curry-Station» sah ich vier Männer um einen Fernseher sitzen. Sie schauten wechselnd Handball (Füchse gegen Kiel) und Fußball (Union gegen Fürth). Einer erzählte mir, dass er aus Steglitz nach Haselhorst gezogen war. «Wegen 'ner Frau», sagte er. «Fehler meines Lebens. Die Leute hier haben alle 'nen gepflegten Detsch. Erzählen einem ständig, dass Spandau älter als Berlin ist. Und dass es nicht ‹Spandau in Berlin› heißt, sondern ‹Spandau bei Berlin›.»

«Hör mal», fiel ihm ein anderer ins Wort, «das hier ist immer noch Haselhorst bei Spandau.»

***

Gefühlte Mitte: Gartenfelder Straße
Sektorenzugehörigkeit bis zur Wiedervereinigung: Britisch (West-Berlin)
Fläche: 4,5 km² (Platz 78 von 97)
Einwohner: 19 297 (Platz 59 von 97)
Bevölkerungsdichte: 4268 Einwohner/km² (Berlin gesamt: 4323 Einwohner/km²)
Durchschnittsalter: 40,2 (Berlin gesamt: 42,7)

Verkehrsanbindung: U-Bahn (Linie U7), Bus (diverse Linien)

Leute: Rochus Graf zu Lynar (Architekt, baute ab 1578 die Zitadelle Spandau), Ades Zabel (Travestiekünstler, geboren 1963 in Haselhorst)

Sehenswürdigkeiten: Zitadelle Spandau (Festung der Hochrenaissance, gebaut Ende des 16. Jhdts., Am Juliusturm 64), Reichsforschungssiedlung (Wohnanlage der 1930er Jahre, Riensbergstr./Gartenfelder Str./Daumstr.)

Museen und Galerien: Museum im Kommandantenhaus (Ausstellung zur Geschichte der Zitadelle Spandau, Am Juliusturm 64)

Grünste Ecken: Havelufer, Zitadellenrundweg, Grützmacherpark

Gute Currywurst: Curry-Station (Gartenfelder Str. 91)

Kalauer-Friseur: Haarmonie (Gartenfelder Str. 84)

KLADOW

Wo's das Glück in Tüten gibt

Die BVG-Fähre von Wannsee nach Kladow war so gut wie menschenleer. «Sollten Sie mal im Sommer sehen», sagte der Bordmechaniker. «Dann stehen hier 500 Leute am Ufer und krakeelen, weil nur 300 aufs Boot passen.» Kein Wunder, dachte ich, während das winterlich verwaiste Strandbad Wannsee, dann Schwanenwerder, die Pfaueninsel und zuletzt das Kladower Winz-Eiland Imchen vorbeizogen – wo sonst bekommt man zum AB-Ticket-Preis eine halbe Havel-Kreuzfahrt?

In Traumschiffstimmung schlenderte ich das Flussufer entlang und bestaunte die Traumhäuser der Spandauer Schickeria. Landeinwärts, neben dem Edeka am Kladower Damm, blieb ich vor dem Schaufenster eines Immobilienhändlers stehen, der Ufervillen für zweieinhalb Millionen Euro und Ferienwohnungen an der spanischen Costa Cálida im Programm hatte. Eine Dame mit vollem Einkaufswagen und bayerischem Akzent trat neben mich. «Gell, ab und zu muss man sich orientieren, wie's um die Preise steht», sagte sie. «Aber da ist ja goar nix Schönes dabei. Wie ausgefegt, der Markt.»

In der Metzgerei «Ralf's Leckerbissen» lag die SPD-Ortsteilzeitung «Imchen» aus. Ich blieb bei einem Artikel hängen, in dem eine junge Kladowerin ihren ersten Besuch in den USA schilderte. «Als waschechte Berlinerin», schrieb sie, «ist man ein freundliches Miteinander nicht gewohnt.» Es hatte sie irritiert,

dass jeder ihrer Sätze mit Begeisterungsausrufen wie «Great!» oder «Awesome!» quittiert wurde – «als hätte ich einen neuen Planeten entdeckt oder gar ein Mittel, um Kriegsgebiete zu befrieden». Ich versuchte mir vorzustellen, was umgekehrt ein junger Amerikaner nach seinem ersten Besuch in Kladow berichten würde. «Man ist solche Direktheit nicht gewohnt», würde er vielleicht im Demokratenparteiblatt von Südwest-Montana schreiben. «Als ich den Kladowern erzählte, dass ich davon träume, einen Planeten zu entdecken oder wenigstens ein kleines Kriegsgebiet zu befrieden, bekam ich stets den gleichen Berliner Satz zu hören: Ne Nummer kleener hastet nich?»

Dann entdeckte ich noch eine Kleinanzeige: «Kiez-Treff Nr. 1: Schreibwaren, Stempel, Geschenkverpackungen, Kopien, Super-Naschtüten – Jutta Neumann hat einfach alles!» Der Kiez-Treff Nr. 1 lag im Keller eines Wohnhauses. Jutta Neumann hatte wirklich fast alles. Besonders beeindruckend fand ich ihr Scherzartikelsortiment: Vampirzähne, falsche Nasen, Blutkapseln und Furzspray füllten ein ganzes Regal. Kunden aller Altersstufen kamen und gingen, während Frau Neumann mir erklärte, dass in Kladow der schöne Schein manchmal trüge. «Nicht alle, die hier ein dickes Auto vor der Villa stehen haben, haben's wirklich dicke», sagte sie. «Ist alles nur auf Pump gekauft.»

Frau Neumanns Verkaufsschlager sind die Naschtüten. Saure Zungen, süße Schnuller, Colaflaschen, Frösche – gibt's alles einzeln für ein paar Cent oder in liebevoll zusammengestellten Mischungen. Während wir uns unterhielten, holte eine Kundin eine vorbestellte Drei-Euro-Tüte ab. Die sei für ihren Bruder, erzählte sie. Der habe schon als Kind bei Frau Neumann Süßkram gekauft. Jetzt werde er 34 und lebe längst nicht mehr in Berlin – aber noch immer wünsche er sich zu jedem Geburtstag eine Naschtüte aus Kladow.

* * *

Gefühlte Mitte: Dorfkirche

Sektorenzugehörigkeit bis zur Wiedervereinigung: Britisch (West-Berlin)

Fläche: 14,8 km² (Platz 14 von 97)

Einwohner: 16 624 (Platz 66 von 97)

Bevölkerungsdichte: 1125 Einwohner/km² (Berlin gesamt: 4 323 Einwohner/km²)

Durchschnittsalter: 46,6 (Berlin gesamt: 42,7)

Verkehrsanbindung: Bus (Linien X34, 134, 135, 234, 697), Fähre (Linie F10 nach Wannsee)

Leute: Mascha Kaléko (Lyrikerin, schrieb im amerikanischen Exil das Gedicht «Souvenir à Kladow», in dem sie sich an die «achtzehn Frühlinge» erinnert, die sie in der Vorkriegszeit in Kladow verbrachte), Jutta Neumann (Einzelhändlerin)

Sehenswürdigkeiten: Dorfkirche (neogotischer Sakralbau von 1819, umgestaltet 1953, Alt-Kladow 22), Kossätenhaus (Bauernheim, gebaut um 1800, Sakrower Kirchweg 6), Gutshaus Neukladow (gebaut um 1800, heute Restaurant mit Havelblick, Neukladower Allee 9–12), Golfclub (18-Loch-Golfplatz, angelegt 1969 auf Initiative der britischen Militärverwaltung, Sparnecker Weg 100)

Museen und Galerien: Militärhistorisches Museum (Flugzeuge und Armeeausrüstung der Bundeswehr und NVA, Am Flugplatz Gatow 33)

Grünste Ecken: Havelufer, Groß Glienicker See, Gutspark Neukladow, Landhausgarten Max Fraenkel

Kalauer-Friseur: Haargenau (Krampnitzer Weg 2)

SIEMENSSTADT

Wo die Arbeiterklasse kämpft

Hätte sich Berlin nicht durch Weltkrieg und Teilung weitgehend vom internationalen Wirtschaftsgeschehen abgekoppelt, sähe heute vielleicht die halbe Stadt so aus wie der Ortsteil Siemensstadt. Staunend lief ich an den monumentalen Backsteintempeln der frühen Industrieära vorbei, an Gießereien, Heizkraftwerken, Automobilfabriken und Forschungslaboren, an Kabel-, Dynamo-, Turbinen-, Metall- und Motorenwerken, erbaut im späten 19. und frühen 20. Jahrhundert unter der Ägide jener Industriellendynastie, der Spandaus östlichster Ortsteil seinen Namen verdankt.

Vor dem Nordtor des Siemens-Dynamowerks an der Nonnendammallee – einem der nicht mehr allzu vielen Großbetriebe, die hier bis heute produzieren – sah ich einen Mann mit buschigem Proletarierschnauzbart stehen. Er drückte mir eine eng bedruckte Selbstverlagszeitung in die Hand, die vor klassenkämpferischem Vokabular nur so strotzte. Das Werk, erklärte er mir, solle von 750 Mitarbeitern auf weniger als die Hälfte zusammengeschrumpft werden. Die Gewerkschaft tue nichts, der Betriebsrat auch nicht, nur die Werktätigen selbst könnten jetzt noch ihre

Arbeitsplätze retten, wenn sie vereint dafür kämpften. «Einen Finger kannste brechen», erklärte mir der Mann, «aber fünf sind eine Faust!» Er träumte von einem Streik, einem Aufstand, wenn nicht einer Revolution.

Neben dem Werkstor parkten dicke Motorräder auf dem Bürgersteig, ihre Flanken verziert mit nacktärschigen Airbrush-Pin-ups. Ein Hüne im Blaumann schwang sich in den Sattel seines Choppers, riss mit tätowierten Fingern am Gasgriff und schwenkte donnernd in den Verkehr auf der Nonnendammallee ein. Der Klassenkampfagitator und ich sahen zu, wie seine massige Silhouette stadtauswärts verschwand, dem Spandauer Sonnenuntergang entgegen. Ich sah ein stilles Lächeln über die Lippen des Agitators ziehen und fragte mich, wo es diese Art von Arbeiterromantik wohl in Berlin sonst noch gibt.

Auf der anderen Straßenseite, vor dem alten Gebäude der Siemens-Hauptverwaltung, ragt ein Obelisk in den Himmel, auf dessen Spitze ein bronzener Adler hockt. Das heute etwas reichsnational wirkende Denkmal erinnert an die Siemens-Beschäftigten, die im Ersten Weltkrieg fielen. Ihre knapp 3000 Namen sind auf Tafeln am Fuß des Obelisken verewigt. Später hinzugefügt wurden ein paar Erinnerungsblöcke für die namenlosen und nicht näher bezifferten Siemens-Toten des nächsten Krieges.

Erzählt hatte mir von diesem Denkmal kurz zuvor eine ältere Dame, mit der ich an der Currywurstbude am U-Bahnhof Siemensdamm ins Gespräch gekommen war. Ihr Vater war aus dem Zweiten Weltkrieg nicht heimgekehrt, sie hatte ihn nie kennengelernt. In ihrer Kindheit, sagte sie, sei sie einmal vor dem Denkmal stehen geblieben und habe die endlosen Namenslisten auf sich wirken lassen. «Ich dachte damals», sagte sie, «das seien die Namen aller Menschen, die in allen Kriegen gestorben sind. Als ich später erfuhr, dass es nur die Siemens-Toten eines einzigen Krieges sind, konnte ich es nicht fassen. So viele Opfer!»

Erst als ich selbst vor dem Denkmal stand, wurde mir klar, dass es in gewisser Weise auch ein Grabstein der Siemensstädter Industrialisierung ist. Wären die Kriege nicht gewesen, sähe der Ortsteil heute grundlegend anders aus.

* * *

Gefühlte Mitte: U-Bahnhof Rohrdamm
Sektorenzugehörigkeit bis zur Wiedervereinigung: Britisch (West-Berlin)
Fläche: 5,7 km^2 (Platz 71 von 97)
Einwohner: 12 942 (Platz 73 von 97)
Bevölkerungsdichte: 2286 Einwohner/km^2 (Berlin gesamt: 4323 Einwohner/km^2)
Durchschnittsalter: 41,8 (Berlin gesamt: 42,7)
Verkehrsanbindung: U-Bahn (Linie U7), Bus (diverse Linien)
Leute: Wilhelm von Siemens (Industrieller, dehnte den Elektrokonzern seines Vaters Werner von Siemens im frühen 20. Jhdt. nach Spandau aus und schuf so die heutige Siemensstadt), Hans Hertlein (Architekt und Siemens-Bauleiter, konzipierte im frühen 20. Jhdt. die Industriesiedlung Siemensstadt)
Sehenswürdigkeiten: Siemens-Gelände (diverse Werksgebäude, errichtet ab 1908 zwischen dem heute stillgelegten Bahnhof Wernerwerk und dem U-Bahnhof Paulsternstr.), Alter Bahnhof Wernerwerk (Station der stillgelegten Siemensbahn, Wohlrabedamm 1), Dynamowerk (Fabrikbau, in dem Hitler im November 1933 seine Hetzrede «an die deutschen Arbeiter» hielt, Nonnendammallee 72), Gedenktafel für Wilhelm von Siemens (im Wilhelm-von-Siemens-Park), Siemens-Ehrenmal (Gedenkanlage für die gefallenen Siemens-Mitarbeiter beider Weltkriege, gebaut

1934, erweitert nach 1945, Nonnendammallee 100), Cowboy Club Old Texas (Western-Themenpark, Paulsternstr. 18)

Grünste Ecken: Wilhelm-von-Siemens-Park, Campingplatz Gartenfeld, Faule Spree

Gute Currywurst: Born to Grill (U-Bahnhof Siemensdamm)

SPANDAU

Wo alles hätte anders kommen können

In der Kantine des Spandauer Rathauses stand Gulasch auf der Mittagskarte. Beim Essen wanderte mein Blick über die Wände des Speiseraums und blieb an einer Serie von Gemälden hängen. Sie zeigten Altbaufassaden in Pastellfarben. «Die ausgestellten Bilder zum Thema Berlin-Mitte», las ich auf einer Infotafel, «sind Teil einer Bewerbungsmappe für ein Kunststudium an der Universität der Künste Berlin».

So weit, dachte ich kauend, ist es also gekommen: Die Spandauer Jugend malt hauptstädtische Bauten ab, um sich damit den Berliner Kunsthochschulen anzubiedern – und das Ergebnis müssen sich auch noch die Spandauer Rathausbesucher aufs Brot schmieren lassen. Welche Demütigung!

Dabei war doch gerade das Rathaus einst als Symbol für den unbeugsamen Lokalstolz der Spandauer erbaut worden. Sechs Millionen Mark kostete der Prunkbau, der zwischen 1910 und 1913 am rechten Havelufer errichtet wurde, die Fassade demonstrativ Richtung Nordwesten gewandt, der ungeliebten Konkurrenzstadt Berlin den Rücken kehrend. Es war ein letzter, bereits zum Scheitern verurteilter Versuch, Spandaus Eigenständigkeit zu unterstreichen. Nur wenige Jahre nach der Rathauseröffnung verleibte sich die gierig wachsende Metropole ihre nunmehr zum Bezirk degradierte Nachbarstadt ein. Seitdem sind die armen Spandauer dazu verdammt, bei jeder sich bietenden Gelegenheit erwähnen zu müssen, dass ihr Wohnort laut urkundlicher Ersterwähnung (im Jahr 1232) älter ist als Berlin (1237).

Während ich durch die Altstadt mit ihren Gässchen und Kirchlein und Häuserchen lief, versuchte ich mir vorzustellen, was aus dieser Fußgängerzonenidylle hätte werden können, wenn damals alles anders gekommen wäre – wenn nicht Berlin den städtischen Wettstreit für sich entschieden hätte, sondern Spandau.

Die Rollkoffertouristen der Welt würden dann heute über das schiefe Kopfsteinpflaster des Spandauer Kolks holpern, auf der Suche nach urbanen Abenteuern, wie man sie in Europa einzig hier erleben könnte. Im Industriegebiet am Ruhlebener Altarm würden nachts die Bässe wummern, denn schon längst säßen hier keine stinkenden Klärwerke mehr (die hätten die Spandauer nach Berlin verlegt), sondern die angesagtesten Clubs der Welt. Die Neustadt wäre kein verschlafenes Wohnviertel, sondern ein vibrierender Szenekiez, dessen Nachtleben sich um die Traditionskneipe «Imma uff» drehen würde (zum Zeitpunkt meines Besuchs paradoxerweise geschlossen). Im Bistro «Charlotte» träfe sich die Hauptstadtintelligenz, im «Salon Nickel» ließe sie sich die Haare schneiden, in der Nikolaikirche würde der Landesbischof regieren, im Rathaus die Kanzlerin. Tegel hätten die Spandauer längst dichtgemacht, ihren Flugverkehr würden sie über die Köpfe der Berliner hinweg stadtauswärts leiten (statt umgekehrt, wie es so lange der Fall war).

Nur gelegentlich, wenn den Spandauern der Sinn nach Kleinstadtatmosphäre stünde, würden sie kurz mal rüber nach Berlin fahren, mit der U-Bahn bis zur Endhaltestelle «Rotes Rathaus». In der dortigen Kantine würden sie die Gemälde belächeln, mit denen sich die örtliche Jugend den Spandauer Kunsthochschulen andient, und bevor sie wieder heimführen, würden sie sich zum wiederholten Male fragen, warum sich ausgerechnet nach diesem piefigen Spreekaff wohl die britische 1980er-Jahre-Band «Berlin Ballet» benannt hat.

* * *

Gefühlte Mitte: Rathaus
Sektorenzugehörigkeit bis zur Wiedervereinigung: Britisch (West-Berlin)
Fläche: 8,2 km² (Platz 44 von 97)
Einwohner: 41 257 (Platz 32 von 97)
Bevölkerungsdichte: 5013 Einwohner/km² (Berlin gesamt: 4323 Einwohner/km²)
Durchschnittsalter: 40,7 (Berlin gesamt: 42,7)
Verkehrsanbindung: Fern- und Regionalbahn (Bahnhof Spandau), S-Bahn (Linien S3, S9), U-Bahn (Linie U7), Bus (diverse Linien)
Leute: Bela B. (eigentlich Dirk Albert Felsenheimer, Schlagzeuger und Sänger der Ärzte, wuchs in Spandau auf), Spandau Ballet (britische New-Romantic-Band, auf deren Namen angeblich 1979 ein Freund der Musiker kam, als er die Worte «Spandau Ballett» als Kritzelei an der Wand einer West-Berliner Clubtoilette entdeckte) 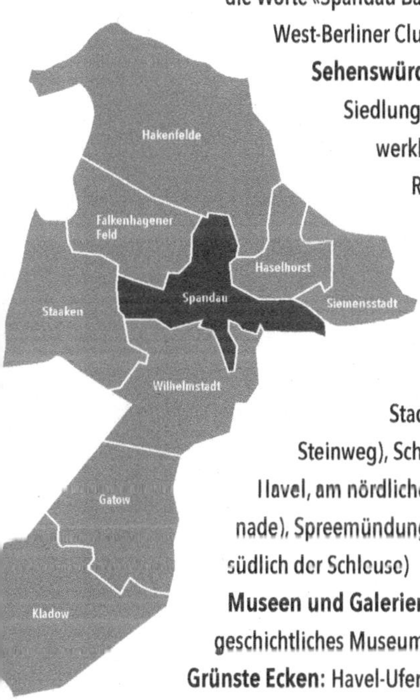
Sehenswürdigkeiten: Kolk (ältestes Spandauer Siedlungsgebiet, mit Bauernhäusern in Fachwerkbauweise, rund um die Straße Kolk), Rathaus Spandau (neoklassizistischer Verwaltungsbau von 1913, Carl-Schurz-Str. 2), St.-Nikolai-Kirche (gotischer Sakralbau des 14. Jhdts. mit späteren Ergänzungen, Carl-Schurz-Str. 48), Stadtmauer (gebaut im 14. Jhdt., Hoher Steinweg), Schleuse (verbindet Untere und Obere Havel, am nördlichen Ende der Hermann-Oxfort-Promenade), Spreemündung (Übergang der Spree in die Havel, südlich der Schleuse)
Museen und Galerien: Gotisches Haus (stadtgeschichtliches Museum Spandau, Breite Str. 32)
Grünste Ecken: Havel-Ufer, Spektepark

Gute Kneipe: Imma Uff (Schönwalder Str. 66)
Kalauer-Friseur: Schnittpunkt (Neuendorfer Str. 100)
Ortsteilhymnen: Des Schleusenwärters blindes Töchterlein (Ulrich Roski, 1970), Spandau (Icke & Er, 2007)

STAAKEN

Wo Heinz Rühmann fliegen lernte

Was verbindet den Spandauer West-Ortsteil Staaken mit dem weit entfernten Treptower Ost-Ortsteil Johannisthal? In beiden gab es früher mal einen Flugplatz, und in beiden gab es früher mal Filmstudios. Ich hielt diese Parallele erst für einen merkwürdigen Zufall. Bis ich mir Staaken aus der Nähe ansah.

Der Flugplatz am Spandauer Westrand entstand während des Ersten Weltkriegs, ursprünglich wurden hier Zeppeline für militärische Zwecke gebaut. Nach Kriegsende 1918 verlagerte sich der Betrieb hin zur zivilen Nutzung. Private Fluglehrer ließen sich in Staaken nieder, die unter anderem Heinz Rühmann das Fliegen beibrachten – so gründlich, dass der Schauspieler in seinen späteren «Quax»-Filmen bei allen Kunstflugszenen selbst am Steuer saß.

Während Rühmann über Staaken seine Übungsrunden drehte, wurden einige der alten Zeppelinhallen bereits als Filmstudios genutzt. Unter anderem drehte man hier die kulissenintensiven Szenen von Fritz Langs «Metropolis». Die Umwidmung der Hallen, eine Art frühes Beispiel für kreative Berliner Zwischennutzungen, hing unmittelbar mit der Kriegsniederlage zusammen: Der Friedensvertrag von Versailles schränkte in Deutschland die Produktion von Luftschiffen und Flugzeugen ein, weshalb in Staaken, genau wie am Flugplatz Johannisthal, die Hangars brachlagen – und hier wie dort Filmproduktionen in die Bresche sprangen.

Weder der Flugplatz noch die Filmstudios haben am heutigen

Berliner Stadtrand viele Spuren hinterlassen, auch darin ähneln sich Staaken und Johannisthal. Einen Teil des alten Flugplatzgeländes bedecken inzwischen Solarpaneele, ein anderer wurde zum Gewerbegebiet umfunktioniert, es gibt ein paar Bolzplätze und ein Naturschutzgebiet für Zauneidechsen, dazwischen radeln Rentner mit bunten Helmen dem brandenburgischen Horizont entgegen.

Lediglich ein leer stehender Backsteinbau aus den 1920er Jahren, der sogenannte Zeppelin-Tower, erinnert noch an Staakens himmelstürmende Vergangenheit. Auf der Fassade entdeckte ich aufgepinselte kyrillische Buchstaben, eine halb verwaschene Propagandainschrift aus der Nachkriegszeit, die nur noch in Teilen zu entziffern ist: «Es lebe … bolschewistische Partei … Lenin-Stalin … für den Sieg über die deutsch-faschist…»

Nach dem Zweiten Weltkrieg wurde Staaken geteilt. Im Zuge eines Gebietstauschs zwischen den Siegermächten fiel die Westhälfte des Ortsteils der sowjetischen Besatzungszone zu. Die Sportfunktionäre der Bundesrepublik dürften sich über diese Entscheidung später sehr geärgert haben, denn in West-Staaken, wie die DDR-Hälfte des Ortsteils paradoxerweise hieß, kam 1965 Katarina Witt zur Welt. Die deutsche Eiskunstlaufgeschichte hätte auch ganz anders verlaufen können.

An einer Bushaltestelle am Nennhauser Damm kam ich mit einer Dame im sehr vorgerückten Alter ins Gespräch, die mir von der Zeit erzählte, als quer durch Staaken die Mauer verlief. Ihre Erinnerungen waren flackerhaft, sie kramte sie aus ihrem Gedächtnis wie den Inhalt einer unsortierten Handtasche. «Wir schmierten den DDR-Grenzern Stullen, die hatten ja nüscht … Meine Oma fuhr ich immer auf dem Gepäckträger spazieren … Auf den Feldern stolzierten Kraniche … Nachts bellten an der Mauer die Hunde …» Ein wenig erinnerten mich die Lücken zwischen ihren Gedanken an die verwaschene Inschrift auf dem Zeppelin-Tower.

* * *

Gefühlte Mitte: Brunsbütteler Damm

Sektorenzugehörigkeit bis zur Wiedervereinigung: Britisch (West-Berlin)/ Sowjetisch (Ost-Berlin)

Fläche: 10,9 km^2 (Platz 26 von 97)

Einwohner: 46 944 (Platz 27 von 97)

Bevölkerungsdichte: 4313 Einwohner/km^2 (Berlin gesamt: 4323 Einwohner/km^2)

Durchschnittsalter: 43,1 (Berlin gesamt: 42,7)

Verkehrsanbindung: Regionalbahn (Bahnhöfe Staaken und Albrechtshof), Bus (Linien 131, 137, 237, 652, M32, M49, X49)

Leute: Katarina Witt (Eiskunstläuferin, geboren 1965 in West-Staaken), Heinz Rühmann (Schauspieler, lernte in der Zwischenkriegszeit auf dem Flugplatz Staaken das Fliegen)

Sehenswürdigkeiten: Dorfkirche (gebaut im 15. Jhdt. mit späteren Ergänzungen, Hauptstr. 12), Denkmal zur Erinnerung an die Staakener Teilung (an der Dorfkirche), Zeppelin-Tower (Flughafentower, gebaut in den 1920er Jahren, Am Zeppelin-Park 27), Gartenstadt Staaken (Reihenhaussiedlung der 1910er Jahre, zwischen Hackbuschstr. und Finkenkruger Weg), Siedlung Neu-Jerusalem (Mehrfamilienhäuser im Stil des Neuen Bauens, errichtet in den 1920er Jahren, Heerstr. zwischen Döberitzer Weg und Nennhauser Damm), Fort Hahneberg (preußische Festung des späten 19. Jhdts., Hahnebergweg 50)

Grünste Ecke: Hahneberg

WILHELMSTADT

Wo Einstein in der Laube hockte

An der Wilhelmstraße, nicht weit entfernt vom westlichen Stadtrand, erstreckt sich ein altes Kasernengelände, erbaut zu Zeiten des Kaisers, dem der Spandauer Ortsteil Wilhelmstadt seinen Namen verdankt. In der Mitte des weitläufigen Geländes stand einmal ein Militärgefängnis, in dem erst Kaisergegner und später Antifaschisten wie Egon Erwin Kisch und Carl von Ossietzky festgehalten wurden. Noch später, nach den Nürnberger Prozessen, wurde es zum Kriegsverbrechergefängnis für hochrangige Nazis umfunktioniert. Die meisten von ihnen wurden in den 1950er und 1960er Jahren entlassen, weshalb das Gefängnis ab 1966 nur noch einen einzigen Insassen hatte: Rudolf Heß. Mehr als 20 Jahre lang lebte Hitlers Stellvertreter alleine hinter den Mauern von Wilhelmstadt, bis er sich hier 1987 erhängte.

Das Gefängnis wurde abgerissen, um es nicht zur Wallfahrtsstätte von Neonazis werden zu lassen. An seiner Stelle steht zwischen den Kasernenbauten heute eine große Discounterfiliale, um deren Betonfassaden ich lange herumirrte, auf der Suche nach Spuren, die nicht zu finden waren. Wochenendeinkäufer schoben ihre voll beladenen Wagen an mir vorbei zu ihren Autos. Ein rumänischer «Motz»-Verkäufer bettelte um Euros, zwei Palästinenser verkauften Halal-Currywurst, eine Gaststätte auf der gegenüberliegenden Seite der Wilhelmstraße warb mit «Deutscher Hausmannskost». Etwas weiter entfernt sah ich über den Lauben des Kleingartenvereins Hasenheide 1919 e.V. die üblichen schwarz-rot-goldenen Flaggen wehen – und fragte mich, ob auch Heß sie gesehen hatte.

Um das Gefängnis ranken sich in Wilhelmstadt viele Legenden. Einer der Wochenendeinkäufer erzählte mir, das komplette Gebäude sei nach dem Abriss pulverisiert und in der Nordsee versenkt worden. Ein anderer hatte gehört, dass die Bäume auf dem Discounterparkplatz noch von den einstigen Insassen gepflanzt worden seien, von Albert Speer, Karl Dönitz, Baldur von Schirach. Wieder ein anderer war überzeugt, dass das Flüchtlingsheim zwei Blöcke weiter absichtlich auf dem naziverseuchten Kasernengelände untergebracht worden war, quasi als antinationalistischer Akt der Teufelsaustreibung.

Die meisten Einkäufer aber wussten nichts von dem Gefängnis. Sie wussten nur, dass bei Kaufland Eisbein im Angebot war, für 3,33 Euro das Kilo.

Später, im wohlhabenderen, wasserseitigen Teil von Wilhelmstadt, lief ich zwei Spaziergängern über den Weg, einem Mann, der mit seiner Mutter zwischen den Wochenendhäusern am Ufer der Scharfen Lanke spazieren ging. Die beiden zeigten mir die alte Gartenlaube von Albert Einstein, der hier seine Freizeit verbracht hatte, bevor die Nazis ihn ausbürgerten. Der Mann, der seit langem in den USA lebte, konnte sich noch gut an das alte Heß-Gefängnis erinnern, das im monatlichen Wechsel von den Berliner Besatzungsmächten bewacht worden war. «Schade, dass man den Bau abgerissen hat», sagte der ausgewanderte Wilhelmstädter, dessen Deutsch eine leicht amerikanische Färbung hatte. «Man hätte da doch weiter Kriegsverbrecher einsperren können – den alten George Bush zum Beispiel.»

* * *

Gefühlte Mitte: Metzer Platz

Sektorenzugehörigkeit bis zur Wiedervereinigung: Britisch (West-Berlin)

Fläche: 10,4 km² (Platz 33 von 97)

Einwohner: 40 920 (Platz 35 von 97)

Bevölkerungsdichte: 3928 Einwohner/km² (Berlin gesamt: 4323 Einwohner/km²)

Durchschnittsalter: 44,8 (Berlin gesamt: 42,7)

Verkehrsanbindung: Bus (Linien X34, X49, M37, M45, M49, 131, 134, 135, 136, 137, 236, 338, 638)

Leute: Wilhelm I. (Namensgeber des Ortsteils), Albert Einstein (Physiker und Laubengast)

Sehenswürdigkeiten: Jaczoturm (Denkmal für den slawischen Fürsten Jaczo, der im Jahr 1157 den Truppen Albrechts des Bären entkommen sein soll, indem er an der Havel sein Pferd in den Fluss lenkte und mit ihm zum anderen Ufer schwamm, Gatower Str. 201), Tauchturm (Tiefensimulationsanlage der DLRG für Sport- und Profitaucher, Am Pichelssee 20), Einstein-Laube (ehemaliges Sommerhaus des Star-Physikers, Burgunderweg 3)

Grünste Ecken: Pichelswerder, Fauler See und Hohler Weg, Ufer der Scharfen Lanke, Südpark, Karolinenhöhe, Jaczo-Schlucht

Gute Currywurst: Ketch'up 35 (Heerstr. 185)

Kalauer-Friseure: Kopfsache (Wilhelmstr. 21), Haar-Scharf (Pichelsdorfer Str. 99)

BEZIRK

STEGLITZ-ZEHLENDORF

Fläche: 102,5 km^2 (entspricht 11,5 % der Berliner Gesamtfläche)
Einwohner: 311 040 (entspricht 8,1 % der Berliner Gesamtbevölkerung)
- **Davon weiblich:** 52,8 % (Berlin gesamt: 50,6 %)
- **männlich:** 47,2 % (Berlin gesamt: 49,4 %)
- **ohne Migrationshintergrund:** 68,5 % (Berlin gesamt: 61,4 %)
- **mit Migrationshintergrund:** 31,5 % (Berlin gesamt: 38,6 %)
- **ledig:** 45,7 % (Berlin gesamt: 52,8 %)
- **verheiratet:** 38,4 % (Berlin gesamt: 33,2 %)
- **verwitwet:** 6,5 % (Berlin gesamt: 5,1 %)
- **geschieden:** 9,1 % (Berlin gesamt: 8,5 %)
- **in Lebenspartnerschaft:** 0,3 % (Berlin gesamt: 0,4 %)

Bevölkerungsdichte: 3034 Einwohner / km^2 (Berlin gesamt: 4323)
Durchschnittsalter: 46,3 (Berlin gesamt: 42,7)
Beliebteste Babynamen: Livia, Luna & Mia (Mädchen), Leon (Jungen)

* * *

Reicher wird's nicht. Jedenfalls nicht in Berlin, einer Stadt, von der ihr ehemaliger Bürgermeister Klaus Wowereit gerne kokettierend behauptete, sie sei arm, aber sexy. Was das für die alles andere als armen Steglitz-Zehlendorfer bedeutet, hat Wowereit nicht näher ausgeführt.

Gut, wer im wald- und wasserreichen Berliner Südwesten ein Anwesen hat, dem kann eh herzlich egal sein, ob der Rest der Stadt das sexy findet. Mit Wannsee beginnt am äußersten Stadtrand der Reigen der idyllischen Villen- und Ausflugsvororte – die Ufer des namensgebenden Sees werden an Sommerwochenenden aus gutem Grund von Wander-, Bade- und Wassersportgästen aus der Innenstadt überrannt.

Stadteinwärts folgen die kaum weniger attraktiven Villenkolonien **Nikolassee**, **Schlachtensee**, **Zehlendorf** und **Lichterfelde**. Etwas heterogener ist **Dahlem**, wo sich wohlhabende Vorortbewohner mit den Studenten der hier ansässigen Freien Universität mischen. Ein paar Villen gibt es auch noch im Ortsteil **Steglitz**, aber hier, rund um Berlins zweitgrößte Einkaufsmeile, die Schloßstraße, ähnelt der Bezirk dann doch schon wieder etwas mehr den Wohnvierteln der Innenstadt mit ihren fünfstöckigen Mietskasernen.

Lankwitz und der Ostteil von **Lichterfelde** sind schließlich so etwas wie die bodenständigeren Ausnahmegegenden von Steglitz-Zehlendorf, die mehr mit den südlichen Ortsteilen des Nachbarbezirks Tempelhof-Schöneberg gemein haben als mit dem Rest des reichen Berliner Südwestens. Arm sind sie deshalb noch lange nicht. Sexy … nun ja.

DAHLEM

Wo Studierende Liebe machen

Nach Dahlem fahren Berliner im Großen und Ganzen aus zwei Gründen: weil sie dort wohnen (knapp 17 000 Menschen), oder weil sie dort studieren (etwa doppelt so viele).

Ich war sehr lange nicht an der Freien Universität gewesen, und das Erste, was mir im Hauptgebäude, der guten alten «Silberlaube», auffiel, waren die Schwarzen Bretter. Die gab es noch! Ich hätte gedacht, die wären längst ins Internet abgewandert – aber nein, da hing die gleiche Zettellyrik wie einst: «Zimmer gesucht! Ich bin ein fröhlicher Sonnenscheinmensch, mit dem man viel lachen und Gespräche über Gott und die Welt führen kann …» – «Zimmer gesucht! Ich würde mich generell als ein bisschen schüchtern bezeichnen …» – «Für eine Live-Performance suchen wir Performer mit längerem Haar, die einen Kamm oder eine Bürste mitbringen müssen.» – «Nehmt an der Studie ‹Soziale Nähe & Emotionsregelung› teil!» – «Verkürzte Kapitalismuskritik: Input & Diskussion.» Außer mir blieb kein Mensch vor den Zetteln stehen, alle starrten auf ihre Smartphones. Nur ein älterer Herr mit schütterem Ho-Chi-Minh-Bart machte kurz Halt, um einen Flyer anzupinnen: «Katharsis: Klanginstallationen und bewegte Bilder.»

Ich lief hinüber zur Domäne Dahlem. Auf der Kuhweide des Erlebnisbauernhofs dösten Kälber in der Sonne, daneben schrie sich ein Junge im Kitaalter die Seele aus dem Leib. Es dauerte, bis ich mir aus dem Beruhigungsgeflüster der Erzieherin zusammengereimt hatte, was passiert war: Der Kleine hatte gerade erfahren, wo die Schnitzel herkommen.

In jeder Ecke jedes Dahlemer Parks knutschten Studierende. Ich musste an eine Anekdote aus der Zeit denken, als Studierende noch nicht Studierende genannt wurden. Mit einer Kommilitonin war ich damals engumschlungen durch den Thielpark geschlendert. «Mama, wer sind die?», fragte ein kleines Mädchen, das uns an der Hand seiner Mutter entgegenkam. «Studenten», antwortete die Frau, ohne uns näher anzusehen. Ich weiß noch, dass ich die Vorstellung traurig fand, an einem Ort zu leben, wo man beim Anblick junger Knutschender ziemlich sicher weiß, dass sie von anderswo kommen.

Aber vielleicht war das auch ein Trugschluss. Wer kann schon sagen, was in den stillen Villen von Dahlem wirklich vor sich geht, deren Fassaden oft so auffällig unauffällig gehalten sind, mit diskreten Klingelschildern, die mehr verbergen als preisgeben: «Stiftungshaus» steht dann da, oder «Klinik», oder «Pforte», und erstaunlich oft auch einfach gar nichts.

Im Alliierten-Museum waren die Passagiere eines Disney-

Kreuzfahrtschiffs zu Gast. Mit einem Bus habe man sie von der Ostseeküste direkt ins Museum gebracht, erklärte mir ein amerikanischer Familienvater: «Little bit of history to teach the kids.» Sofort musste ich an die russischen Touristen denken, denen ich in Alt-Treptow beim sowjetischen Ehrenmal begegnet war, am allerersten Tag ihres allerersten Berlin-Besuchs. Interessant, an welch gegensätzliche Pole es die Leute so zieht, dachte ich.

Auf dem Waldfriedhof kaufte ich zwei Rosen und fragte den Gärtner nach den Gräbern von Gottfried Benn und Harald Juhnke. Er zeigte mir den Weg auf dem Friedhofsplan. «Nach welchem wird am meisten gefragt?», wollte ich wissen. Zu meiner Überraschung tippte der Mann mit dem Finger auf ein drittes Grab: «Richard von Weizsäcker.»

Den größten Grabstein von den dreien hat Juhnke.

* * *

Gefühlte Mitte: FU-Mensa

Sektorenzugehörigkeit bis zur Wiedervereinigung: Amerikanisch (West-Berlin)

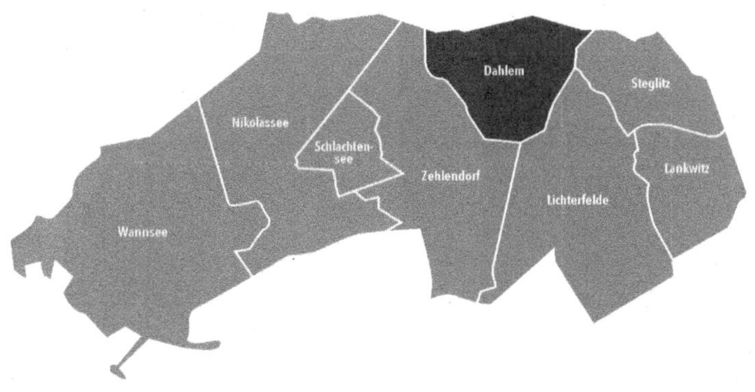

Fläche: 8,4 km^2 (Platz 43 von 97)

Einwohner: 16 938 (Platz 64 von 97)

Bevölkerungsdichte: 2018 Einwohner/km^2 (Berlin gesamt: 4323 Einwohner/km^2)

Durchschnittsalter: 45,6 (Berlin gesamt: 42,7)

Verkehrsanbindung: U-Bahn (Linie U3), Bus (diverse Linien)

Leute: Martin Niemöller (evangelischer Theologe und NS-Widerständler, bis zu seiner Verhaftung im Jahr 1937 Pfarrer der Dahlemer St.-Annen-Kirche), Gottfried Benn, Harald Juhnke, Richard von Weizsäcker (Schriftsteller, Schauspieler, Politiker, alle drei begraben auf dem Waldfriedhof Dahlem)

Sehenswürdigkeiten: Freie Universität (gegründet 1948, diverse Gebäude in Dahlem, Hauptsitz Kaiserswerther Str. 16–18), Philologische Bibliothek (Universitätsbau von Norman Foster, gebaut 2005, Habelschwerdter Allee 45), Jagdschloss Grunewald (Renaissancebau des 16. Jhdts., Hüttenweg 100), U-Bahnhof Dahlem-Dorf (reetgedeckter Fachwerkbau von 1913, Brümmerstr.), St.-Annen-Kirche (mittelalterliche Dorfkirche mit späteren Ergänzungen, in der Nazi-Ära Sammelort der oppositionellen Bekennenden Kirche, Königin-Luise-Str. 55), Jesus-Christus-Kirche (moderner Sakralbau von 1930, Hittorfstr. 23), Villa Strauss (Landhaus von 1914, zu Mauerzeiten Residenz des US-Stadtkommandanten, Pacelliallee 14)

Museen und Galerien: Brücke-Museum (Gemälde und Plastiken der expressionistischen Brücke-Gruppe, Bussardsteig 9), Museum Europäischer Kulturen

(Kultur- und Alltagsgeschichte vom 18. Jhdt. bis zur Gegenwart in Deutschland und Europa, Arnimallee 25), Kunsthaus (deutsche Nachkriegsmoderne, Schwerpunkt Skulpturen, Käuzchenstieg 8), Ruine der Künste (Ausstellungshaus und Atelier für Konzeptkunst, Hittorfstr. 5), Gemäldesammlung im Jagdschloss Grunewald (deutsche und niederländische Malerei des 16. und 17. Jhdts., Schwerpunkt Cranach, Hüttenweg 100), Jagdmuseum im Jagdschloss Grunewald (Trophäen und historische Waffen, Hüttenweg 100), Alliierten-Museum (Ausstellung zum Kalten Krieg und den westlichen Besatzungsmächten in Berlin, Clayallee 135), Martin-Niemöller-Haus (Ausstellung zum christlichen Widerstand gegen die NS-Diktatur, Pacelliallee 61), Samurai Art Museum (Japanische Rüstungen und Waffen des Sammlers Peter Janssen, Clayallee 225D), Domäne Dahlem (agrarhistorisches Freilichtmuseum und Erlebnisbauernhof, Königin-Luise-Str. 49)

Grünste Ecken: Thielpark, Dreipfuhlpark, Finkenpark, Messelpark, Erlenbusch, Grunewald

LANKWITZ

Wo ein Bach begraben liegt

In Lankwitz residierten einmal das Berliner Tierheim, das Publizistik-Institut der Freien Universität und die älteste Frau Deutschlands. Das Tierheim liegt seit 2001 in Falkenberg, die Publizisten zogen 2007 nach Dahlem um, im selben Jahr verschied die 112-jährige Greisin. Seitdem ist es etwas still geworden um Lankwitz.

Im Teltowkanal spiegelten sich Einfamilienhäuser. Ein Habicht kreiste über den Kleingärten an der Eislaufbahn. Auf dem Hundetrainingsplatz nebenan standen ein paar Herrchen, Frauchen und Hündchen im Kreis. «Ganz richtig gemacht», hörte ich die Ausbilderin rufen. «Der Hund bleibt sitzen, der Mensch geht immer zuerst durch die Tür.»

Im Gemeindepark joggte mir ein Mann über den Weg, der

außer Shorts, Turnschuhen und einer Sonnenbrille nichts am Leib trug. Sein Pferdeschwanz klatschte ihm rhythmisch auf den nackten Rücken, vor seinem Mund schwebten Atemwölkchen – es war ein beißend kalter Januarmorgen. «Das macht der jeden Tag», sagte ein Passant, der meine erstaunten Blicke bemerkte. «Härtet sich ab. Russe wahrscheinlich. Oder bei 'ner Eliteeinheit, wer weiß.»

Ich hatte den Park auf der Suche nach einem Witz betreten – einem Lankwitz, Sie verstehen? Doch alle Spaziergänger, die ich ansprach, erwiderten schüchtern, sie seien schlechte Witzeerzähler. Ich fragte mich, ob ich bei meinem noch ausstehenden Besuch in Schmöckwitz mehr Glück haben würde.

Ähnlich wie mit den Witzen verlief meine Suche nach der Lanke. Niemand konnte mir sagen, wo der Bach, dem Lankwitz seinen Namen verdankt, zu finden ist. Erst nach langem Irren entdeckte ich am Westende der Charlottenstraße einen Markierungsstein mit der Inschrift «Lanke-Quelle». Doch weit und breit war kein Wasser zu sehen – der Stein wirkte wie ein Grabstein. Genau das war er auch, wie eine Netzrecherche ergab: Man hatte die Lanke vor Jahrzehnten begraben. Sie fließt heute nur noch unterirdisch durch eine Röhre, die das Quellwasser in den Teltowkanal leitet.

Lankwitz: der Ortsteil, in dem man keine Witze und keine Lanke findet.

Während ich weiterging, fragte ich mich, wo der Bach wohl einst verlaufen war. Und entdeckte, als ich genau hinsah, einen schmalen, mit Laub gefüllten Graben. Konnte es das alte Bachbett sein? Neugierig folgte ich ihm. Nach hundert Metern endete es vor einer Neubauzeile. Ich umrundete sie – dahinter setzte sich der Graben fort. Er kurvte zwischen den Häusern hindurch, verschwand abrupt, tauchte wieder auf, verschwand erneut. Oft dauerte es lange, bis ich erriet, in welchem Straßenzug ich ihn wiederfinden würde, aber als ich an einer Stelle eine steingefasste alte Waschstelle entdeckte, hatte ich keine Zweifel mehr: Vor mir lag die verschwundene Lanke. Während ich ihrem mäandernden Lauf folgte, tauchten vor meinem inneren Auge plötzlich die Umrisse des Dorfs Lankwitz auf, das einst an den Ufern dieses Bachs gestanden haben musste, bevor die Großstadt beides unter sich begrub.

Man müsste eine Geschichte der verschwundenen Berliner Wasserläufe schreiben, dachte ich, während ich mich fragte, wer in der Lanke wohl einst seine Wäsche gewaschen hatte, welche Kinder hier Schiffchen treiben ließen, wie viele Liebespaare an ihren Ufern umschlungen im Schilf lagen.

* * *

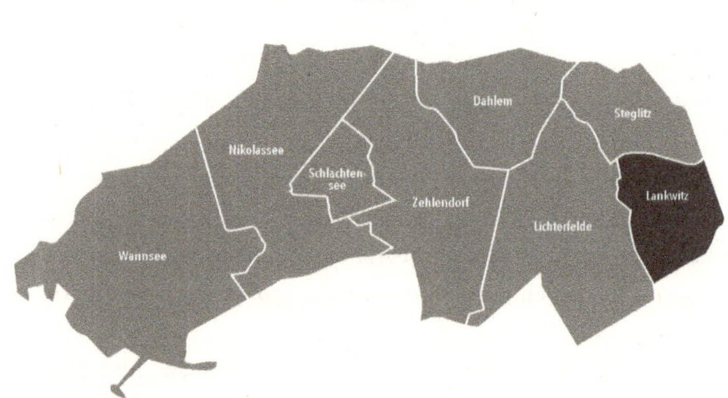

Gefühlte Mitte: Dreifaltigkeitskirche

Sektorenzugehörigkeit bis zur Wiedervereinigung: Amerikanisch (West-Berlin)

Fläche: 7,0 km² (Platz 53 von 97)

Einwohner: 44 107 (Platz 28 von 97)

Bevölkerungsdichte: 6313 Einwohner/km² (Berlin gesamt: 4323 Einwohner/km²)

Durchschnittsalter: 46,0 (Berlin gesamt: 42,7)

Verkehrsanbindung: S-Bahn (Linien S25, S26), Bus (diverse Linien)

Leute: Marianne Rosenberg (Sängerin, geboren 1955 in Lankwitz), Arvo Pärt (Komponist, lebte nach seiner Ausbürgerung aus der Sowjetunion in den 1980er Jahren mit seiner Familie als DAAD-Stipendiat in Lankwitz)

Sehenswürdigkeiten: Denkmal Lanke-Quelle (Markierungsstein am Ursprung des überbauten Dorfflusses, Charlottenstr. 64), Ratswaage (ehemalige öffentliche Wiegevorrichtung, heute Frauentreff, Charlottenstr. 64), Dorfkirche (Feldsteinkirche des 13. Jhdts. mit späteren Ergänzungen, Alt-Lankwitz 15)

Grünste Ecken: Gemeindepark, Bernkastler Platz

Kalauer-Friseure: Crehaartiv (Kaiser-Wilhelm-Str. 47), Verlocke! (Birkbusch-str. 45)

LICHTERFELDE

Wo Rentner am Rad drehen

Am S-Bahnhof Lichterfelde West wurde ich Zeuge eines beeindruckenden Schauspiels. Ein dicker alter Mercedes näherte sich im Schritttempo dem Gemüsestand am Bahnhofsplatz. Aus dem Wageninneren dröhnte laute Musik, die noch lauter wurde, als sich die Fahrertür öffnete. «Nooooooon», schmetterte Edith Piaf, «je ne regrette rieeeeeeeen …» Ein Greis kletterte aus dem Auto, näherte sich mit winzigen Schritten dem Gemüsestand, kaufte einen einzelnen Apfel, trippelte zurück zum Mercedes und fuhr von dannen, all dies begleitet von Edith Piafs ohrenbetäubendem Gesang. Ich glaube, stilvoller wurde in Berlin nie ein Apfel gekauft.

An Stil ist in Lichterfelde ohnehin kein Mangel. Johann von Carstenn hieß der Stadtentwickler, der Berlins wohl spektakulärstes Villenviertel 1865 begründete. Der damals angesagte Historismus hat dem Ortsteil die unglaublichsten Baustile beschert – am besten gefielen mir die zugbrückenverzierten Miniaturburgen des Architekten Gustav Lilienthal, der hier Häuser baute, während sein Bruder Otto auf einem Hügel in Lichterfelde-Süd seine Flugapparate ausprobierte.

Noch heute begegnet man in der Westhälfte des Ortsteils rund um die Drakestraße Menschen, in deren Auftreten die alte Lichterfelder Grandezza fortlebt. Eine Weile lief ich staunend hinter einer Dame her, deren Pelzmantel farblich exakt auf ihren Hund abgestimmt war – oder umgekehrt, wie auch immer.

Erst ab dem Teltowkanal, spätestens ab der Currywurstbude «Zur Bratpfanne», wo Lichterfelde-West in Lichterfelde-Ost übergeht, verwandelt sich der Ortsteil in eine mehr dem Rest von Berlin ähnelnde Gegend. Genau dort lief ich Herrn Müller über den Weg. Er schob seinen Leierkasten den Jungfernstieg entlang. «Wollen Sie mal kurbeln?», fragte er, als er meine Blicke bemerkte. Wollte ich natürlich.

Herr Müller war 76 Jahre alt. Zur Welt gekommen war er in Tempelhof, kurz bevor das Wohnhaus seiner Eltern im Krieg zerbombt wurde. Die Mutter hatte ihn mehr tot als lebendig aus den Trümmern gezogen, seitdem funktionierte nur noch einer seiner beiden Lungenflügel. Gearbeitet hatte Herr Müller sein Leben lang in christlichen Werkstätten. Etwa um 1980 herum, kurz vor seinem 40. Geburtstag, wurde ihm klar, dass seine mageren Verdienste ihm keine große Rente bescheren würden – weshalb er beschloss, sich als Altersvorsorge einen Leierkasten anzuschaffen. Herr Müller legte jeden Monat ein bisschen Geld beiseite, und als er 10 000 Mark zusammenhatte, kaufte er sich eine Drehorgel der Marke Deleika mit handbetriebenem Blasebalg und elektronischem Musikchip.

Drei- bis viermal pro Woche zieht Herr Müller seitdem mit dem Kasten durch seinen Wohnort Lichterfelde. Am beliebtesten, sagt er, seien die Berliner Klassiker: In Rixdorf ist Musike, Sportpalastwalzer, Das ist die Berliner Luft, Im Grunewald ist Holzauktion. Herr Müller kurbelt, bis er 30 Euro im Hut hat, dann macht er Feierabend. In Lichterfelde-West komme dieser Tagesverdienst in der Regel etwas schneller zusammen als in Lichterfelde-Ost. Der Leierkasten, erklärte mir Herr Müller, habe zwei große Vorteile: Erstens komme man beim Arbeiten unter Leute, zweitens sei so eine Drehorgel bis ins hohe Alter problemlos zu bedienen.

Es war der cleverste Rentenplan, von dem ich je gehört hatte.

* * *

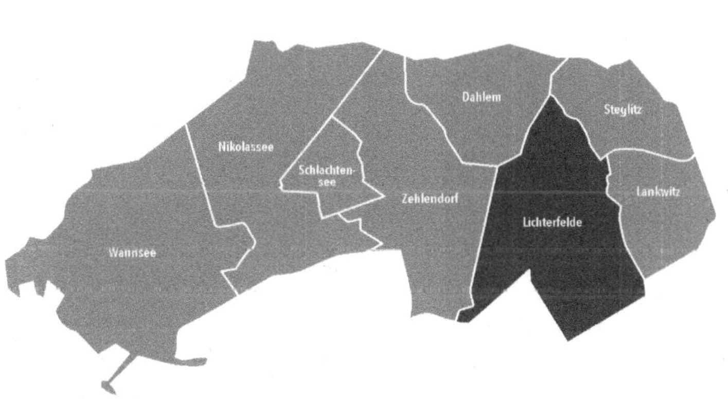

Gefühlte Mitte: Emil-Schulz-Brücke

Sektorenzugehörigkeit bis zur Wiedervereinigung: Amerikanisch (West-Berlin)

Fläche: 18,2 km² (Platz 10 von 97)

Einwohner: 86 197 (Platz 13 von 97)

Bevölkerungsdichte: 4730 Einwohner/km² (Berlin gesamt: 4323 Einwohner/km²)

Durchschnittsalter: 46,2 (Berlin gesamt: 42,7)

Verkehrsanbindung: Regionalbahn (Bahnhof Lichterfelde-Ost), S-Bahn (Linien S1, S25, S26), Bus (diverse Linien)

Leute: Johann von Carstenn (Unternehmer, gründete 1865 die Villenkolonie Lichterfelde), Manfred von Ardenne (Physiker, generierte in seinem Lichterfelder Labor 1930 die weltweit ersten Fernsehbilder), Götz George (Schauspieler, geboren 1938 in Lichterfelde), Peter Fox (Musiker, geboren 1971 in Lichterfelde)

Sehenswürdigkeiten: Botanischer Garten (43 Hektar umfassendes Gartenareal mit Botanischem Museum, gegründet Ende des 19. Jhdts., Königin-Luise-Str. 6), Otto-Lilienthal-Gedenkstätte (Denkmal für den Flugpionier, Fliegeberg, Schütte-Lanz-Str. 41), Telefunken-Werk (Industriebau der 1930er Jahre, ursprünglich Werk für Funktechnik, zu Mauerzeiten Kaserne der US-Armee, heute Wohn- und Geschäftszentrum, Platz des 4. Juli), Dorfkirche (Feldsteinkirche des 13. Jhdts. mit späteren Ergänzungen, Ostpreußendamm 64), Villa Folke Bernadotte (Gründerzeitvilla, ehemaliges Forschungslabor des Fernsehpioniers Manfred von Ardenne, Jungfernstieg 19), Gutshaus Lichterfelde (klassizistisches Landhaus des späten 18. Jhdts., Hindenburgdamm 28), Villen von Gustav Lilienthal (Wohnburgen im britischen Neo-Tudor-Stil, Tietzenweg 51/53, Marthastr. 4/4A/5/5A, Paulinenstr. 24–28, Weddigenweg 17, Walter-Linse-Str. 9, Barsekowstr. 14–16)

Museen und Galerien: Museum Steglitz (Bezirksgeschichte, Drakestr. 64A), Kunsthaus Achim Freyer (Privatsammelsurium internationaler Gegenwartskunst, Kadettenweg 53)

Grünste Ecken: Botanischer Garten, Schlosspark, Lilienthalpark, Teltowkanalufer

Gute Currywurst: Zur Bratpfanne (Königsberger Str. 30)

Gute Kneipe: Bahnhofs-Wirtschaft (Jungfernstieg 4b)

Kalauer-Friseur: Kopfsache (Goerzallee 195)

NIKOLASSEE

Wo Zelte neben Villen stehen

Nikolassee besteht zu etwa gleichen Teilen aus Wasser, Bäumen und Geld. Das Wasser findet sich in der Havel und im namensgebenden Nikolassee. Die Bäume stehen im Grunewald. Das Geld steckt in den Villen.

Die prächtigsten Villen stehen rund um die Rehwiese, ein altes Flussbett, das früher den Schlachtensee mit dem Nikolassee verband. Dort kam ich mit einem älteren Herrn und einer jüngeren Dame ins Gespräch, die gemeinsam ihre Jagdhunde ausführten.

Was es bedeutet, im zentralen Teil von Nikolassee zu leben, mag ein Zitat der jüngeren Dame veranschaulichen. «Schlachtensee ist auch schön», sagte sie. «Aber da stehen die Häuser schon ein bisschen gedrängter als hier.»

Während die Hunde miteinander balgten, erzählten ihre beiden Besitzer von den illustren Persönlichkeiten des Ortsteils. In der Villa, die heute er selbst bewohne, sagte der ältere Herr, habe vor ihm ein berühmter Musikwissenschaftler gelebt. «Ein Professor! Und das spürt man! Die Musik ist noch in den Wänden! Ich merke das, wenn ich am Klavier sitze!»

Ein paar Straßen weiter, erwähnte die jüngere Dame, hätten einst die Großeltern der schwedischen Königin Silvia residiert. Ganz richtig, sagte der ältere Herr mit wissendem Nicken – und in der Nähe lebe heute der Historiker Heinrich August Winkler. Ach, warf die Dame ein, Winkler, wohne der nicht in dem Haus, in dem früher …? Genau, bekräftigte der Herr, und in der Villa nebenan … Mit solcherlei Immobiliengesprächen vertreiben sich die Nikolasseer beim Hundeausführen die Zeit.

Am nördlichen Ende der Rehwiese steht eine riesige alte Eiche. Unter ihr war ein kleines grünes Zelt aufgeschlagen. Neugierig blieb ich davor stehen. Der Reißverschluss war zugezogen, der Bewohner offenbar nicht zu Hause. Das Zelt stand leicht erhöht am Hang des Flussbetts, vom Eingang aus ging der Blick weit hinaus auf die Rehwiese. «Guter Platz», sagte eine Passantin. Ich fragte sie, ob im Zelt jemand wohne. Sie nickte. «Steht schon ein paar Wochen hier.» Der Bewohner sei aber sehr diskret – keiner der Nachbarn habe ihn bisher zu Gesicht bekommen, sie selbst auch nicht. «Der soll aber ruhig hier leben», sagte die Frau. «Ich lasse den in Ruhe. Das könnte schließlich genauso gut ich sein.»

Der letzte Satz blieb mir lange im Ohr. Ich fragte mich, ob reine Koketterie aus ihm sprach oder ob manchen Villenbewohner hier tatsächlich die heimliche Angst umtrieb, eines Tages zum Zeltbewohner absteigen zu können. Ich fragte mich, ob der Zeltbewohner seinerseits davon träumte, zum Villenbewohner aufzusteigen, und welches von beiden Szenarien wohl das unwahrscheinlichere war. Ich fragte mich, wer uns eigentlich unsere Rollen im Leben und unsere Plätze in der Stadt zuweist, und ob der Zeltbewohner vielleicht ein Aussteiger war, der das Villenleben satt hatte, oder ein religiöser Eremit, am Ende gar ein Wiedergänger des heiligen Nikolaus von Myra, dem der Ortsteil und der Nikolassee ihren Namen verdanken …?

Noch mehrmals im Laufe des Tages kehrte ich zum Zelt zurück, aber der Bewohner zeigte sich nicht. Vielleicht, dachte ich am Ende, war das Zelt auch einfach leer, und ein Schelm hatte es hier aufgestellt, um die Nikolasseer zum Nachdenken zu bringen.

* * *

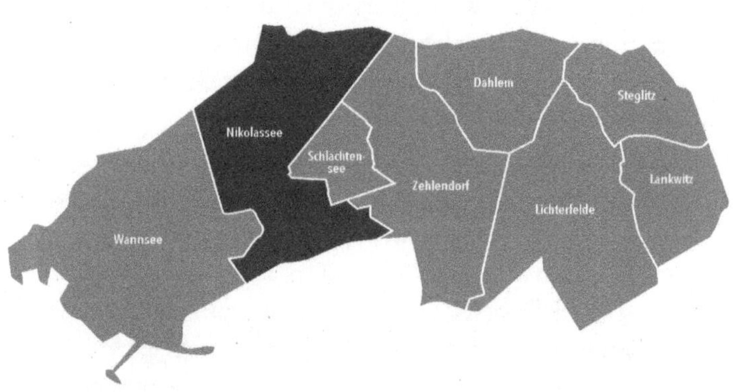

Gefühlte Mitte: S-Bahnhof Nikolassee

Sektorenzugehörigkeit bis zur Wiedervereinigung: Amerikanisch (West-Berlin)

Fläche: 18,2 km² (Platz 11 von 97)

Einwohner: 11 848 (Platz 74 von 97)

Bevölkerungsdichte: 652 Einwohner/km² (Berlin gesamt: 4323 Einwohner/km²)

Durchschnittsalter: 47,6 (Berlin gesamt: 42,7)

Verkehrsanbindung: Fern- und Regionalbahn (Bahnhof Wannsee), S-Bahn (Linien S1, S7), Bus (diverse Linien)

Leute: Henning Schröder (Ortsteilchronist, schrieb mehrere Bücher über Nikolassee und seine prominenten Villenbewohner)

Sehenswürdigkeiten: S-Bahnhof Nikolassee (neogotischer Bahnhofsbau von 1902, Borussenstr.), Rathaus (Verwaltungsbau von 1913 im Stil der Neorenaissance, Hohenzollernplatz 5), Strandbad Wannsee (besungen im Conny-Froboess-Hit «Pack die Badehose ein», gebaut in den 1920er Jahren, Wannseebadweg 25), Schwanenwerder (Insel und Villenkolonie im Wannsee, zugänglich über Brücke am Wannseebadweg), Tuileriensäule (Ruinenfragment des Pariser Tuilerien-Schlosses, auf Schwanenwerder, Inselstr. 8), Kontrollpunkt Dreilinden (ehemaliger Autobahngrenzübergang zwischen West-Berlin und der DDR, Potsdamer Chaussee 61)

Grünste Ecken: Rehwiese, Grunewald, Nikolassee, Wannsee

Ortsteilhymne: Pack die Badehose ein (Gerhard Froboess/Hans Bradtke, 1951)

SCHLACHTENSEE

Wo die wilden Welse wohnen

Schlachtensee ist – siehe Vorwort – Berlins jüngster Ortsteil: Im Jahr 2020 erhörte der Bezirk Steglitz-Zehlendorf das beharrliche Abspaltungswerben einer Bürgerinitiative und knapste den Nachbarortsteilen Nikolassee und Zehlendorf ein paar Dutzend Straßenzüge ab. Die Berliner zwischen Seeufer und Potsdamer Chaussee dürfen sich seitdem mit amtlichem Segen so nennen, wie sie sich in ungestörter Amtswidrigkeit auch vorher schon nannten: Schlachtenseer.

Auf den ersten Blick unterscheidet den jungen Ortsteil nicht viel von den ähnlich gut betuchten Nachbargegenden: Am Nordende der Breisgauer Straße, dem Schlachtenseer Ortskern, werben die Fensteraushänge der Maklerbüros für ein reichhaltiges Villenangebot, Weinläden nennen sich hier «Weinmagasin»,

Dönerbuden «Döneria». Im Eiderstedter Weg sah ich fasziniert einem sehr weißhaarigen Herrn zu, der einen sehr gepflegten Oldtimer-Cabrio sehr langsam an den Fenstern seiner Nachbarn vorbeisteuerte, bevor er in die Einfahrt seines Vorgartens einbog. «Als ich 13 war, hatte mein Lehrer so einen», rief mir der Fahrer zu, den meine Blicke merklich freuten. «Seitdem wollte ich den gleichen haben. Hat dann ein paar Jahrzehnte gedauert.» Der Schlachtenseer an sich, dachte ich im Weitergehen, scheint sich durch eine gewisse Hartnäckigkeit bei der Verwirklichung von Lebensträumen auszuzeichnen: Mein eigener Oldtimer! Mein eigener Ortsteil!

Das eigentliche Alleinstellungsmerkmal von Schlachtensee aber ist natürlich der Schlachtensee selbst, den 2020 eine CNN-Rangliste unter die 20 besten Badeseen der Welt kürte. Ich kenne die anderen 19 nicht, aber es hat seinen Grund, dass an Sommerwochenenden die S1 voller junger, schöner Menschen mit wasserverwuschelten Frisuren ist. Die Seeliebe geht in Berlin weit zurück: Schon Fontane schwärmte von abendlichen Bootsfahrten auf dem Gewässer als «höchsten Naturgenüssen», seine Zeitgenossin Ludovica Hesekiel dichtete ergriffen: «Die Kiefern neigen sich leise / Blau liegt und still der See.»

Unter der stillen Oberfläche sollen, heißt es, gespenstisch große Welse lauern, die regelmäßig durch die Sommerlochschlagzeilen der Berliner Presse geistern. Kleine Auswahl: «Getrübter Badespaß: Riesenwels beißt Schwimmerin» (WELT); «Attacke im Badesee: Wels beißt Ella (11) den Fuß blutig» (BILD); «Der Monster-Wels beißt nur Frauen» (B.Z.). Gemunkelt wird, dass die Welse mitunter Enten, Blesshühner, junge Schwäne, gar badende Dackel in die Tiefe reißen. Tatsächlich gesichtet werden sie selten. Zuletzt zog 2007 ein Angler ein 1,68 Meter langes, 32 Kilo schweres Exemplar aus dem Wasser.

Der wahre Killerwels des Schlachtensees aber war schon immer Erika Schorsch. Von meinen eigenen Badeausflügen erinnere ich mich bestens an sie: eine furchteinflößende Dame mit Haaren auf den Zähnen, für die der Begriff «Berliner Schnauze» quasi erfunden wurde. Noch mit über 80 Jahren hütete sie die Ruderboote im Verleih am Südufer, wo sie gnadenlos jeden Gast zusammenstauchte, der nicht spurte. Entsetzte Kommentare auf Online-Portalen zeugen bis heute vom Schreckensregime der Frau Schorsch. Sie war unmöglich, aber ich hatte eine Schwäche für sie, seit sie mir in einem stillen Moment einmal sehr detailliert erzählt hatte, was sich über die Jahre so alles an Bord ihrer Mietboote abgespielt hatte («... schamlose Weiber, ick sach's Ihnen, schaaamlos!»).

Es ist noch nicht lange her, dass ein neuer Pächter den Bootsverleih übernommen hat. Die hochbetagte Frau Schorsch, so erzählte es mir ihre Nachfolgerin, habe sich zur Ruhe gesetzt – es gehe ihr körperlich gut, nur ihr Gedächtnis lasse nach. Irgendwo in Berlin, dachte ich, sitzt nun eine alte Dame, in deren Erinnerung langsam die Bilder verblassen: die blutenden Welsbisse, die schamlosen Ruderinnen, der blaue und stille See.

* * *

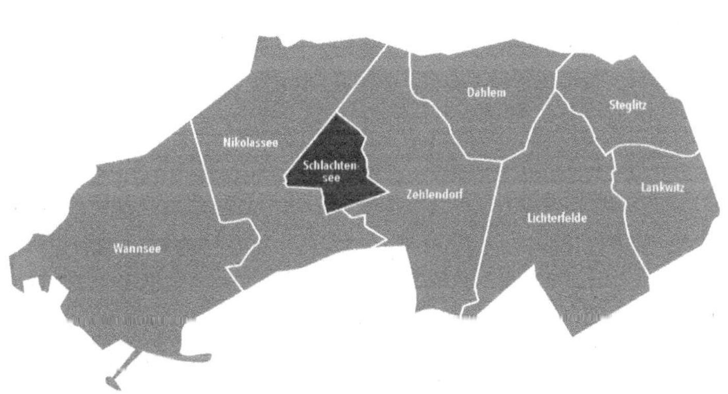

Gefühlte Mitte: S-Bahnhof Schlachtensee

Sektorenzugehörigkeit bis zur Wiedervereinigung: Amerikanisch (West-Berlin)

Fläche: 4,1 km² (Platz 80 von 97)
Einwohner: 10 452 (Platz 79 von 97)
Bevölkerungsdichte: 2 524 Einwohner/km² (Berlin gesamt: 4 323)
Durchschnittsalter: 46,8 (Berlin gesamt: 42,7)
Verkehrsanbindung: S-Bahn (Linie S1), Bus (diverse Linien)
Leute: Willy Brandt (Berliner Bürgermeister und deutscher Bundeskanzler, lebte in den 1950er und 1960er Jahren in der Marinesiedlung am Schlachtensee), Lucie Strewe (NS-Widerständlerin, setzte sich in Schlachtensee für verfolgte jüdische Nachbarn ein), Walter Leistikow (impressionistischer Maler, porträtierte den Schlachtensee, verbrachte seine letzten Wochen im Schlachtenseer Sanatorium Hubertus, wo er sich 1908 im Endstadium einer Syphilis-Erkrankung erschoss)
Sehenswürdigkeiten: Villenkolonie (entstanden um 1900), Johanneskirche (neoromanisch-moderner Sakralbau von 1910), Studentendorf Schlachtensee (denkmalgeschützter Wohnheimkomplex der 1950erJahre)
Grünste Ecke: Schlachtensee
Gute Kneipe: Biergarten Fischerhütte am Schlachtensee (Fischerhüttenstr. 136)
Ortsteilhymne: Schlachtensee (Isolation Berlin, 2016)

STEGLITZ

Wo die Spatzen lauter zwitschern

Jedes Mal, wenn ich zum Einkaufen in die Schloßstraße fahre, Berlins zweitgrößte Einzelhandelsmeile nach der City West, esse ich danach noch ein Stück Bienenstich in der Thoben-Filiale neben dem Bierpinsel. Nicht weil der Bienenstich besonders gut oder das Café besonders ansprechend wäre – beides ist so entschieden mittelmäßig wie der Rest der Schloßstraße. Nein, was mich hierhin zieht, sind die Rentner – und die Spatzen.

Die Rentner treffen sich neben dem Bierpinsel zum Kaffeetrinken, und ich kenne keinen anderen Ort in Berlin, wo man so gut Rentnergespräche belauschen kann.

«… ich habe eine gute Ehe geführt. Vier gut geratene Kinder, die alle gutes Geld verdienen …»

«… Wasser im Bauch, alles voller Schläuche. Es wäre besser, sie machte endlich die Augen zu …»

«… meine Jüngste macht mir Sorgen. Die hält's mit keinem Mann lange aus. Jetzt ist sie 50 und hat wieder einen neuen …»

Die Spatzen treffen sich in einem kleinen Baum vor dem Café. In den Abendstunden, wenn der Himmel dunkler und die Schaufenster heller werden, ist der Baum von einem ohrenbetäubenden Gezwitscher erfüllt. Ich nehme an, dass sich die Steglitzer Spatzen hier ganz ähnlich wie die Steglitzer Rentner über ihr Eheleben, ihre Krankheiten und ihren Nachwuchs austauschen.

Auf einer Parkbank neben dem Spatzenbaum sitzt oft ein Obdachloser, mit dem ich jedes Mal ein paar Worte wechsle, wenn ich ihn hier antreffe. Er hat einen süddeutschen Akzent und formt seine Sätze so ungewöhnlich, dass ich mir nie ganz sicher bin, ob er ein bisschen verrückt oder ein bisschen hochbegabt oder möglicherweise beides ist. «Das ist richtig», antwortete er zum Beispiel, als ich ihn auf den Rentnertreff in der Thoben-Filiale ansprach. «Dort versammelt sich vor allem die ältere Generation, aber auch Geschäftsleute und ferner Serbokroaten zählen zu den oft gesehenen Gästen.»

Wenn ich länger mit dem Obdachlosen rede, färbt seine Sprechweise irgendwann auf mich ab. «Könnte es nicht sein», fragte ich ihn bei unserer letzten Begegnung, «dass in diesem Baum einst die berühmten Stieglitze zwitscherten, nach denen Steglitz benannt ist?» Lächelnd schüttelte er den Kopf. «Dafür ist der Baum zu jung», wandte er berechtigt ein, «und die Vögel sind ganz überwiegend Spatzen, auch wenn sich mitunter Finken und Kleinvögel anderer Art zu ihnen gesellen.»

Der Obdachlose hat zu allem in Steglitz etwas zu sagen – sei es zum noblen Villenviertel am Fichteberg («ein Wohnort der oberen vier oder sieben Prozent»), dem alten Rathaus, in dessen

Ratskeller 1896 die Wandervogelbewegung gegründet wurde («ein Verein der Unbehaustheit») oder dem 30-stöckigen Verwaltungsbau am Steglitzer Kreisel, der gerade zu einem Wohnturm umgewandelt wird («für Liebhaber von Schwindelgefühlen»).

Nur eines konnte mir auch der Obdachlose nicht verraten – nämlich warum der leer stehende Futurismusbau unmittelbar neben dem Spatzenbaum «Bierpinsel» genannt wird. Auch alle anderen Passanten, die ich an der Schloßstraße ansprach, hatten keine wirklich überzeugende Erklärung. «Weil's da früher Bier gab», sagten die einen. «Weil's wie ein Pinsel aussieht», meinten die anderen.

Wie ich erst später erfuhr, sollen die Architekten des Bierpinsels bei der Formgebung ihres Baus etwas ganz anderes im Sinn gehabt haben: nämlich einen Baum.

***

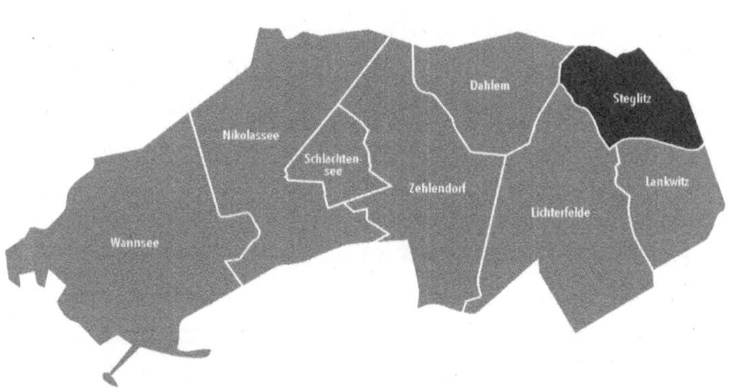

Gefühlte Mitte: Bierpinsel

Sektorenzugehörigkeit bis zur Wiedervereinigung: Amerikanisch (West-Berlin)

Fläche: 6,8 km² (Platz 57 von 97)

Einwohner: 76 215 (Platz 16 von 97)

Bevölkerungsdichte: 11 237 Einwohner/km² (Berlin gesamt: 4323 Einwohner/km²)

Durchschnittsalter: 44,6 (Berlin gesamt: 42,7)

Verkehrsanbindung: S-Bahn (Linien S1, S2, S25, S26), U-Bahn (U3, U9), Bus (diverse Linien)

Leute: Johann Adolph Heese (Seidenhändler, baute 1840 um die heutige Bergstraße eine Maulbeerplantage an und machte Steglitz zum Raupenzuchtzentrum Preußens), Carl Friedrich von Beyme (preußischer Justizminister unter Friedrich Wilhelm III., residierte im Gutshaus Steglitz)

Sehenswürdigkeiten: Schloßstraße (Einkaufsmeile), Rathaus (neogotischer Backsteinbau von 1898, in dessen Ratskeller 1901 die Wandervogelbewegung gegründet wurde, Schloßstr. 37), Gutshaus (gebaut 1804, Wohnsitz des preußischen Justizministers Carl Friedrich von Beyme, später bewohnt von Generalfeldmarschall Friedrich von Wrangel, seitdem «Wrangelschlösschen» genannt, Schloßstr. 48), Bierpinsel (futuristisches Turmrestaurant der 1970er Jahre, derzeit ungenutzt, Schloßstr. 37), Steglitzer Kreisel (Bürohochhaus der 1970er Jahre, Schloßstr. 80), Spiegelwand (Mahnmal mit 1723 Namen ermordeter Juden aus Steglitz, Herman-Ehlers-Platz)

Theater: Schlosspark-Theater (Boulevard, im Gutshaus Steglitz, Schloßstr. 48)

Museen und Galerien: Blinden-Museum (Ausstellung zur Blindenschrift Braille, Rothenburgstr. 14)

Grünste Ecken: Stadtpark Steglitz, Bäkepark, Fichteberg

Gute Currywurst: Krasselt's (Steglitzer Damm 22)

Kalauer-Friseure: Abschnitt 37 (Albrechtstr. 107), Abschnitt 121 (Albrechtstr. 121), Hair'adise (Berlinickestr. 15), Wunderhaar (Grunewaldstr. 4), Kamm In (Markelstr. 3)

WANNSEE

Wo sich deutsche Kreise schließen

Auf dem Kleist-Grabmal am Ufer des Kleinen Wannsees sah ich frische Blumen liegen – ein üppiges Gesteck, geschmackvoll arrangiert und erkennbar teuer, ganz wie der Rest des schönen Villenvororts Wannsee.

Heinrich von Kleists Weg in den Abgrund begann mit Kant und endete mit zwei Schüssen im Schilf. An der reinen Vernunft verzweifelnd, besonders an der Vernunftvergötterung der Franzosen, beschloss der deutsche Dichter, fortan das Herz über das Hirn zu stellen. Es gelang ihm nie ganz, aber doch genug, um sich nachhaltig zu ruinieren, moralisch wie materiell. Am 21. November 1811, kurz nach seinem 34. Geburtstag, schoss Kleist am Kleinen Wannsee erst seiner Geliebten Henriette Vogel ins Herz und dann sich selbst ins Hirn. Man begrub die beiden Leichen an Ort und Stelle, fern aller Friedhöfe, wie es Selbstmördern gebührte.

Dass nicht nur Kleist, sondern der ganze deutsche Zeitgeist

in jener Ära ins Morbide abdriftete, lässt sich am gegenüberliegenden Ende des Ortsteils besichtigen, auf der Pfaueninsel. Auch der Gartenbau löste sich in der Romantik, nicht nur in der deutschen, vom vernunftgeleiteten französischen Vorbild, er verwarf das Ideal der symmetrischen Naturbegradigung und zierte seine nunmehr möglichst krumm und schief gehaltenen Landschaften bevorzugt mit jenen Kunstruinen, von denen sich auf der Pfaueninsel gleich drei finden: ein Schloss mit abgebrochener dritter Etage, eine Meierei mit angeknackstem Dach sowie das verwitterte Fragment eines römischen Brunnens. Ich durchschritt diese Landschaft an einem diesigen Novembertag und wähnte mich inmitten eines Caspar-David-Friedrich-Gemäldes.

War es nur der herbstliche Wannseewind, der kalt an mein Herz griff, oder lässt sich in Berlins südwestlichstem Ortsteil tatsächlich eine schaurige Parallele im Verlauf der kleistschen und der deutschen Selbstruinierung erkennen? Wer die Parklandschaft im Uhrzeigersinn umrundet, landet nach dem Dichtergrab und der Pfaueninsel unweigerlich am Haus der Wannseekonferenz, wo 1942 der Entschluss zur systematischen Auslöschung von elf Millionen Menschenleben gefasst wurde. Deutschlands romantischer Sonderweg hatte da den krassesten Grad seiner Verirrung erreicht, die Ruinierung des Kontinents war in vollem Gange, der Erbfeind Frankreich endlich unterworfen, und inmitten all des Kriegswahnsinns fand der deutsche Geist 1941 noch die Zeit, das Dichtergrabmal am Wannseeufer mit einer neuen Inschrift zu verzieren, einem Zitat aus Kleists «Prinz von Homburg»: «Nun, o Unsterblichkeit, bist du ganz mein.»

Dann starb die deutsche Romantik. Es blieb nur Schutt und Asche von ihr. Zu Ruinen haben die Deutschen seitdem ein vorsichtigeres Verhältnis, zur Todesverklärung ebenfalls – auch wenn ich beim Anblick mancher Wannseevilla den Eindruck nicht los wurde, dass in ihrem Inneren noch der eine oder andere Caspar David Friedrich die Wände zieren dürfte.

Als ich nach meiner langen Uhrzeigerrunde um Berlins drittgrößten Ortsteil wieder am Ausgangspunkt ankam, sah ich ein junges Paar vor dem Kleist-Grab stehen – berückend schöne Menschen, innig umschlungen, mit ernsten Gesichtern, schweigend. Mir wurde bang ums Herz.

***

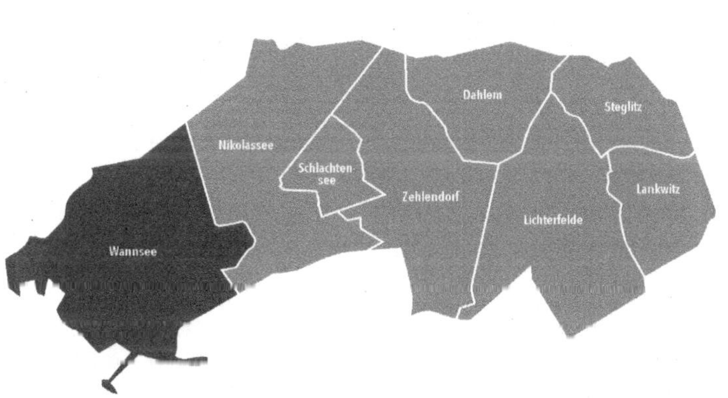

Gefühlte Mitte: Kirche am Stölpchensee
Sektorenzugehörigkeit bis zur Wiedervereinigung: Amerikanisch (West-Berlin)

Fläche: 23,7 km² (Platz 3 von 97)

Einwohner: 10 343 (Platz 80 von 97)

Bevölkerungsdichte: 435 Einwohner/km² (Berlin gesamt: 4323 Einwohner/km²)

Durchschnittsalter: 48,3 (Berlin gesamt: 42,7)

Verkehrsanbindung: Fern- und Regionalbahn (Bahnhof Wannsee), S-Bahn (Linien S1, S7), Bus (diverse Linien), Fähre (Linie F10 nach Kladow)

Leute: Heinrich von Kleist und Henriette Vogel (Liebende), Max Liebermann (Maler, lebte und arbeitete ab 1910 in seiner Villa am Wannsee)

Sehenswürdigkeiten: Kleist-Grab (Gedenkstätte für Heinrich von Kleist und Henriette Vogel am Ort ihres Suizids, Bismarckstr. 2), Dorf Stolpe (älteste heute noch existierende Siedlung des Berliner Südwestens, rund um den Wilhelmplatz), Glienicker Schloss (klassizistisches Gutshaus von 1753, Sommerresidenz des Prinzen Carl von Preußen, Königstr. 36), Jagdschloss Glienicke (Barockbau des späten 17. Jhdts., Waldmüllerstr. 1), St.-Peter-und-Paul-Kirche und Blockhaus Nikolskoe (Ensemble aus Kirche und Bauernhaus im russischen Stil, gebaut im frühen 19. Jhdt., Nikolskoer Weg 17), Glienicker Brücke (zu Mauerzeiten Verbindung zwischen West-Berlin und DDR-Umland, genutzt zum Austausch gefangener Agenten), westlichster Punkt von Berlin (im Jungfernsee, 52° 25′ 16″ N, 13° 5′ 24″ E)

Museen und Galerien: Haus der Wannsee-Konferenz (Ausstellung zur NS-Konferenz, bei der am 20. Januar 1942 die systematische Ermordung der Juden Europas beschlossen und geplant wurde, Am Großen Wannsee 56), Liebermann-Villa (Sommerhaus von Max Liebermann, Ausstellung zu Leben und Werk des Malers, Colomierstr. 3)

Grünste Ecken: Park Klein-Glienicke und Pfaueninsel (Landschaftsgärten, Teil des UNESCO-Weltkulturerbe-Ensembles Schlösser und Parks von Potsdam und Berlin), Düppeler Forst

Gute Kneipe: Wirtshaus zur Pfaueninsel (Pfaueninselchaussee 100)

Ortsteilhymnen: Pack die Badehose ein (Gerhard Froboess / Hans Bradtke, 1951), Wannsee (Tote Hosen, 2017)

ZEHLENDORF

Wo in Hütten Slawen hausten

Zehlendorf liegt am südwestlichen Stadtrand. Berlin ist hier zu Ende. Einst musste man viel Osten durchqueren, um von hier aus wieder im Westen zu landen, denn Zehlendorf lag an der Frontlinie des innerdeutschen Klassenkampfs. Eines Nachts, im März 1989, kam von der anderen Seite ein gasgefüllter Ballon über die Mauer geweht, dessen Hülle an der Potsdamer Chaussee niederging. Nicht weit entfernt wurde die Leiche eines Mannes entdeckt. Der Flüchtling war mit seinem selbst gebastelten Ballon ganz im Nordosten der Stadt gestartet, im Ortsteil Blankenburg. Ganz im Südwesten stürzte er ab.

Wenige Monate vor dem Fall der Berliner Mauer war der Elektroingenieur Winfried Freudenberg ihr letztes Todesopfer. An sein Schicksal erinnert eine Gedenktafel am Erdmann-Graeser-Weg. Lange stand ich vor ihr und überlegte, ob der unglückliche Freudenberg bei seiner Irrfahrt durch den Himmel über Berlin wohl geahnt hatte, dass er in der wohlhabendsten Ecke der Stadt abstürzen würde.

Denn prächtigere Villen als rund um den Zehlendorfer Waldsee findet man in Berlin kaum. Von der Fußgängerbrücke aus, die das Gewässer quert, starrte ich dem Geldadel in die Gärten. Wer hier wohnt, dachte ich, wohnt ganz oben, auch in diesem Sinne hat die Stadt in Zehlendorf ein Ende: Höher kann man auf Berlins sozialer Leiter nicht steigen.

Und tiefer nicht fallen. Im Kuchencafé «Anneliese» am S-Bahnhof Zehlendorf kam ich mit einer Kellnerin ins Gespräch, die mich warnte, die Bewohner der Gegend für reich zu halten, nur weil sie in Villen lebten. Sie erzählte mir die Geschichte einer greisen Dame, die sich im Alter nicht einmal mehr Heizöl habe leisten können. Die Fenster ihrer Villa, aus der sie partout nicht ausziehen wollte, seien im Winter von Eisblumen bedeckt gewesen, während die Dame sich im Café stundenlang an ein Glas Tee klammerte, um sich aufzuwärmen.

Zu ihren Stammgästen, fuhr die Kellnerin fort, habe außerdem ein pensionierter Gerichtsvollzieher gehört, der die erstaunlichsten Geschichten zu erzählen wusste: von verarmten Zehlendorfern, die in leergepfändeten Villen hausten, mit nichts als einer Matratze auf dem knarzenden Parkett. Man sehe den Menschen hier von außen nicht an, wie es um das Innere ihrer Häuser und Seelen stehe, sagte die Kellnerin. «Wie meine Mutter zu sagen pflegte: Unter jedem Dach ein Ach.»

Südwestlich des S-Bahnhofs, nicht weit von der Stadtgrenze, liegt das Museumsdorf Düppel. Eine junge Archäologin führte

mich durch die mittelalterliche Modellsiedlung. Regen triefte von den reetgedeckten Hüttendächern, deren historische Vorbilder im frühen 13. Jahrhundert die Erstbewohner des Dorfs trocken hielten, wer auch immer sie waren. Die Germanen, so die verbreitete Lesart, hatten in jener Zeit gerade die Slawen aus dem Berliner Raum verdrängt und am Spreeufer erste Siedlungen gegründet, aus denen das heutige Berlin hervorging.

Neuere Erkenntnisse, erklärte mir die Archäologin, legten aber nahe, dass Düppel ein slawisch gegründetes Dorf gewesen sei, in dem sich beide Volksgruppen mischten. Der Dorfverein stelle die Siedlungsgeschichte inzwischen auch entsprechend dar, wogegen es in Teilen der örtlichen Bevölkerung aber Widerstände gegeben habe – die älteren Zehlendorfer, erklärte mir die Archäologin schmunzelnd, hatten den Slawen nur sehr ungerne eine Rolle in ihrer Ortsteilgeschichte einräumen wollen.

* * *

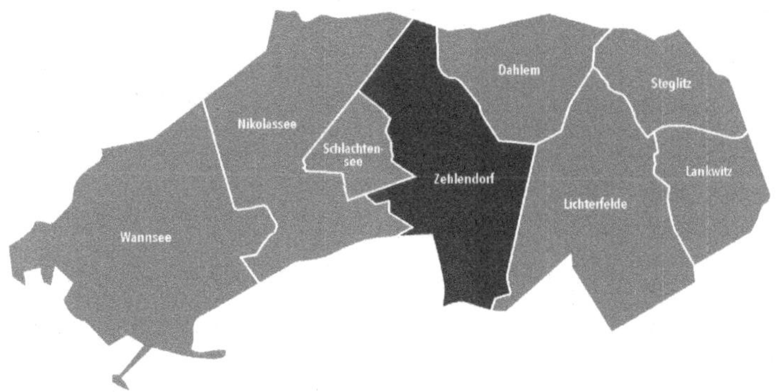

Gefühlte Mitte: Zehlendorfer Eiche

Sektorenzugehörigkeit bis zur Wiedervereinigung: Amerikanisch (West-Berlin)

Fläche: 16,1 km² (Platz 13 von 97)

Einwohner: 54 940 (Platz 23 von 97)

Bevölkerungsdichte: 3410 Einwohner/km² (Berlin gesamt: 4323 Einwohner/km²)

Durchschnittsalter: 48,5 (Berlin gesamt: 42,7)

Verkehrsanbindung: S-Bahn (Linie S1), U-Bahn (Linie U3), Bus (diverse Linien)

Leute: Onkel Tom (Gastwirt, eigentlich Thomas, benannte sein 1885 in Zehlendorf eröffnetes Ausflugslokal nach dem Harriet-Beecher-Roman «Onkel Toms Hütte», woraus später der Name einer Zehlendorfer Bauhaussiedlung und der zugehörigen U-Bahn-Station wurde), Eckart von Hirschhausen (Mediziner und Kabarettist, aufgewachsen in Zehlendorf)

Sehenswürdigkeiten: Zehlendorfer Eiche (gepflanzt 1871 als Gedenkbaum zum Ende des Deutsch-Französischen Kriegs, an der Dorfkirche, Clayallee/Berliner Str.), Dorfkirche (Barockbau von 1768, Clayallee/Berliner Str.), S-Bahnhof Mexikoplatz (Jugendstilbahnhof von 1904, Mexikoplatz), U-Bahnhof Krumme Lanke (moderner Bahnhofsbau der 1920er Jahre, Argentinische Allee), Onkel-Tom-Siedlung (Bauhaus-Wohnsiedlung der 1920er Jahre, am U-Bahnhof Onkel Toms Hütte)

Museen und Galerien: Haus am Waldsee (internationale Gegenwartskunst, Argentinische Allee 30), Museumsdorf Düppel (rekonstruierte Mittelaltersiedlung, Clauertstr. 11), Heimatmuseum Zehlendorf (Ortsteilgeschichte, Clayallee 355), Kinder-Kunst-Museum (Kunst von Kindern für Kinder, Hartmannsweilerweg 9)

Grünste Ecken: Grunewald, Krumme Lanke, Waldsee, Vierling-Park, Heinrich-Laehr-Park, Schweizerhofpark, Fischtalpark

Kalauer-Friseur: Abschnitt 37 (Machnower Str. 1)

Ortsteilhymnen: Das Lied von der Krummen Lanke (Fredy Sieg, 1923)

BEZIRK

TEMPELHOF-SCHÖNEBERG

Fläche: 53,0 km² (entspricht 6,0 % der Berliner Gesamtfläche)
Einwohner: 353 913 (entspricht 9,2 % der Berliner Gesamtbevölkerung)
Davon weiblich: 51,1 % (Berlin gesamt: 50,6 %)
männlich: 48,9 % (Berlin gesamt: 49,4 %)
ohne Migrationshintergrund: 59,4 % (Berlin gesamt: 61,4 %)
mit Migrationshintergrund: 40,6 % (Berlin gesamt: 38,6 %)
ledig: 50,3 % (Berlin gesamt: 52,8 %)
verheiratet: 34,7 % (Berlin gesamt: 33,2 %)
verwitwet: 5,5 % (Berlin gesamt: 5,1 %)
geschieden: 8,9 % (Berlin gesamt: 8,5 %)
in Lebenspartnerschaft: 0,6 % (Berlin gesamt: 0,4 %)
Bevölkerungsdichte: 6674 Einwohner / km² (Berlin gesamt: 4323)
Durchschnittsalter: 44,0 (Berlin gesamt: 42,7)
Beliebteste Babynamen: Emma (Mädchen), Noah (Jungen)

* * *

Tempelhof und Schöneberg, die beiden namensgebenden Ortsteile des Bezirks, sind von zwei Bauwerken geprägt, die im Kalten Krieg zu Symbolen des West-Berliner Überlebenswillens wurden. Den Flughafen Tempelhof steuerten während der Berlin-Blockade von 1948/49 die Rosinenbomber der Westalliierten an, um die eingeschlossene Stadthälfte per Luftbrücke zu versorgen. Ins Rathaus Schöneberg zog zur gleichen Zeit der West-Berliner Senat, um die politische Eigenständigkeit der halbierten Metropole zu unterstreichen, weshalb John F. Kennedy seine berühmte «Ich bin ein Berliner»-Rede 1963 auf dem Schöneberger Rathausplatz hielt.

Jenseits davon ähneln sich die beiden Ortsteile nicht besonders. Schöneberg ist urban, Tempelhof wirkt vorstädtisch. Schöneberg hat ein Hetero- und besonders ein Homonachtleben, Tempelhof weder das eine noch das andere. Das Schöneberger Rathaus wird noch immer genutzt, heute sitzt hier die Bezirksverwaltung. Der Flughafen Tempelhof dagegen wurde 2008 geschlossen, er ist heute neben dem Tiergarten die größte innerstädtische Grünfläche.

Ansonsten besteht der Bezirk, der nach Süden hin bis an die Stadtgrenze reicht, aus den drei ruhigen Wohnvierteln Lichtenrade, Marienfelde und Mariendorf, von denen Letzteres jenseits der Bezirksgrenzen immerhin für seine Trabrennbahn bekannt ist. Zu guter Letzt gehört zu Tempelhof-Schöneberg noch der winzige Ortsteil Friedenau, der in weiten Teilen des 20. Jahrhunderts der deutsche Wohnort mit der höchsten Literatendichte gewesen sein dürfte – zahllose Gedenkplaketten erinnern an den Fassaden der hiesigen Villen und Mietshäuser an Schriftsteller von Rilke bis Grass, die einmal Friedenauer waren.

FRIEDENAU

Wo sich Autofahrer duellieren

Es fängt schon damit an, dass unklar ist, wo Friedenau anfängt. Die Westgrenze des Ortsteils verläuft eigentlich entlang der Haupt- und Frebestraße – alles, was dahinter liegt, sogar der S-Bahnhof Friedenau, gehört zum Nachbarortsteil Schöneberg. Doch auf beiden Seiten der Bahngleise erstreckt sich eine Art Phantom-Friedenau, dessen Bewohner brüskiert gucken, wenn man fragt, in welchem Ortsteil sie leben. «Friedenau natürlich!», sagen sie, obwohl das objektiv nicht stimmt. Im Westen reicht diese gefühlte Ortsteilgrenze bis zur Kleingartenkolonie Sonnenbad, während nach Süden hin die Passanten, denen ich die Friedenau-Frage stellte, erst kurz vor dem Friedhof Steglitz von vehementem Nicken zu bedauerndem Kopfschütteln übergingen.

Ist aber auch kein Wunder, dass so viele Rand-Friedenauer gerne Kern-Friedenauer wären. Diese Villen! Ein- bis dreistöckige Landhäuser geben der Gegend ihr Gepräge, entstanden in den 1870er Jahren. Dass Friedenau trotz der niedrigen Traufhöhen der am dichtesten besiedelte Ortsteil Berlins ist, dürfte an der engen Bebauung liegen – viele Straßen hier sind so stadtuntypisch schmal, dass zwischen den geparkten Fahrzeugreihen nur ein Auto durchpasst. Steuern zwei aufeinander zu, kommt es, wie mir ein Anwohner erklärte, zum sogenannten «Friedenauer Duell»: Die Kombattanten starren sich dann so lange an, bis einer entnervt aufgibt und rückwärts die nächste Ausweichmöglichkeit ansteuert.

Ansonsten fiel mir in Friedenau vor allem die verblüffende Dichte an Heilpraktikern und toten Literaten auf. Überall an den pittoresken Hausfassaden sah ich Plaketten, die entweder für craniosakrale Therapie, Quantenheilung, kinesiologische Muskeltests und Schlangengift-Enzym-Therapie warben oder aber auf einstige Bewohner hinwiesen. Bundesallee 79: Kurt Tucholsky. Niedstraße 14: Uwe Johnson. Hähnelstraße 9: Kurt Hiller. Saarstraße 14: Karl Kautsky. In der Sarazzinstraße 8 lebten Max Frisch und Ernst Jandl, in der Rheingaustraße 8 Rainer Maria Rilke. Am einstigen Wohnhaus von Erich Kästner (Niedstraße 5) fand ich statt einer Plakette einen Zettel vor: «Achtung, Trickbetrüger unterwegs! Lassen Sie keine Fremden in Ihre Wohnung.» Während ich noch überlegte, ob sich da wohl ein literarischer Hochstapler als Kästner-Erbe ausgab, entdeckte ich an der ehemaligen Villa von Günter Grass (Niedstraße 13) eine Plakette, die den Friedenauer Kreis zu schließen schien: «Praxis für Naturheilkunde und Bioresonanztherapie».

Gegen Abend, nach langem staunenden Schlendern, wurde ich ratlos. Friedenau war schön, aber was war es sonst noch? Der Ortsteil strotzte nur so vor urbaner Eleganz, aber es kam mir vor, als finde er unter der musealen Last seiner Historie keine rechte Rolle in der Gegenwart. Per SMS bat ich eine Freundin, die hier aufgewachsen war, um Hinweise. Sie riet mir, die alte Gießerei an den Bahngleisen zu besuchen und ein Bier im «Schluckspecht» zu trinken. Leider stellten sich beide Institutionen als längst verschwunden heraus. «Das erklärt auch, warum du Friedenau nicht findest», schrieb die Freundin, als ich ihr die traurige Nachricht überbrachte. «Es ist nicht mehr da. Nur Gedenktafeln.»

* * *

Gefühlte Mitte: Friedrich-Wilhelm-Platz

Sektorenzugehörigkeit bis zur Wiedervereinigung: Amerikanisch (West-Berlin)

Fläche: 1,7 km² (Platz 93 von 97)

Einwohner: 28 855 (Platz 48 von 97)

Bevölkerungsdichte: 17 445 Einwohner/km² (Berlin gesamt: 4323 Einwohner/km²)

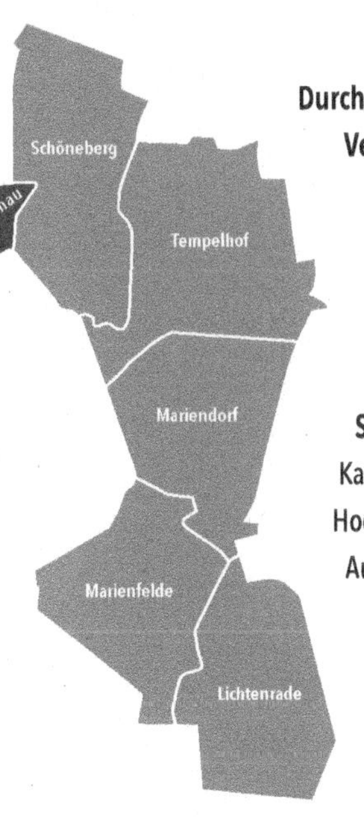

Durchschnittsalter: 44,0 (Berlin gesamt: 42,7)
Verkehrsanbindung: S-Bahn (Linien S1, S41, S42, S26), U-Bahn (Linien U4, U9), Bus (diverse Linien)
Leute: Comedian Harmonists (Vokalensemble, gegründet 1927 in der Stubenrauchstr. 47), Tucholsky, Johnson, Frisch, Jandl, Rilke, Kästner, Grass …
Sehenswürdigkeiten: Literatenvillen (siehe oben), Kaisereiche (gepflanzt 1879 anlässlich des Goldenen Hochzeitstags von Kaiser Wilhelm I. und Kaiserin Augusta, Hauptstr./Saarstr.), Friedhof Schöneberg III (u. a. mit den Gräbern von Marlene Dietrich und Helmut Newton, Stubenrauchstr. 43)
Theater: Kleines Theater (Kammerbühne mit Schwerpunkt Biographie-Inszenierungen, Südwestkorso 64)
Museen und Galerien: Rotkreuz-Museum (Ausstellung zur Geschichte und Arbeit des internationalen Roten Kreuzes, Bachestr. 11)
Grünste Ecke: Perelsplatz
Kalauer-Friseure: Mata Haari (Schmargendorfer Str. 5), Headline (Odenwaldstr. 27), Hin & Hair (Südwestkorso 8A), Haarchitect (Hauptstr. 72)
Ortsteilhymne: Friedenauer Nationalhymne (Verfasser unbekannt, um 1880)

LICHTENRADE

Wo die Mauern wiederkehren

Die Verkäuferin in der Bäckerei am S-Bahnhof Lichtenrade fragte mich, ob ich öfter in der Gegend sei. «Ich kann ihnen eine Sammelkarte geben, dann ist der zehnte Kaffee umsonst.» Ich zögerte – der Kaffee war nicht schlecht, aber ich war unsicher, wann ich das nächste Mal am südlichen Stadtrand vorbeischauen würde. «Gibt es denn einen Grund, öfter hier zu sein?», fragte ich. Die Verkäuferin dachte nach. Lange. «Nein», sagte sie am Ende.

«Außer vielleicht den Ententeich», fügte ihre Kollegin hinzu.

Der Ententeich liegt in der Mitte des alten Dorfangers, der in Lichtenrade so gut erhalten ist wie in kaum einem anderen Berliner Ortsteil. Ein Ring aus niedrigen Bauernhäusern umschließt eine schilfumwehte Wasserfläche, daneben ragt der feldsteingefügte Turm einer mittelalterlichen Kirche in den Himmel. Die Kirchentür war verschlossen, aber drinnen hörte ich einen Organisten proben. Er spielte Bach. Durch ein Fenster konnte ich schemenhaft erkennen, wie der Oberkörper des Mannes vor- und zurückschaukelte. Ich hörte zu und sah auf den verregneten Dorfanger hinaus, bis ich mir nicht mehr ganz sicher war, in welchem Jahrhundert ich mich befand.

Lichtenrade ist überregional bekannt dafür, dass Klaus Wowereit hier Abitur gemacht hat – an einer Schule, von der ich gerüchteweise gehört hatte, dass auch der Rapper Bushido dort Schüler war. Hatten der ehemalige Bürgermeister und der regierende Bürgerschreck dieselbe Schulbank gedrückt? Um es herauszufinden, sprach ich vor dem Ulrich-von-Hutten-Gymnasium zwei Teenager in Hip-Hop-Klamotten an. Ratlos sahen die beiden mich an. Der Name Bushido war ihnen fremd. «Ist der schon älter?», fragten sie. Falls Bushido hier wirklich mal Gymnasiast war, hat Lichtenrade ihn gründlich vergessen.

Ansonsten schien es im Ortsteil nur ein einziges Thema zu geben: den geplanten Ausbau der Dresdener Bahn. Die Lichtenrader S-Bahn-Trasse soll um vier Schnellzuggleise erweitert werden, auf denen künftig mehrere hundert Züge am Tag Richtung Dresden und weiter nach Prag und Budapest verkehren könnten. Überall in Lichtenrade sah ich Protestplakate gegen das Bauprojekt.

Als ich eine Anwohnerin auf die Plakate ansprach, bekam ich einen langen Monolog über die Entwicklung der Lichtenrader Immobilienpreise zu hören. Bis 1989, sagte sie, sei der Wert der

Einfamilienhäuser hier stetig gestiegen, weil der Ortsteil dank Mauer eine Sackgasse ohne jeden Durchgangsverkehr war. «Wir lebten in der ruhigsten Ecke der Stadt», sagte die Frau. Als nach dem Mauerfall dann die LKWs und S-Bahnen wieder durch Lichtenrade rauschten, habe der Sinkflug der Immobilienpreise begonnen – und seit dem Entscheid für die Dresdener Bahn seien sie komplett abgestürzt.

«Immerhin steht hinter Ihrem Garten jetzt keine Mauer mehr», sagte ich, um die Frau etwas aufzuheitern. Sie deutete müde lächelnd auf das Protestplakat. Auf einer Zeichnung waren die hohen Lärmschutzwände zu erkennen, die nach dem Streckenausbau den ganzen Ortsteil durchziehen sollen. «Die eine Mauer geht», sagte die Frau, «die andere kommt.»

Sieh an, dachte ich – es gibt in dieser Stadt also auch Wessis, die sich als Wendeverlierer sehen.

* * *

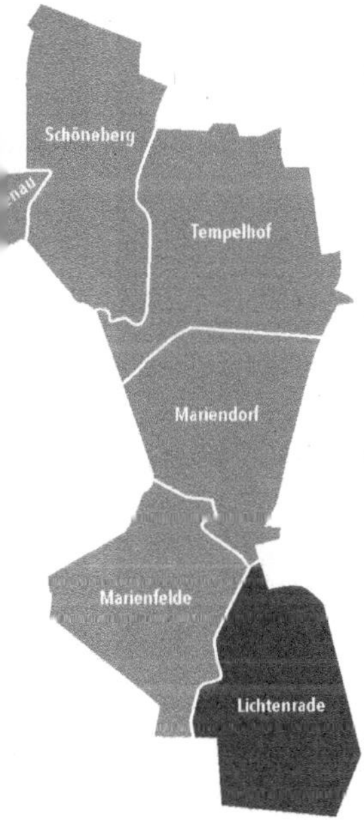

Gefühlte Mitte: Bahnhofstraße

Sektorenzugehörigkeit bis zur Wiedervereinigung: Amerikanisch (West-Berlin)

Fläche: 10,0 km² (Platz 35 von 97)

Einwohner: 52 575 (Platz 25 von 97)

Bevölkerungsdichte: 5232 Einwohner/km² (Berlin gesamt: 4323 Einwohner/km²)

Durchschnittsalter: 46,2 (Berlin gesamt: 42,7)

Verkehrsanbindung: S-Bahn (Linie S2), Bus (diverse Linien)

Leute: Klaus Wowereit (ehemaliger Berliner Bürgermeister und Schüler am Lichtenrader Ulrich-von-Hutten-Gymnasium), Paul Fechter (Journalist und Schriftsteller, lebte ab 1921 in Lichtenrade, begraben auf dem Friedhof Paplitzer Straße)

Sehenswürdigkeiten: Dorfanger (mit Bauernhäusern, Dorfteich und Dorfkirche, Alt-Lichtenrade), Dorfkirche (Feldsteinkirche des 14. Jhdts. mit späteren Ergänzungen, Alt-Lichtenrade 109), Alte Mälzerei (Industriebau von 1898, Steinstr. 37), Mauerweg (südliche Stadtgrenze)

Grünste Ecke: Volkspark, Waldgelände am Kirchhainer Damm

Gute Currywurst: Curry Wolf (Bahnhofstr. 15)

MARIENDORF

Wo die Trappen sprechen können

In Mariendorf sammelte ich viele unverbundene Eindrücke, die sich nicht recht zu einem Gesamtbild fügten – oder doch?

Wer den U-Bahnhof Alt-Mariendorf verlässt, läuft auf ein Bestattungsgeschäft zu, in dessen Schaufenster ein Motorrad neben einem Sarg steht. Unmittelbar angrenzend liegt die Raucherkneipe «Zum Sargnagel». Irgendwie machte dieses Ensemble auf mich den Eindruck, als sei es Teil einer rätselhaften Verwertungskette.

Auf der Trabrennbahn zogen ein paar Gespanne ihre Kreise. Interessiert blieb ich stehen. Wenn die Pferde an mir vorbeitrabten, renkten sie sich die Hälse aus, um mich anzusehen, als suchten sie verzweifelt nach Ablenkung von der Eintönigkeit des kreisförmigen Trabens. Die Jockeys mit ihren Sonnenbrillen dagegen mieden meinen Blick. Sie stierten stur geradeaus, als suchten sie verzweifelt nach Ablenkung von der Eintönigkeit des menschlichen Umgangs.

Eine Traberin hatte ihren Hund mitgebracht. Auf schwarzen Stummelbeinen hechelte er tapfer hinter Frauchens Sulky her, mit fliegenden Ohren und wehender Zunge. Er schien der Einzige hier zu sein, dem das Traben Spaß machte.

Bei den Ställen kam ich mit einer Pferdewirtin ins Gespräch. Sie erzählte mir, dass die Rennbahn bei den Derby-Wochen im Sommer brechend voll sei. «Da blühen wir hier alle auf», sagte sie. «Dann kommen wieder die normalen Rennen, wo kaum jemand hingeht. Jetzt im Winter ist überhaupt nichts los.» Als ich sie auf die zweite Berliner Trabrennbahn in Karlshorst ansprach, entfuhr ihr ein verächtliches Pferdeschnauben. «Auch ganz nett», sagte sie. «Aber die A-Bahn sind wir. Die großen Rennen finden hier statt.»

Zwei Spaziergängerinnen führten zwischen den Ställen ihren Hund Gassi. «Damit der mal ein paar interessante Gerüche in die Nase bekommt», sagte eine.

In Mariendorf liegt das Regionalmuseum Tempelhof. Falls Sie dort mal vorbeikommen, lassen Sie sich unbedingt einen Audio-Guide geben. Sie werden dann die Stimme einer ausgestopften Trappe hören, die hier gewissermaßen als Museumsführerin arbeitet. Sie erklärt alle Exponate, angefangen mit sich selbst. Vor langer Zeit, erzählt die Trappe, sei sie gegen eine Berliner Stromleitung geflogen und gestorben. Der Jäger, der sie auflas, habe sie ausstopfen lassen und dem Wirt Lehmann aus Lichtenrade vermacht, in dessen Lokal die Trappe stand, bis der Wirt starb. Weil es lebendige Trappen zu diesem Zeitpunkt in Berlin schon nicht mehr gab, vermachte die Wirtstochter das seltene Präparat der Lichtenrader Grundschule, von wo es 1960 ins frischgegründete Museum Tempelhof wechselte.

Bis 1960 war das Museum eine Dorfschule. Eine Aufseherin zeigte mir im Gästebuch den Eintrag eines Besuchers, der hier im April 1953 eingeschult worden war: «Es riecht noch wie damals!» Was der Mann nicht dem Gästebuch, aber der Aufseherin anvertraute: Der Dorflehrer war damals ständig besoffen.

Die Museumsaufseherin trug eine riesige Sonnenbrille. Sie war in der Badewanne ausgerutscht, ihre ganze rechte Gesichtshälfte war lila marmoriert. «Zum Glück arbeite ich nicht irgendwo, wo ständig Leute vorbeikommen», sagte sie.

Es roch im Museum wirklich irgendwie nach 1953.

* * *

Gefühlte Mitte: U-Bahnhof Alt-Mariendorf

Sektorenzugehörigkeit bis zur Wiedervereinigung: Amerikanisch (West-Berlin)

Fläche: 9,4 km² (Platz 37 von 97)

Einwohner: 53 020 (Platz 24 von 97)

Bevölkerungsdichte: 5657 Einwohner/km² (Berlin gesamt: 4323 Einwohner/km²)

Durchschnittsalter: 46,0 (Berlin gesamt: 42,7)

Verkehrsanbindung: S-Bahn (Linie S2), U-Bahn (Linie U6), Bus (diverse Linien)

Leute: Mario Barth (Komiker, geboren 1972 in Mariendorf), Gerda und Wolfgang Szepansky (NS-Widerstandskämpfer, lebten in Lichtenrade, begraben auf dem Friedhof Friedenstraße)

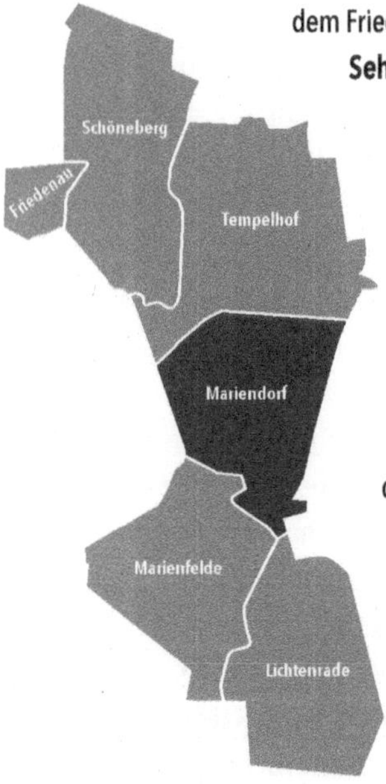

Sehenswürdigkeiten: Trabrennbahn (gegründet 1913, Mariendorfer Damm 222), Dorfkirche (Feldsteinkirche des 13. Jhdts. mit späteren Ergänzungen, Mariendorfer Damm/Alt-Mariendorf), Marienpark (ehemaliges Gaswerkgelände, heute Gewerbegebiet, Lankwitzer Str. 45), Alter Wasserturm (Industriebau von 1901, Im Marienpark 16), Martin-Luther-Gedächtniskirche (moderner Sakralbau von 1935, im Innenraum ursprünglich mit NS-Symbolik ausgekleidet, die nach 1945 teils entfernt wurde und teils als Zeitzeugnis erhalten blieb, Riegerzeile 1)

Museen und Galerien: Museum Tempelhof (Bezirksgeschichte, Alt-Mariendorf 43)

Grünste Ecke: Volkspark, Pfuhlgelände

Gute Kneipe: Zum Sargnagel (Mariendorfer Damm 137)

MARIENFELDE

Wo die Lager länger leben

Gleich neben dem S-Bahnhof Marienfelde steht ein kleines Denkmal. Es ist aus Metall und sieht auf eine altmodische Art futuristisch aus, etwa so, wie man sich in der Gründerzeit wohl die Zukunft vorstellte: stählern und kantig. Eine gestanzte Inschrift erinnert an einen historischen Marienfelde-Moment: «Am 28.10.1903 fuhr ein AEG-Drehstromtriebwagen den Geschwindigkeitsweltrekord von 210,2 km/h.»

Ein gutes Jahrhundert ist das her. Es war der erste Temporekord, der in Marienfelde aufgestellt wurde – und auch der letzte, wie ich nach meinem Besuch am stillen südlichen Stadtrand fürchtete.

Außer dem Denkmal gibt es am S-Bahnhof eine Bäckerei namens «Morgenfrische» und eine Zahnarztpraxis namens «Salto Orthodontale». Ich entschied mich für die Bäckerei. Die Verkäuferin dort erzählte mir, dass sie Marienfelde nur selten verlasse, weil Berlin ihr zu aggressiv geworden sei. «Merkt man sofort, wenn man in die Stadt reinfährt – nach Lankwitz oder so.» Innerlich musste ich lachen, weil mir in Lankwitz wenige Wochen zuvor ein Dönerverkäufer erzählt hatte, dass er die Stadt ab Steglitz unerträglich finde. Ich freue mich jetzt schon auf den Steglitzer, der sich bei mir über Wilmersdorf beklagen wird.

Ansonsten hat Marienfelde viele Einfamilienhäuser, ein traditionsreiches Industriegebiet, die wahrscheinlich älteste Dorfkirche der Stadt und ein riesiges Notaufnahmelager. In Letzterem kamen bis zum Mauerfall insgesamt 1,35 Millionen geflohene DDR-Bürger unter. Nach der Wende sah es erst so aus, als werde das Lager nun nicht mehr gebraucht, aber dann kamen, wie mir eine Mitarbeiterin erzählte, die russlanddeutschen Spätaussiedler, und nach ihnen die Kriegsflüchtlinge aus Tschetschenien, und dann die Afghanen, und schließlich die Syrer, weshalb das Lager bis heute ein Lager ist, auch wenn es inzwischen Übergangswohnheim heißt.

Ein Teil des Gebäudes wurde nach der Wiedervereinigung zur Gedenkstätte umgewandelt. In den Ausstellungsräumen drang plötzlich eine unverwechselbare Fistelstimme an mein Ohr. «Ich bin der Meinung, Genossen», fistelte Walter Ulbricht, «mit der Monotonie des ‹Yeah›, und wie das alles heißt, sollte man doch Schluss machen! Ist es denn wirklich so, dass wir jeden Dreck, der vom Westen kommt, kopieren müssen?» Gelächter quittierte die Ulbricht-Sätze. Erst jetzt begriff ich, dass ein stimmimitatorisch begabter Gedenkstättengast den Text von einer Ausstellungstafel abgelesen hatte – zur Freude seiner drei Begleiter.

Als ich mit den vieren ins Gespräch kam, stellten sie sich als eine Schriftstellertruppe namens «Freedrichshagener Kleeblatt» heraus. Zwei von ihnen, ein Ex-DDR-Bürger und eine Ex-Sowjetbürgerin, hatten vorübergehend im Notaufnahmelager gelebt – der Ostdeutsche vor der Wende, die Russlanddeutsche danach. Die anderen beiden waren aus schriftstellerischer Neugier mit in die Gedenkstätte gekommen.

Wolfgang, der Ulbricht-Imitator, hatte nur kurz im Lager gelebt. Lena dagegen, die Russlanddeutsche, hatte etwas mehr Zeit hier verbracht. Sie dachte gerne an jenen Winter zurück. Bei der Eingewöhnung in Deutschland hatte ihr damals ein guter Freund geholfen: Heinrich Heine. «Marienfelde», sagte Lena, «war mein Wintermärchen.»

* * *

Gefühlte Mitte: Jörg's Curry-Container

Sektorenzugehörigkeit bis zur Wiedervereinigung: Amerikanisch (West-Berlin)

Fläche: 9,1 km² (Platz 40 von 97)

Einwohner: 32 488 (Platz 43 von 97)
Bevölkerungsdichte: 3554 Einwohner/km² (Berlin gesamt: 4323 Einwohner/km²)
Durchschnittsalter: 45,2 (Berlin gesamt: 42,7)
Verkehrsanbindung: S-Bahn (Linie S2), Bus (diverse Linien)
Leute: Adolf Kiepert (Landwirt und Politiker, bewirtschaftete von 1844 bis zu seinem Todesjahr 1892 das Rittergut Marienfelde), Bruno Möhring (Architekt, bekannt für den U-Bahnhof Bülowstraße, entwarf in Marienfelde mehrere Jugendstilbauten, darunter sein eigenes Wohnhaus in der Bruno-Möhring-Str. 14B)
Sehenswürdigkeiten: Dorfkirche (Feldsteinkirche, gebaut in der ersten Hälfte des 13. Jhdts., gilt als älteste erhaltene Kirche Berlins, Alt-Marienfelde), Denkmal zum Geschwindigkeitsweltrekord (am S-Bahnhof Marienfelde), Industriegebiet (entstanden um 1900, diverse historische Werksgebäude, östlich des S-Bahnhofs Marienfelde), Mauerweg (südliche Stadtgrenze)
Museen und Galerien: Erinnerungsstätte Notaufnahmelager Marienfelde (Marienfelder Allee 66)
Grünste Ecke: Gutspark, Königsgraben, Freizeitpark Marienfelde
Gute Currywurst: Jörg's Curry-Container (Hranitzkystr./Marienfelder Allee)

SCHÖNEBERG

Wo die Herzen heißer schlagen

Viele russische Exilliteraten haben in Schöneberg gelebt. Ich war deshalb nicht überrascht, vor Vladimir Nabokovs ehemaligem Wohnhaus in der Motzstraße eine Gruppe russischer Touristen stehen zu sehen. Die Exkursionsleiterin erzählte auf Russisch etwas über die berühmten Revolutionsflüchtlinge des Kiezes – aber ihre Zuhörer waren erkennbar nicht bei der Sache. Mit schreckgeweiteten Augen sahen sie einem Mann hinterher, der an einer Hundeleine einen zweiten Mann spazieren führte.

Zufällig fand an jenem Tag in Schöneberg gerade das Folsom-Festival statt, Europas größtes Straßenfest für schwule Fetischkultur. Männer mit Polizeimützen, Ledermasken und geschlitzten Latexhöschen paradierten an den irritierten Russen vorbei. Die Unglücklichen hatten sich für ihre Literatentour den einen Tag des Jahres ausgesucht, an dem Berlin tatsächlich so aussieht, wie Europa im russischen Propagandafernsehen immer dargestellt wird.

Wer nach Sex sucht, findet ihn in Schöneberg natürlich auch

an anderen Tagen. Auf meinem Weg durch Berlins wohl sinnenfrohsten Ortsteil hatte ich Marlene Dietrich im Ohr: «Das war in Schöneberg im Monat Mai / Ein kleines Mädchen war auch dabei / Das hat den Buben oft und gern geküsst / Wie das in Schöneberg so üblich ist.»

Als die Dietrich das sang, durchlebte Berlin gerade seine erste erotische Erdbebenphase, in der Schöneberg mit seinen Tanzkabaretts und Transvestitenbars das Epizentrum war. Eine lange sinnliche Traditionslinie zieht sich seitdem durch die Geschichte des Ortsteils: Christopher Isherwood schrieb in der Nollendorfstraße seine «Berlin Stories», Billy Wilder sammelte am Victoria-Luise-Platz Inspirationen für seine Geschlechterkampfkomödien, neben Marlene Dietrich wurden in Schöneberg Aktstar Helmut Newton und Zotenkönig Hugo Egon Balder geboren, Jeffrey Eugenides arbeitete hier an seinem Hermaphroditenroman «Middlesex».

Die Kehrseite des Schöneberger Geschlechterlebens ist der Strich rund um die Kurfürstenstraße. An der Ecke Potsdamer sah ich ein Mädchen auf absurd hohen Pfennigabsätzen den Bürgersteig entlang staksen, schwankend wie eine bekiffte Giraffe, an der Seite eines älteren Mannes, der unbeteiligt vor sich hin starrte. Das Mädchen hielt ein Telefon ans Ohr gepresst und sprach ohne Pause Bulgarisch. Gemeinsam verschwanden die beiden in der dunkelsten Ecke eines Parkplatzes. Keine fünf Minuten später kam das Mädchen alleine zurückgestakst, wieder – oder immer noch? – mit dem Telefon am Ohr.

Auf der anderen Seite des Parkplatzes liegt Berlins größter Sexshop, das LSD («Love Sex Dreams»). In der Spielzeugetage lauschte ich den Beratungsgesprächen zwischen einem älteren Verkäufer und seinen Kunden, die einzeln oder paarweise den Laden betraten. Den einen nahm er galant die Scham («Jeder macht's, keiner sacht's»), den anderen bot er Orientierung bei der Dildo-Auswahl («Frauen kaufen größer als Männer»), manche führte er vorsichtig an 40-Zentimeter-Modelle heran («Wo ein Kinderkopf durchpasst, passt der auch durch»), wieder anderen erklärte er den Sitz des G-Punkts («Wenn du reinkommst, links»).

Wie viele Berliner Ehen, fragte ich mich, hatte dieser Schöneberger Eros wohl schon gerettet?

* * *

Gefühlte Mitte: Akazienstraße

Sektorenzugehörigkeit bis zur Wiedervereinigung: Amerikanisch (West-Berlin)

Fläche: 10,6 km² (Platz 29 von 97)

Einwohner: 122 770 (Platz 6 von 97)

Bevölkerungsdichte: 11 700 Einwohner/km² (Berlin gesamt: 4323 Einwohner/km²)

Durchschnittsalter: 42,5 (Berlin gesamt: 42,7)

Verkehrsanbindung: Fern- und Regionalbahn (Bahnhof Südkreuz), S-Bahn (Linien S1, S2, S25, S26, S41, S42, S45, S46), U-Bahn (Linien U1, U2, U3, U4, U7), Bus (diverse Linien)

Leute: Marlene Dietrich (Schauspielerin, geboren 1901 in Schöneberg), Helmut

Newton (Fotograf, geboren 1920 in Schöneberg), Christopher Isherwood (britisch-amerikanischer Schriftsteller, lebte von 1929 bis 1933 in der Nollendorfstr. 17 und porträtierte in seinem Roman «Leb wohl, Berlin» das Großstadtleben der Weimar-Ära), John F. Kennedy (US-Präsident, hielt 1963 vor dem Rathaus Schöneberg seine berühmte «Ich bin ein Berliner»-Rede)

Sehenswürdigkeiten: KaDeWe (Kaufhaus des Westens, Luxuswarenhaus von 1907, Tauentzienstr. 21), Metropol-Theater (Jugendstilbau von 1906, Sitz wechselnder Theater, Kinos und Nachtclubs, Nollendorfplatz), Rathaus (Verwaltungsbau von 1914, zu Mauerzeiten politischer Mittelpunkt von West-Berlin, heute Bezirksverwaltung, Am Rathaus 2), Kammergericht (neobarocker Verwaltungsbau von 1913, in der Nachkriegszeit Sitz des Alliierten Kontrollrats, Elßholzstr. 30), Königskolonnaden (klassizistischer Säulengang von

1780, ursprünglich Teil des Stadtschlossensembles in Mitte, 1910 versetzt vor das Kammergericht, Elßholzstr. 30), Nollendorfkiez (Wohn- und Ausgehviertel mit schwul-lesbischer Tradition seit den 1920er Jahren, Fuggerstr./Motzstr./Nollendorfplatz), Funkhaus (Bürobau von 1941 im Stil der Neuen Sachlichkeit, zu Mauerzeiten Sitz von RIAS Berlin, heute Deutschlandfunk Kultur, Hans-Rosenthal-Platz), Wilhelm-Foerster-Sternwarte und Zeiss-Planetarium (auf dem Trümmerberg Insulaner, Munsterdamm 90)

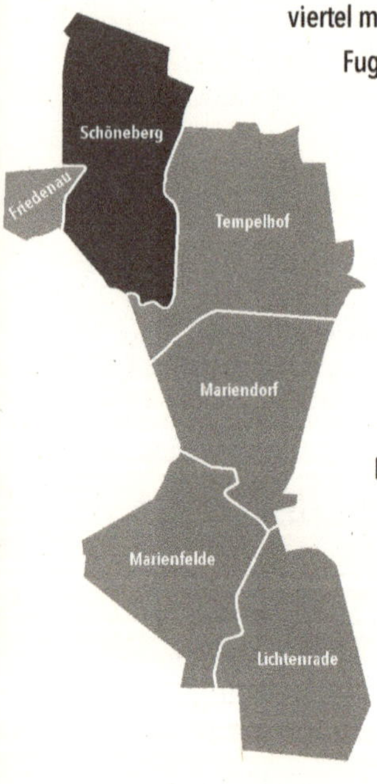

Museen und Galerien: Schöneberg-Museum (Regionalgeschichte, Hauptstr. 40), Jugend-Museum (Regionalgeschichte für junge Besucher, Hauptstr. 40), Museum der Unerhörten Dinge (Kuriositätenkabinett des Künstlers Roland Albrecht, Crellestr. 5)

Grünste Ecken: Südgelände, Insulaner, Rudolph-Wilde-Park, Heinrich-Lassen-Park, Heinrich-von-Kleist-Park, Nelly-Sachs-Park

Gute Kneipen: Café M (Goltzstr. 33), Gottlob (Akazienstr. 17)

Kalauer-Friseure: Pony & Clyde (Barbarossastr. 5A),

Hairlich Deluxe (Hauptstr. 110), kamm2cut (Grunewaldstr. 50), Abschnitt B (Akazienstr. 24), Haareszeiten (Belziger Str. 36), Haarikulade (Anspielung auf «harikulade», das türkische Wort für «wunderbar», Martin-Luther-Str. 20)

Ortsteilhymne: Das war in Schöneberg im Monat Mai (Walter Kollo/Herman Haller, 1913)

TEMPELHOF

Wo viel Platz zum Spielen ist

Der Flughafen Tempelhof hat zwei Seiten. Auf der einen, der nordwestlichen Seite, steht die Hungerharke. Das Luftbrückendenkmal wird so genannt, weil es an eine Zeit erinnert, in der es den Berlinern nicht besonders gut ging. Im Westen der Stadt bangten die Menschen 1948 und 1949 um ihre Unabhängigkeit, ihre Freiheit, um ihr Überleben. Auch im Osten fürchteten sie, dass sich das Blockadegerangel zwischen den Kontrahenten des Kalten Krieges zu einem neuen heißen Krieg auswachsen könnte.

Auf der anderen, der südöstlichen Seite des Flughafengebäudes, liegt das Tempelhofer Feld. Es ist so etwas wie das Denkmal einer Ära, in der es den Berlinern äußerst gut geht. Auf dem Tempelhofer Feld treffen sich erwachsene Menschen aus dem Westen und dem Osten der Stadt, um Drachen steigen zu lassen, Rollschuh zu laufen, Fahrrad zu fahren, Minigolf zu spielen. Für diese und andere kindliche Freuden klafft inmitten der Stadt ein 355 Hektar großes Loch, das trotz Wohnungskrise nicht anderweitig genutzt, geschweige denn bebaut werden darf. Eingebrockt haben den Berlinern diesen Irrsinn nicht etwa ihre Politiker, sondern sie selbst: Durch einen Volksentscheid haben sie das Tempelhofer Feld 2014 zum Hedonistenspielplatz erklärt, gegen den erklärten Willen ihres damaligen Bürgermeisters Michael Müller, der nebenbei bemerkt Tempelhofer ist und am Westrand des Flugfelds einst mit seinem Vater eine Druckerei betrieb.

Derzeit hat das Tempelhofer Feld noch eine dritte Seite. Neben dem Terminalgebäude, unmittelbar angrenzend an die Rollbahnen, stehen Flüchtlingscontainer. Die Flüchtlinge sind von den Freizeitliebhabern auf dem Feld durch einen hohen, aber durchsichtigen Metallzaun getrennt. Aus den Fenstern ihrer Container können sie den Berlinern dabei zusehen, wie diese die wahrscheinlich glücklichste Ära ihrer Stadtgeschichte genießen.

Als ich mich dem Zaun näherte, sah ich dahinter drei Jugendliche in der Oktobersonne sitzen – Syrer, wie sich herausstellte. Sie sprachen kein Deutsch und nur wenig Englisch. Als ich fragte, was sie von dem Treiben auf der anderen Seite des Zauns hielten, zeigten sie mir drei erhobene Daumen. Der Anblick eines Spaßflughafens, dachte ich, ist sicher besser als der Anblick eines zerbombten Flughafens.

Ansonsten besteht Tempelhof aus baulich sehr gemischten Wohngegenden. Rund um den Ortsteilkern in Alt-Tempelhof haben ein paar niedrige Bauernhäuser den Krieg überstanden, im weiteren Umkreis dominieren die üblichen Mietskasernen. Von Norden her schlägt die Manfred-von-Richthofen-Straße eine Schneise der Gentrifizierung in den Ortsteil, an deren Rändern Tempelhof schwer nach Schöneberg oder Kreuzberg 61 aussieht. Die Straße mündet, wie ihr Name nahelegt, ins historische Fliegerviertel, gebaut von 1911 bis in die 1960er Jahre und heute der zentrumsnahe Einfamilienhaustraum jeder alternativ bewegten Berliner Jungfamilie.

Wie ich hörte, ist dieser Traum allerdings ein trügerischer. Eine Frau erzählte mir von einer Familie, die hier nach jahrelangem Suchen ein Haus bezogen hatte, weil die Eltern ihrer Tochter einen Garten zum Spielen bieten wollten. Inzwischen war die Tochter in der Pubertät und schrie den Eltern täglich ins Gesicht, wie sehr sie den spießigen Garten hasste.

Die Geschichte machte mich nachdenklich. Was wohl künftige Generationen vom Tempelhofer Feld halten werden?

* * *

Gefühlte Mitte: U-Bahnhof Alt-Tempelhof

Sektorenzugehörigkeit bis zur Wiedervereinigung: Amerikanisch (West-Berlin)

Fläche: 12,2 km² (Platz 21 von 97)

Einwohner: 62 503 (Platz 19 von 97)

Bevölkerungsdichte: 5134 Einwohner/km² (Berlin gesamt: 4323 Einwohner/km²)

Durchschnittsalter: 42,6 (Berlin gesamt: 42,7)

Verkehrsanbindung: Fern- und Regionalbahn (Bahnhof Südkreuz), S-Bahn (Linien S2, S25, S26, S41, S42, S45, S46), U-Bahn (Linie U6), Bus (diverse Linien)

Leute: Michael Müller (ehemaliger Bürgermeister von Berlin, aufgewachsen in Tempelhof), Marta Hillers (Journalistin, lebte während des Zweiten Weltkriegs in der Manfred-von-Richthofen-Straße und schrieb über die Befreiung der Stadt durch die Rote Armee und die anschließenden Massenvergewaltigungen den später mit Nina Hoss verfilmten Dokumentarroman «Eine Frau in Berlin»)

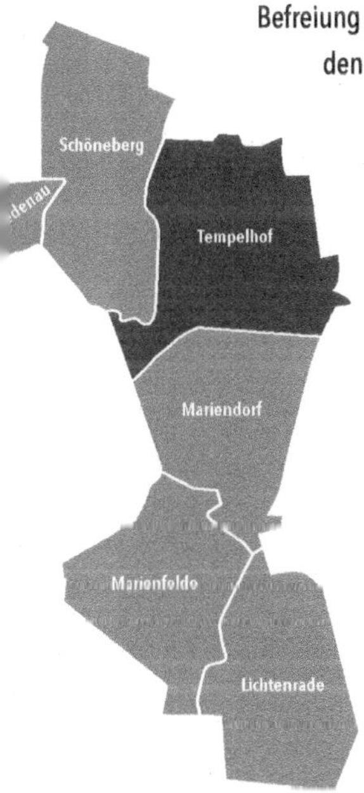

Sehenswürdigkeiten: Flughafen Tempelhof (Flugplatz mit neoklassizistischem Terminalgebäude der 1930er Jahre, Platz der Luftbrücke), Luftbrückendenkmal (genannt «Hungerharke», zur Erinnerung an die Berlin-Blockade von 1948/49, Platz der Luftbrücke), Hafen Tempelhof (Hafenanlage von 1908 mit historischen Verladekränen, Teltowkanal/Tempelhofer Damm), Ullstein-Haus (expressionistisches Bürohochhaus von 1927, ehemals Sitz des Ullstein-Verlags, heute Gewerbezentrum, Mariendorfer Damm 1), Dorfkirche und Kirchhofanlage (Feldsteinkirche des 13. Jhdts. mit späteren Ergänzungen, Parkstr. 3), Rathaus Tempelhof (Verwaltungsbau von 1938 im Stil der Neuen Sachlichkeit, Tempelhofer Damm 165), Ufa-Fabrik (ehemaliges Filmindustriegelände, heute alternatives Kulturzentrum, Viktoriastr. 10)

Museen und Galerien: Flughafen Tempelhof (Ausstellung zur Baugeschichte des Flughafens und Führungen durch den Gebäudekomplex, Platz der Luftbrücke 5), Polizeihistorische Sammlung (Ausstellung zur Geschichte und Arbeit der Berliner Polizei, Platz der Luftbrücke 6)

Grünste Ecke: Tempelhofer Feld, Alter Park, Franckepark, Bosepark, Lehnepark, Marienhöhe, Alboinplatz

Ortsteilhymne: Wat ham wa für ne Kirche bei uns in Tempelhof (Volkslied, 19. Jhdt.)

BEZIRK

TREPTOW-KÖPENICK

Fläche: 167,6 km² (entspricht 18,8 % der Berliner Gesamtfläche)
Einwohner: 289 180 (entspricht 7,5 % der Berliner Gesamtbevölkerung)
Davon weiblich: 50,8 % (Berlin gesamt: 50,6 %)
männlich: 49,2 % (Berlin gesamt: 49,4 %)
ohne Migrationshintergrund: 77,7 % (Berlin gesamt: 61,4 %)
mit Migrationshintergrund: 22,3 % (Berlin gesamt: 38,6 %)
ledig: 50,4 % (Berlin gesamt: 52,8 %)
verheiratet: 34,6 % (Berlin gesamt: 33,2 %)
verwitwet: 6,1 % (Berlin gesamt: 5,1 %)
geschieden: 8,6 % (Berlin gesamt: 8,5 %)
in Lebenspartnerschaft: 0,2 % (Berlin gesamt: 0,4 %)
Bevölkerungsdichte: 1725 Einwohner/km² (Berlin gesamt: 4323)
Durchschnittsalter: 43,9 (Berlin gesamt: 42,7)
Beliebteste Babynamen: Ella (Mädchen), Emil (Jungen)

* * *

Berlins bei weitem größter Bezirk erstreckt sich vom innerstädtischen Landwehrkanal bis an den südöstlichen Stadtrand. Seine 15 Ortsteile – mehr hat kein anderer Bezirk – sind schwer auf einen Nenner zu bringen: Von idyllischen Villenkolonien wie Friedrichshagen bis zu heruntergekommenen Plattenbausiedlungen wie dem Kosmosviertel in Altglienicke ist so ziemlich alles dabei. Zusammengehalten wird der Bezirk vielleicht am ehesten von seinen Gewässern: Der riesige Müggelsee ist so etwas wie die gefühlte Mitte von Treptow-Köpenick, die Spree zieht sich mit Nebenflüssen von der Stadtgrenze bis zur Innenstadt.

Noch knapp innerhalb des S-Bahn-Rings liegt der westlichste Zipfel des Bezirks, der Ortsteil **Alt-Treptow**, bekannt vor allem für das riesige sowjetische Ehrenmal im Treptower Park. Stadtauswärts folgt **Plänterwald** mit der Ruinenlandschaft des gleichnamigen DDR-Vergnügungsparks. In **Baumschulenweg** werden, obwohl die namensgebende Baumschule Späth längst nicht mehr die größte in Europa ist, bis heute Pflanzen kultiviert. Der Flugplatz von **Johannisthal** dagegen überstand den Zweiten Weltkrieg nicht.

Seit dem späten 19. Jahrhundert industriell geprägt sind **Ober-** und **Niederschöneweide**, gelegen nördlich und südlich der Spree. Das südlich anschließende **Adlershof** wurde zu DDR-Zeiten zum Technologie- und Forschungsstandort, der es bis heute ist. **Bohnsdorf** am südlichen Stadtrand ist vor allem für die denkmalgeschützte Tuschkastensiedlung bekannt, eine moderne Reihenhausanlage des Berliner Architekten Bruno Taut.

Köpenick war bis zur Eingemeindung von 1920 eine der größten eigenständigen Städte des Berliner Umlands, was man dem altstädtischen Zentrum des heutigen Ortsteils immer noch gut ansieht. Im Süden folgt das Wassersportparadies **Grünau** mit der Regattastrecke am Langen See, östlich schließen die ehemaligen Fischerdörfer und bis heute sehr ländlich wirkenden Ortsteile **Rahnsdorf**, **Müggelheim** und **Schmöckwitz** den Bezirk ab.

ADLERSHOF

Wo Glasnudeln auf Gurken treffen

Die Kioskverkäuferin am S-Bahnhof Adlershof sah mich entgeistert an. Dabei hatte ich nur gefragt, warum Adlershof Adlershof heißt. «Woher soll ich das wissen?», fragte sie. «*Sie* sind doch hier der Mann!» Ich verließ den Kiosk mit einem Becher Kaffee und dem Gefühl, dass die Geschlechterrollen in Adlershof recht klar verteilt sind.

Man hört in letzter Zeit oft, unser Land sei gespalten: abgehobene Eliten auf der einen Seite, ängstliche Schrebergärtner auf der anderen. In Adlershof ist es wirklich so. Der Ortsteil besteht aus zwei Ghettos, die sich lediglich denselben S-Bahnhof teilen: Im Südwesten wird geforscht und studiert, im Nordosten bieder gewohnt. Dazwischen verläuft das Adlergestell (Fun Fact: Berlins längste Straße), das besser Apartheidsgestell heißen sollte, weil sich selten jemand von der einen Seite auf die andere verirrt.

Ich lief erst mal nach Nordosten, ins Wohnviertel. Auf dem kleinen Wochenmarkt an der Dörpfeldstraße, wo ein buntes Sortiment aus Wollmützen, Kochtöpfen, Fisch von der Mecklenburger Seenplatte und Fanartikeln des 1. FC Union feilgeboten wurde, kam ich mit einem türkischen Gemüsehändler ins Gespräch, der neben seinem Stand Liegestütze machte, um sich aufzuwärmen. Er schaffte 30 Stück. «Früher 40», sagte er. «Da war ich noch zehn Kilo leichter.» Sein Gemüse verkaufte er nicht nur in Adlershof, sondern an anderen Wochentagen auch auf dem Arkona- und dem Boxhagener Platz. Bingo, dachte ich, der richtige Mann für ein Fachgespräch über Ortsteile! «Hier gibt's nur alte Leute», sagte er seufzend, als ich ihn nach Adlershof fragte. «Kaufen immer dasselbe: Kartoffeln und Clementinen. Manche hier wissen nicht, was Zucchini und Auberginen sind, ich schwöre! Die kommen an den Stand und fragen: Was sind das für Gurken?»

Passenderweise stolperte ich kurz hinter dem Markt in eine Kleingartenanlage namens «Lange Gurke», wo mich ein älterer Hundebesitzer in ein Gespräch verwickelte. Der Mann gestikulierte beim Reden mit einem schwarzen Zellophanbeutel, in dem sich, wie mir ziemlich spät dämmerte, ein frischer Hundehaufen befinden musste. «In Adlershof kann man's aushalten», sagte er. «Gibt zwar auch Ausländer hier, aber nicht die schlimmsten. Ich sag mal: Ob schwarz, weiß oder grün, ich komme mit allen klar.»

Auf der Suche nach den grünen Ausländern überquerte ich das Apartheidsgestell Richtung Südwesten. Der Unterschied zwischen beiden Ortsteilhälften war frappierend. Im Wohnviertel: Altbauten, Eckkneipen, Kleingärten. Hier: funkelnde Campus-Architektur, dazwischen Smoothie-Bars und Bagel-Läden. Vor

einer großen Brache warb ein Baustellenschild mit einem Slogan, den ich dreimal lesen musste, um ihn halbwegs zu verstehen: «200 mal Zuhause minus langer Arbeitsweg gleich Lebensqualität größer Durchschnitt: Hier entsteht Berlins klügste Wohnadresse.» Je öfter ich es las, desto dümmer fühlte ich mich. Noch dümmer fühlte ich mich, als mich ein Student überholte, der in der linken Hand eine Pappschachtel hielt, aus der er – beim Laufen! – mit den Essstäbchen in seiner rechten Hand Glasnudeln aß, während er im Kopf vermutlich quantenphysikalische Gleichungen löste.

Gurken oder Glasnudeln: Wer in Adlershof lebt, muss sich entscheiden.

* * *

Gefühlte Mitte: S-Bahnhof Adlershof

Sektorenzugehörigkeit bis zur Wiedervereinigung: Sowjetisch (Ost-Berlin)

Fläche: 6,1 km² (Platz 64 von 97)

Einwohner: 21 339 (Platz 54 von 97)

Bevölkerungsdichte: 3471 Einwohner/km² (Berlin gesamt: 4323 Einwohner/km²)

Durchschnittsalter: 40,8 (Berlin gesamt: 42,7)

Verkehrsanbindung: S-Bahn (Linien S8, S9, S45, S46, S47, S85), Tram (Linien 61, 63), Bus (diverse Linien)

Leute: Ernst Lau (Physiker, gründete 1946 in Adlershof das Institut für Optik und Feinmechanik und erfand dort die Gleitsichtbrille), Anna Seghers (Schriftstellerin, lebte von 1955 bis zu ihrem Todesjahr 1983 in der Volkswohlstraße, die heute Anna-Seghers-Straße heißt)

Sehenswürdigkeiten: WISTA (Wissenschafts- und Wirtschaftsstandort Adlershof, Technologie-, Forschungs- und Bildungszentrum südwestlich des Adlergestells), BESSY II (Teilchenbeschleuniger, Teil des Forschungsstandorts WISTA, Albert-Einstein-Str. 15), Aerodynamischer Park (historisches Versuchsgelände der Luftfahrtforschung, gebaut in den 1920er und 1930er Jahren, Brook-Taylor-Str./Kroneckerstr./Newtonstr.), Bärensiegel-Destillerie (neogotischer Backsteinindustriebau von 1906, Adlergestell/Glienicker Weg)

Museen und Galerien: Anna-Seghers-Gedenkstätte (Ausstellung zu Leben und Werk der Schriftstellerin in ihrer ehemaligen Wohnung, Anna-Seghers-Str. 81)

Grünste Ecke: Birkenwäldchen

ALT-TREPTOW

Wo Familien Kaffee kochen

Bei der Vorbereitung auf meinen Ausflug nach Alt-Treptow las ich, dass hier in den wilden 90ern die ersten illegalen Clubs der Stadt entstanden sind. In den wilden 1790ern, genauer gesagt. Auch damals gab es am südöstlichen Spreeufer nämlich schon Lokale für vergnügungshungrige Städter. Deren Wirte mogelten sich um die preußische Getränkekonzession herum, indem sie ihren Gästen nur heißes Wasser und Geschirr anboten – Kaffeepulver und Speisen mussten die Ausflügler selbst mitbringen. Das dazugehörige Geschäftsmotto wurde zum geflügelten Wort, das bis ins 20. Jahrhundert Wirtshausschilder zierte: «Hier können Familien Kaffee kochen.»

Lang ist's her! Als ich gut zwei Jahrhunderte nach den 1790ern Alt-Treptow besuchte, zierte auf der Insel der Jugend ein völlig anderes Motto die Menütafel vor dem Freiluftcafé: «Bei uns gibt es köstlich Speis und Trank, lasst eure zu Hause, vielen Dank.» Welch ein geschichtsvergessener Ortsteil, dachte ich seufzend.

Ohnehin war das Café geschlossen. Saison sei erst ab Ostern, erklärte mir der Gärtner, ein Mann im Rentenalter, der eine Schubkarre voller Stiefmütterchen über die Insel schob. «Ich habe den besten Job der Stadt», sagte er grinsend. «Wasser, junge Leute, immer was los – besser geht's doch nicht.» Gerade war allerdings gar nichts los, die Insel war menschenleer bis auf ein Liebespaar, das streitend am Ufer stand. Halb auf Deutsch, halb auf Türkisch zischten sich die beiden an. «Küss mich!», unterbrach die Frau immer wieder den Mann: «Küss mich!» Er küsste sie nicht.

Mehr los war beim sowjetischen Ehrenmal. Im Schatten des riesigen Bronzesoldaten kam ich mit einem russischen Touristenpärchen ins Gespräch. Dima und Katja kamen aus Petrosawodsk bei Sankt Petersburg. Es war der allererste Tag ihres allerersten

Besuchs in Berlin. «Und da kommt ihr ausgerechnet hierher?», fragte ich staunend. «Gibt's in Petrosawodsk keine sowjetischen Denkmäler?» Unsicher erwiderte Dima meinen Blick. «Doch», sagte er. «Aber nicht so große.»

Alt-Treptow gehört flächenmäßig zu den kleinsten Berliner Ortsteilen. Ein gutes Drittel davon entfällt auf den Treptower Park. Zieht man zusätzlich das Flohmarkt-Badeschiff-Club-Areal am Spreeufer, die Grünflächen am Landwehrkanal, das Botschaftsviertel an der Puschkinallee sowie das Industriegebiet nördlich des alten Bahndamms ab, bleibt ein verblüffend winziges Rumpf-Wohnviertel zwischen Kanal, S-Bahn-Ring und ehemaligem Mauerstreifen übrig. Eine galoppierende Gentrifizierung ist dort im Gange, was vor allem an der auffälligen Dichte an Rennradläden abzulesen ist, daneben gibt es Burgerrestaurants, Cafés mit ambitionierten Brühmethoden und sorgsam kuratierte Secondhandshops.

Wem das als Beleg für die Hipsterisierung des Ortsteils nicht reicht, der sollte die Elsenstraße besuchen, wo wenige Häuser voneinander entfernt zwei Friseurläden sitzen. Der eine ist erkennbar neu und heißt «Old Barber». Der andere ist erkennbar älter und heißt «Haireinspaziert». Ich weiß nicht, wie es Ihnen geht, aber ich wäre traurig, wenn jetzt Barbiere mit neumodisch altmodischen Namen die guten alteingesessenen Berliner Kalauer-Friseure verdrängen. Hier ist eine schützenswerte Tradition in Gefahr, das Denkmalamt sollte sich einschalten!

* * *

Gefühlte Mitte: S-Bahnhof Treptower Park

Sektorenzugehörigkeit bis zur Wiedervereinigung: Sowjetisch (Ost-Berlin)

Fläche: 2,3 km² (Platz 88 von 97)

Einwohner: 13 336 (Platz 71 von 97)

Bevölkerungsdichte: 5765 Einwohner/km² (Berlin gesamt: 4323/km²)

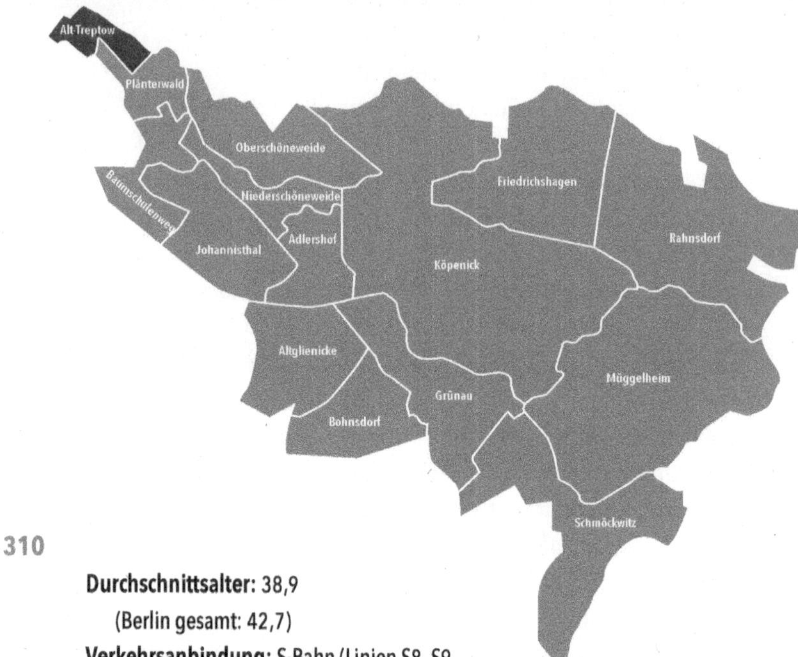

Durchschnittsalter: 38,9
(Berlin gesamt: 42,7)
Verkehrsanbindung: S-Bahn (Linien S8, S9, S41, S42, S85), Bus (diverse Linien)
Leute: Friedrich S. Archenhold (Astronom, rief 1896 die später nach ihm benannte Volkssternwarte im Treptower Park ins Leben)
Sehenswürdigkeiten: Sowjetisches Ehrenmal (Soldatenfriedhof und Gedenkstätte, gebaut 1949, im Treptower Park), Archenhold-Sternwarte (älteste Volkssternwarte Deutschlands, entstanden 1896, im Treptower Park), Insel der Jugend (Spreeinsel mit Restaurant, Kanuverleih und Kinderwohnheim, zugänglich über Fußgängerbrücke am Ostende des Treptower Parks), Badeschiff (Schwimmbecken in der Spree, Zugang Eichenstr. 4), Arena (expressionistischer Backsteinindustriebau von 1927, genutzt als Veranstaltungsgelände, Eichenstr. 4), Molecule Man (Monumentalskulptur des US-Bildhauers Jonathan Borofsky, in der Spree westlich der Elsenbrücke)
Grünste Ecken: Treptower Park, Landwehrkanal, Schlesischer Busch
Kalauer-Friseur: Haireinspaziert (Elsenstr. 101)
Ortsteilhymne: Feuerwerk in Treptow (Klaus Günter Neumann)

ALTGLIENICKE

Wo das Herz der Kellnerin schlägt

Dicht an der südlichen Stadtgrenze setzte ich mich mit einem Eibrötchen vor die «Bäckerei Sonnenschein» und lauschte den Gesprächsfetzen, die vom Nebentisch herüberwehten.

«... heut früh klingelt't Telefon, ick denk, wer's 'n ditte? War't meen Kumpel, den hatt ick sechs Jahre nich jesprochen. Wie't ma jeht, frachta. Wie soll't ma jehn, sach ick, du störst ma beim Schlafen, worum jeht et denn? Na, sachta, ick bin uff Malle, hier scheint die Sonne, det wollt ick nur ma erzählt ham ...»

«... jeflogen bin ick nie, fang ick ooch nich mehr mit an uff meene alten Tage ...»

«... und, Arbeit jefunden?»

Rings um die Bäckerei ragten die DDR-Plattenbauten des Kosmosviertels in den Märzhimmel. Venusstraße, Uranusstraße, Siriusstraße, Saturnring, Pegasuseck – in den Straßennamen schwangen Erinnerungen an jene gar nicht weit entfernte Zeit mit, als die Arbeiterklasse noch davon träumen durfte, in den Kosmos zu fliegen statt bloß nach Malle.

Nördlich davon dominierten Einfamilienhäuser den Ortsteil. Endlos reihten sich die Gartenzäune, über denen ich ab und zu ein Flugzeug steigen oder sinken sah, Schönefeld war nicht weit. Die Straßennamen hier waren erkennbar älteren Datums: Aus der Preußenstraße bog ich ab in die Alemannenstraße und folgte ihr bis zur Germanenstraße, von der kurz darauf die Teutonenstraße abging – die Namen passten gut zu den Deutschlandflaggen in den Vorgärten.

Als ich mich schon fragte, ob Altglienicke überhaupt so etwas wie ein Zentrum hat, entdeckte ich ganz im Norden den alten Dorfkern um die Pfarrkirche. Ich staunte über die Jugendstilumrisse eines leicht bekleideten Paares, das als frivoles Fresko den Eingang einer Apotheke zierte. Die Apotheke musste einmal eine Gaststätte gewesen sein, wie der geschwungene Schriftzug «Zum fidelen Zecher» verriet. Wo fidel gezecht wird, freut sich am Ende der Apotheker, logisch.

Real gezecht wurde in der holzgetäfelten Gaststätte Ebel gegenüber der Pfarrkirche. Die Kellnerin war gebürtige Altglienickerin, aber sie erschrak, als ich sie fragte, was es im Ortsteil zu sehen gebe. «Sie meinen, was Schönes?» Ich nickte. Sie dachte eine Weile nach. «Die Gärten kann man sich angucken», sagte sie unsicher. «Da sind jetzt überall Frühblüher. Aber Sie suchen ja sicher was Interessanteres.»

Wieder versank sie in tiefes Grübeln – bis es plötzlich aus ihr herausbrach: «Es ist ja alles weg!» Sie zählte die verschwundenen Schätze ihrer Heimat beim Sprechen an den Fingern ab. Die Gaststätte im alten Wasserturm – weg. Die Eisbahn, auf der die Altglienicker Kinder Schlittschuh gelaufen, die Pferde, auf denen sie geritten waren – weg. Der Festplatz am Falkenberg, wo zu DDR-Zeiten Volksfeste gefeiert wurden – weg. Und die Tram! Direkt hinter dem Kneipenfenster war sie einst vorbeigefahren auf ihrem Weg nach Köpenick – aus, vorbei, auch die Tramlinie gab es nicht mehr.

Während ich zuhörte, entstand vor meinem inneren Auge das Bild eines anderen Ortsteils. Fast glaubte ich, das Rumpeln der verschwundenen Tram hören zu können, das Wiehern der Pferde, die Festreden der Funktionäre, das Knirschen der Kufen im Eis. Altglienickes Kern, dachte ich, liegt genau hier: im wunden Herzen dieser Kellnerin.

* * *

Gefühlte Mitte: Gaststätte Ebel

Sektorenzugehörigkeit bis zur Wiedervereinigung: Sowjetisch (Ost-Berlin)

Fläche: 7,9 km² (Platz 48 von 97)

Einwohner: 31 594 (Platz 44 von 97)

Bevölkerungsdichte: 4012 Einwohner/km² (Berlin gesamt: 4323 Einwohner/km²)

Durchschnittsalter: 41,5 (Berlin gesamt: 42,7)

Verkehrsanbindung: S-Bahn (Linien S9, S45), Bus (diverse Linien)

Leute: Willi Schwabe (Schauspieler und Moderator der DDR-Fernsehsendung «Rumpelkammer», lebte bis zu seinem Tod im Jahr 1991 in Altglienicke), Armin Mueller-Stahl (Schauspieler, lebte zu DDR-Zeiten in Altglienicke)

Sehenswürdigkeiten: Wasserturm (Industriedenkmal von 1906, Schirnerstr. 17), Normannen-Apotheke (ehemalige Kneipe «Zum fidelen Zecher», Eingang mit Jugendstilfresko, Grünauer Str. 8), Preußensiedlung (Reihenhaussiedlung im Gartenstadtstil von 1913, Preußenstr./Germanenstr./Suevenstr.), Kosmosviertel (Plattenbausiedlung der späten DDR-Ära, Venusstr./Uranusstr./Siriusstr./Saturnring/Pegasuseck)

Museen und Galerien: Altglienicke-Museum (Ortsteilgeschichte, Ortolfstr. 182)

Grünste Ecken: Altglienicker Aue, Coloniapark, Landschaftspark Rudow-Altglienicke

Gute Kneipe: Gaststätte Ebel (Semmelweißstr. 1)

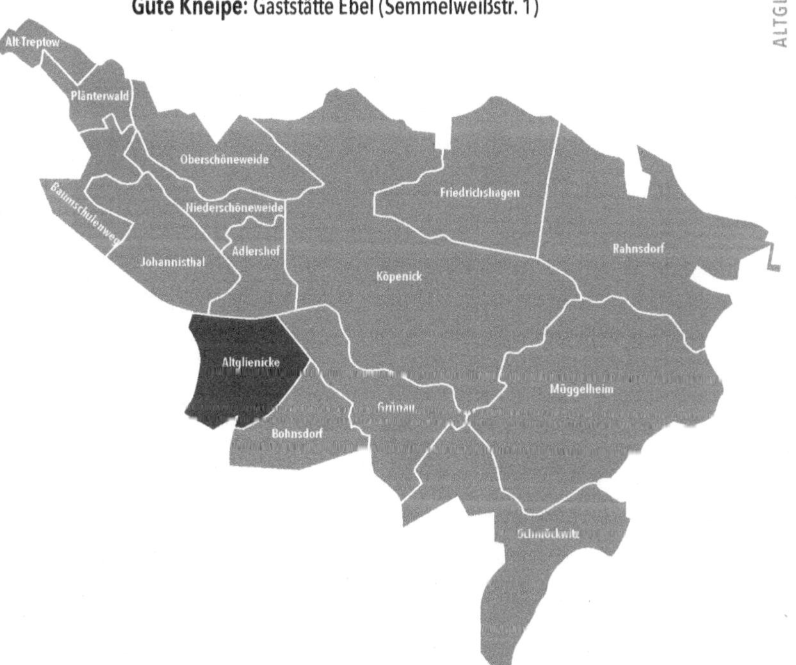

BAUMSCHULENWEG

Wo die Brassen glasig starren

Ganz im Norden, wo der Ortsteil Baumschulenweg ein schmales Stück Spreeufer hat, stellte ich einem einsamen Angler die dümmste Frage, die man einem einsamen Angler stellen kann: «Schon was gefangen?» Der Mann deutete stumm auf seinen Eimer. Ein erstaunlich großer Fisch erwiderte glasig meinen Blick. «Brasse», knurrte der Angler. «Brat ich mir gleich zu Mittag.»

Wir unterhielten uns ein wenig, mit knappen Sätzen und langen Pausen, die Augen starr aufs Wasser gerichtet, wie es Männer an Flussufern zu tun pflegen. Er sei fast jeden Tag hier, sagte der Angler, nur an Wochenenden meide er die Spree. «Das glauben Sie nicht, was da morgens so rumkraucht.» Mit dem Kinn wies er stadteinwärts, stromabwärts. «Übriggebliebene. Aus den Bars.» Vor meinem inneren Auge sah ich zugedrogte Zombies durch den Plänterwald wanken. Wahrscheinlich hat sich in den Spree-Clubs herumgesprochen, wie groß in Baumschulenweg die Brassen sind.

Der Ortsteil besteht aus einem Nordost- und einem Südwestzipfel, dazwischen liegt ein schmales Verbindungsstück, auf der Karte erinnert der Umriss an ein eng tailliertes Kleid. Im Nordostteil liegt das Krematorium Baumschulenweg, wo die Stasi früher heimlich Mauertote einäschern ließ, die unter anderem im Südwestteil ermordet wurden: Am Britzer Verbindungskanal erinnert eine Gedenkstele an den 1989 erschossenen Chris Gueffroy, nach dem hier auch eine Allee benannt ist.

Vor dem Lidl in der Kiefholzstraße sah ich einer ramponiert wirkenden Zeitungsausträgerin zu, die neben ihrem Wägelchen zornig in Richtung Himmel gestikulierte, als habe sie ein Hühnchen mit Gott zu rupfen. Ein alternder Hundebesitzer in Biker-Kluft bemerkte meinen Blick. «Vor zehn Jahren war die noch normal», sagte er. «Dann hat sie angefangen zu saufen. Hat jetzt immer ihre Schnapspulle im Wagen liegen. Das mit den Zeitungen kriegt sie noch hin, aber sobald man sie anguckt, schreit sie Zeter und Mordio. Nur wenn sie meinen Hund sieht, fängt sie an zu strahlen.» Traurig schüttelte er den Kopf. «Ist bei mir auch so – mit Tieren komme ich besser klar. Die Menschen sind alle so hektisch geworden.» Bevor ich etwas erwidern konnte, ließ sich der Mann von seinem Terrier in die nächste Seitenstraße ziehen.

Baumschulenweg heißt Baumschulenweg, weil hier die berühmte Späth'sche Baumschule sitzt, die Ende des 19. Jahrhunderts die größte der Welt gewesen sein soll. Ziemlich ausgedehnt ist sie immer noch, man stolpert zwischen den Einfamilienhäusern des südwestlichen Ortsteils immer mal wieder durch Felder voller Jungbäume. Außerdem stolpert man über ein Jim-Morrison-Denkmal. Jawohl, richtig gehört: Am Königsheideweg, wo Baumschulenweg an Johannisthal grenzt, befindet sich das wohl einzige Jim-Morrison-Denkmal der Stadt. Es sieht aus wie ein Grabstein und steht vor einer Kneipe, die früher «Seelenküche» hieß, nach dem Doors-Song «Soul Kitchen». Der Laden soll damals eine Doors-Fankneipe gewesen sein, was er zum Zeitpunkt meines Besuchs erkennbar nicht mehr war. Zwar stand das Denkmal noch an Ort und Stelle, aber die Kneipe sah jetzt eher nach Biker-Schuppen aus, und über dem verschlossenen Eingang prangte ein neuer Name: «Zombie Kitchen».

* * *

Gefühlte Mitte: Baumschulenbrücke

Sektorenzugehörigkeit bis zur Wiedervereinigung: Sowjetisch (Ost-Berlin)

Fläche: 4,8 km² (Platz 77 von 97)

Einwohner: 19 290 (Platz 60 von 97)

Bevölkerungsdichte: 4001 Einwohner/km² (Berlin gesamt: 4323 Einwohner/km²)

Durchschnittsalter: 44,8 (Berlin gesamt: 42,7)

Verkehrsanbindung: S-Bahn (Linien S8, S9, S45, S46, S47, S85), Bus (diverse Linien), Fähre (Linie F11 nach Oberschöneweide)

Leute: Franz Späth (Botaniker, gründete im 19. Jhdt. die Baumschule Späth)

Sehenswürdigkeiten: Baumschule Späth (entstanden 1863, mehrere Anbauflächen im Ortsteil, Pflanzenverkauf und Gastronomieangebot rund um das 1874 gebaute Herrenhaus, Späthstr. 80), Kirche Zum Vaterhaus (Jugendstilsakralbau von 1911, Baumschulenstr. 82), Krematorium Berlin-Baumschulenweg (postmoderner Betonneubau von 1999 am Ort des 1995 abgerissenen historischen Krematoriums, Südostallee 55), Jim-Morrison-Denkmal (Königsheideweg 9B)

Grünste Ecken: Arboretum der Späth'schen Baumschule, Spreeufer, Südlicher Heidekampgraben

Gute Kneipe: Zombie Kitchen (Königsheideweg 9B)

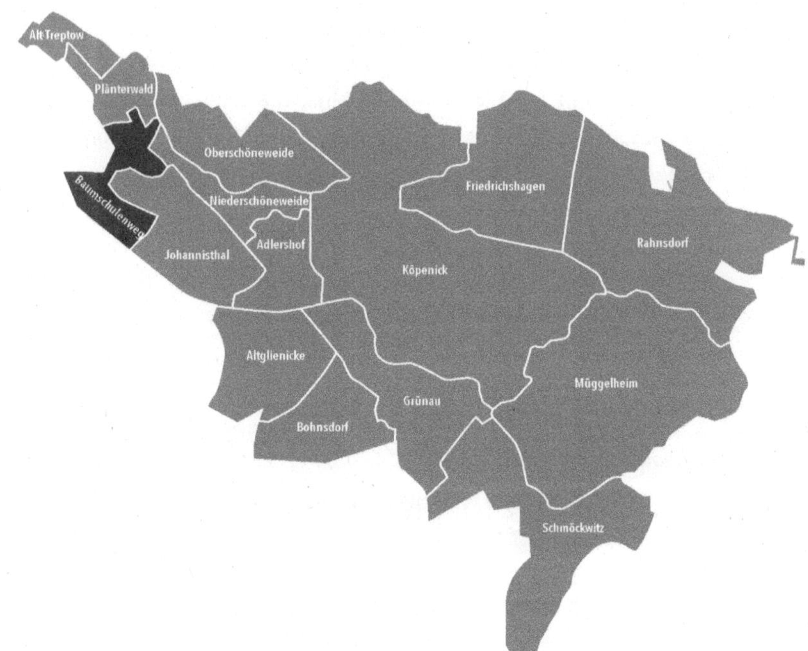

BOHNSDORF

Wo Berlin ein Ende hat

Die Gartenstadt Falkenberg ist, wie der Spitzname Tuschkastensiedlung schon sagt, ziemlich bunt. Knallrot, kanariengelb, kobaltblau, tiefschwarz, meeresgrün: Die Reihenhäuser strahlen in allen Farben des, nun ja, Tuschkastens. Muss eine bunte Zeit gewesen sein, die 1910er Jahre, als Baugroßmeister Bruno Taut hier Berlins avantgardistischste Arbeitersiedlung entwarf.

Vielleicht ist aber auch nur die Zeit, in der wir Nachgeborenen leben, eine besonders blasse. Kam mir jedenfalls so vor, während ich deprimiert an den neugebauten Ein- und Mehrfamilienhäusern vorbeilief, die in den letzten Jahrzehnten an den Rändern der Taut'schen Gartenstadt entstanden sind: überall mausgraue, schlammbraune und rentnerbeige Fassaden. Auf einer Brache unmittelbar neben der Tuschkastensiedlung warb eine Baustellentafel für «großzügige neue Reihenhäuser». Laut Planzeichnung waren auch sie, euphemistisch ausgedrückt, in Naturtönen gehalten. Zufällig kam ich mit der Architektin ins Gespräch, die gerade mit einem Vermesser über die Brache lief. Die Siedlung solle «zurückgenommen in der Farbgebung» sein, erklärte sie mir, der Bezirk wolle das so, damit die Neubauten nicht mit den Taut-Häusern konkurrieren. Ich nickte verständnisvoll, während ich bei mir dachte, dass zwischen Konkurrieren und Kapitulieren doch eigentlich eine Menge Spielraum ist.

Die wahre Erbin der Bohnsdorfer Moderne begegnete mir auf der Toilette eines hässlichen Einkaufszentrums namens «Taut-Passage» (der arme Bruno würde sich im Grabe umdrehen). Es war die Klofrau. Sie saß neben einem Bluetooth-Radio, das sehr laut Depeche Mode spielte. Auf ihrem Schoß lag – das denke ich mir jetzt nicht aus! – ein Tuschkasten. Hingebungsvoll bepinselte sie Malen-nach-Zahlen-Skizzen mit quietschbunten Wasserfarben. Als sie meinen Blick bemerkte, drehte sie das Radio etwas leiser. Ich deutete auf das große Dave-Gahan-Foto neben ihrem Plastikstuhl. «Fan?» Sie strahlte. «Gibt keinen größeren!» Bis zum Berliner Depeche-Mode-Konzert, erklärte sie mir, waren es noch knapp zwei Monate. «Manchmal wünschte ich, es wäre mehr. Je weiter es weg ist, desto länger kann ich mich drauf freuen. Wenn es morgen wäre, wäre ich ja übermorgen schon traurig, weil es vorbei ist.»

Ich beschloss, mir die heitere Philosophie der Klofrau für meine Ortsteilwanderungen anzueignen, von denen zu jenem Zeitpunkt erst acht hinter mir, aber noch 87 vor mir lagen – welch ein Glück!

Das Ende meines Wegs war also noch weit entfernt, das Ende der Stadt aber konnte ich in Bohnsdorf schon mal besichtigen. Ganz im Süden des Ortsteils, hinter der Autobahn, liegen ein paar letzte, nach Pilzen benannte Straßen. Die Perlpilzstraße ist eine Sackgasse, sie endet vor einem Maschendrahtzaun mit Stacheldrahtkrone. Im Zaun ist ein mannshohes Loch, das die Anwohner nutzen, um mit ihren Hunden auf der dahinterliegenden Wiese Gassi zu gehen. Die Wiese endet in der Ferne vor den Startbahnen des Flughafens Schönefeld. Etwa auf halber Strecke dazwischen, mitten im Nichts, verläuft die Stadtgrenze. Kaninchenlöcher klaffen im wintermatten Gras, darüber steigen im Minutentakt dröhnende Flugzeuge auf, der bleierne Himmel verschwimmt im Nieselregen, und Berlin ist hier zu Ende.

* * *

Gefühlte Mitte: Gipfel des Falkenbergs
Sektorenzugehörigkeit bis zur Wiedervereinigung: Sowjetisch (Ost-Berlin)
Fläche: 6,5 km² (Platz 60 von 97)
Einwohner: 13 256 (Platz 72 von 97)
Bevölkerungsdichte: 2032 Einwohner/km² (Berlin gesamt: 4323/km²)

Durchschnittsalter: 45,4
(Berlin gesamt: 42,7)
Verkehrsanbindung: S-Bahn (Linien S8, S9, S45, S46, S85), Bus (diverse Linien)
Leute: Max Buntzel (preußischer Gartenbaudirektor, legte 1889 eine Obstplantage auf dem Falkenberg an und lebte im zugehörigen Herrenhaus), Bruno Taut (Architekt der Bohnsdorfer Tuschkastensiedlung)
Sehenswürdigkeiten: Tuschkastensiedlung (Reihenhauskomplex im Gartenstadtstil, gebaut 1913–16 von Bruno Taut, Am Falkenberg/Bruno-Taut-Str./Gartenstadtweg), Dorfkirche (barocker Sakralbau von 1757, Dorfplatz 21), Aussichtspunkt Bohnsdorf (auf dem Falkenberg)
Grünste Ecke: Falkenberg

FRIEDRICHSHAGEN

Wo die Dichter dichter sind

In der Lindenallee riss mich eine knarzige Stimme aus meinen Tagträumen. Mit verrenktem Hals und bewundernden Blicken war ich zwischen den alten Villen von Friedrichshagen entlangflaniert und hatte mir vorgestellt, wie es wohl wäre, am Müggelsee zu wohnen – bis plötzlich ein Mann mit weißem Vollbart und quergestreiftem Seebärenpulli vor mir stand. «Schön hier, wa?», knurrte er. Ich nickte stumm. «Hätten Sie mal früher sehen sollen», fuhr er fort. «Von Schönheit keine Spur. Bröckelte alles vor sich hin, als ob die Partei die Villen loswerden wollte. In der Friedensbewegung haben wir Witze drüber gemacht: Ruinen schaffen ohne Waffen!»

Als der Mann seiner Wege ging, versuchte ich, mir den Ortsteil im verfallenen DDR-Zustand vorzustellen, aber ich schaffte es nicht. Die Fassaden waren zu sauber, zu glatt, zu bunt, die restaurierten Villen wirkten wie die Traumimmobilien wohlhabender Segelbootbesitzer – was sie heute ja auch sind. Erst im Antiquariat Brandel an der Scharnweberstraße stieß ich auf einen Friedrichshagen-Band mit Schwarzweißfotos aus der DDR-Ära, aber anders als in den Schilderungen des friedensbewegten Müggelseebären wirkte der blätternde Putz auf den Bildern nicht trist, sondern romantisch.

Die Antiquarin war eine zauberhafte Frau. Ihren Buchladen hatte sie in eine Art Tempel und Museum des «Friedrichshagener Dichterkreises» verwandelt, jenes Schriftstellerbundes, der sich im späten 19. Jahrhundert hier formiert hatte. Wilhelm Bölsche und Bruno Wille waren damals die ersten, die aus Berlin ins Grüne zogen, nachdem ihnen Gerhart Hauptmann, der schon länger in Erkner lebte, eingeflüstert hatte, dass man als armer Poet im Umland viel billiger wohnte. Bald schlossen sich den beiden «andere Musenverehrer an, die entweder von ihrer Feder lebten oder vom väterlichen Vermögen oder endlich von der frischen Luft». So drückte es Wille in seinen Memoiren aus, die er nach einem Zwist mit dem Friedrichshagener Amtsvorsteher im örtlichen Knast zu Papier brachte. Sein galgenhumoriges Buch «Das Gefängnis zum preußischen Adler» fand ich abends in meiner Tasche, obwohl ich es gar nicht gekauft hatte – die listige Antiquarin hatte es mir unbemerkt ins Gepäck gesteckt, um den Ruhm ihres geliebten Dichterkreises in die Welt zu tragen.

Gekauft hatte ich eigentlich nur den Roman «Levins Mühle» des DDR-Schriftstellers Johannes Bobrowski, der 1962 einen «Neuen Friedrichshagener Dichterkreis» ins Leben rief, offenbar aus einer Sauflaune heraus – das jedenfalls legt Paragraf 8 seiner selbst verfassten Statuten nahe: «Das Zentralorgan des Friedrichshagener Dichterkreises ist die Leber.»

Noch bevor ich das alles las, bekam ich große Lust, einen neuen Schreib- und Zechzirkel in Friedrichshagen zu gründen, aber die Antiquarin bremste meinen Enthusiasmus. Die Zeit, als Literaten hier günstig lebten, sei leider vorbei, warnte sie mich: Seit der Wende seien die Immobilienpreise locker auf Prenzlauer-Berg-Niveau geklettert. Ich ließ den Kopf hängen. «Sie können es natürlich machen wie Peter Hille im 19. Jahrhundert», schlug die Antiquarin aufmunternd vor. «Der hat bei seinen reichen Friedrichshagener Freunden auf der Couch geschlafen.»

* * *

Gefühlte Mitte: Bölschestraße

Sektorenzugehörigkeit bis zur Wiedervereinigung: Sowjetisch (Ost-Berlin)

Fläche: 14,0 km² (Platz 15 von 97)

Einwohner: 19 057 (Platz 61 von 97)

Bevölkerungsdichte: 1358 Einwohner/km² (Berlin gesamt: 4323/km²)

Durchschnittsalter: 48,9 (Berlin gesamt: 42,7)

Verkehrsanbindung: S-Bahn (Linie S3), Tram (diverse Linien), Bus (diverse Linien)

Leute: Wilhelm Bölsche, Bruno Wille, Peter Hille (Schriftsteller des 19. Jhdts. und Angehörige des Friedrichshagener Dichterkreises), Johannes Bobrowski (Schriftsteller der DDR-Ära und Gründer des Neuen Friedrichshagener Dichterkreises)

Sehenswürdigkeiten: Bölschestraße (Flaniermeile mit Cafés, Restaurants und Läden), Denkmal für Friedrich II. (Bronzestandbild von 2003, aufgestellt als Ersatz für das 1946 eingeschmolzene Originaldenkmal, Bölschestr. 111), Spreetunnel (Fußgängerunterführung unter der Müggelspree nach Köpenick, Eingang im Müggelpark), Strandbad Friedrichshagen (Freibad am Seeufer, Müggelseedamm 216), Berliner-Bürgerbräu-Werk (Industrieanlage von 1869, bis zur Schließung im Jahr 2010 älteste aktive Brauerei der Stadt, Josef-Nawrocki-Str. 6)

Museen und Galerien: Museum Friedrichshagener Dichterkreis (Ausstellungen und Publikationen zur Schriftstellergruppe, Antiquariat Brandel, Scharnweberstr. 59), Museum im Alten Wasserwerk (Geschichte der Berliner Wasserversorgung, Müggelseedamm 307)

Grünste Ecken: Kurpark, Müggelseeufer, Friedrichshagener Forst, Erpetal, Hirschgartendreieck

Gute Kneipe: Hafenbar (Josef-Nawrocki-Str. 25)

GRÜNAU

Wo die Alten Karten kloppen

Wenn man nur lange genug nach Osten läuft, landet man im Westen. Klingt wie eine asiatische Weisheit, aber die Erkenntnis kam mir im amerikanisch inspirierten Ausflugslokal Richtershorn, dem wahrscheinlich östlichsten Western-Restaurant der Stadt. Es liegt am äußersten Ende von Grünau, wo ich es bei einem Uferspaziergang entlang der Dahme entdeckte. Ich bestellte den Bacon-Burger («Bejkn-Börjer, kommt sofort») und sah drei Dutzend Line-Dancern zu, die im Lokal Tanzschritte probten. «Links, links, shuffle, kick und tap», sagte eine Lautsprecherstimme, während Country-Rhythmen durch den Raum hallten. «Seitlich ranziehen, links, Step hinterm Rock, shuffle ...»

Weiter verbreitet als das Tanzen ist in Grünau der Wassersport. Die alte Regattastrecke auf der Dahme wird zwar nicht mehr für die ganz großen Ruderwettbewerbe genutzt, für die sie Ende des 19. Jahrhunderts angelegt wurde, doch Amateure sah ich in allen nur denkbaren Schiffsgattungen zwischen den Bojenketten verkehren, vom Drachen- bis zum Tretboot.

Auf der Terrasse des Bürgerhauses an der Regattastraße platzte ich mitten in eine Skatrunde. Zwei Dutzend ältere Leute saßen am Flussufer und kloppten Karten. Es war ein friedliches Bild, bis plötzlich ein schnauzbärtiger Mann die Terrasse stürmte, der erst mit der Kellnerin stritt und dann fluchend von Tisch zu Tisch zog. «Hausverbot? Verdammte Kacke, ich hör wohl nicht richtig! Ich soll mich benehmen? Halt's Maul, alte Schachtel, was bildest du dir ein?»

Die Spieler schüttelten stumm die Köpfe, sie schienen solche Ausbrüche zu kennen. Eine Dame beugte sich grinsend zu mir herüber. «Der kommt aus Neukölln», flüsterte sie. «Da redet man so.»

Als sich der Schreihals verzogen hatte, erzählte mir eine der

Spielerinnen, dass das Bürgerhaus einst einem Schneider gehört hatte. Weil der in dunklen Zeiten Uniformen für die Nazis genäht hatte, verließ er nach dem Krieg vorsichtshalber den sowjetischen Sektor und zog nach Bayern. Das Haus übernahm die Stasi, die von hier aus den in Grünau lebenden Schriftsteller Stefan Heym bespitzelte. Nach der Wende fanden sich Erben des Schneiders, die das Haus einem Grünauer Bürgerverein zur Nutzung überließen. Seitdem finden hier neben Skatrunden auch Keramikkurse statt, ebenso Konzerte, Lesungen, Englischstunden und Discoabende («Coole Drinks und heißer Beat durch fünf Jahrzehnte mit dem Grünauer DJ-Team»).

Die vorbeiziehenden Boote ließen mich an Fontane denken, der Grünau vom Wasser aus besichtigte und sich in seinen «Wanderungen» über die verspielten Villen am Dahme-Ufer lustig machte. «Der Bourgeois unserer östlichen Stadtviertel», schrieb er, «gefällt sich darin, seinen ‹Donjon› (Schlossturm) und, wenn es sein kann, selbst seinen ‹Beffroi› (Wartturm) zu haben.»

Der Ost-Bourgeois von heute dagegen scheint jene quadratisch-praktisch-puristischen Appartmentblöcke zu bevorzugen, mit denen im Grünauer Nordwesten gerade großflächig das Ufer zugebaut wird. Im Grunde sehen sie nicht viel anders aus als die Betonquader, die hier zu DDR-Zeiten entstanden. Wie gesagt, man muss nur stur genug nach Osten laufen, um im Westen zu landen.

* * *

Gefühlte Mitte: Bürgerhaus
Sektorenzugehörigkeit bis zur Wiedervereinigung: Sowjetisch (Ost-Berlin)
Fläche: 9,1 km² (Platz 41 von 97)
Einwohner: 8019 (Platz 84 von 97)
Bevölkerungsdichte: 877 Einwohner pro km² (Berlin gesamt: 4323/km²)
Durchschnittsalter: 45,8 (Berlin gesamt: 42,7)

Verkehrsanbindung: S-Bahn (Linien S8, S46, S85), Tram (Linie 68), Bus (diverse Linien), Fähre (Linie F12 nach Köpenick)

Leute: Stefan Heym (Schriftsteller, lebte nach seiner Rückkehr aus den USA in der Nachkriegszeit in der Rabindranath-Tagore-Str. 9), Eberhard Panitz (Schriftsteller, lebt seit 1960 in Grünau)

Sehenswürdigkeiten: Regattastrecke (Austragungsort für Ruder- und Kanuwettbewerbe, angelegt Ende des 19. Jhdts., Tribüne an der Regattastr. 211), Tramlinie 68 (vom S-Bahnhof Grünau durch den Wald und am Dahme-Ufer entlang bis nach Schmöckwitz), Bürgerhaus (Sitz des Ortsvereins Grünau, Regattastr. 141/Wassersportallee 34), Riviera und Gesellschaftshaus Grünau (Ausflugslokale des späten 19. Jhdts., beide ungenutzt, Umwandlung in Seniorenwohnheim geplant, Regattastr. 161/167), Funkhaus Grünau (expressionistischer Backsteinbau von 1930, in der Nachkriegszeit Sendezentrale des DDR-Rundfunks, heute ungenutzt, Regattastr. 277)

Museen und Galerien: Wassersportmuseum (Geschichte des Berliner Wassersports, Regattastr. 191)

Grünste Ecke: Dahme-Ufer, Grünauer Forst

Gute Kneipe: Western-Restaurant Richtershorn (Sportpromenade 15)

Kalauer-Friseur: Haarmony (Regattastr. 48)

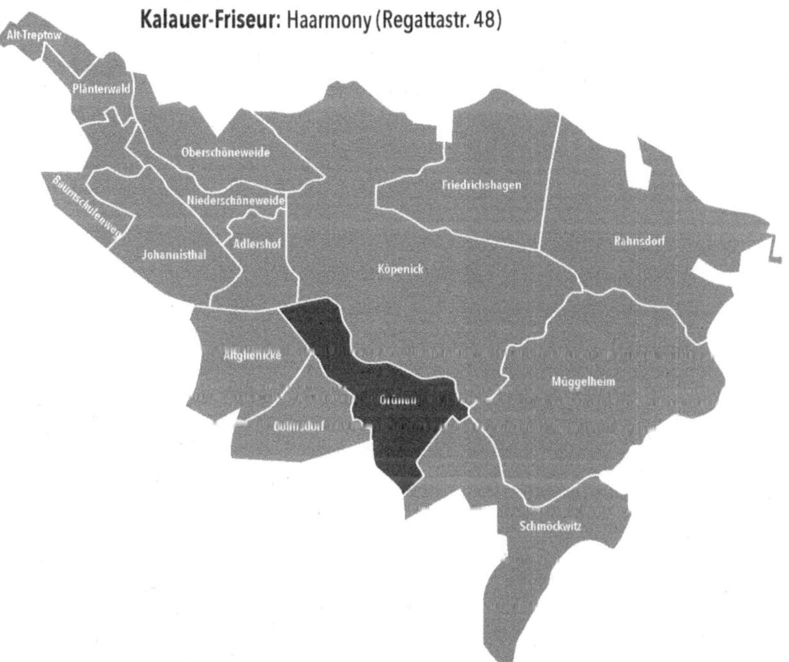

JOHANNISTHAL

Wo die erste Pilotin abhob

Es gibt Ortsteile, in die man sich auf den ersten Blick verliebt, weil sie rund um ihre U-Bahnhöfe und sonstigen Zugangswege besonders hübsch sind. Johannisthal gehört nicht dazu. Ich verließ den Südwestausgang der S-Bahn-Station Schöneweide und stand vor dem vermüllten Wendegleis einer Tram-Endhaltestelle. Vorbei an windschiefen DDR-Garagen, tristen Imbissbuden und einer City-Toilette überquerte ich den grauen Bahnhofsvorplatz. Als ich die sechsspurige Betonschlucht des Sterndamms erreichte, war ich mit Johannisthal innerlich fertig.

Es gibt Ortsteile, von denen man auf den zweiten Blick enttäuscht ist, weil sie jenseits des hübschen ersten Eindrucks immer langweiliger werden. Johannisthal gehört nicht dazu. Kaum war ich vom Sterndamm in eine Seitenstraße abgebogen, entdeckte ich die erste von mehreren alten Reihenhaussiedlungen, die so verblüffend unberlinisch wirkten, dass ich mich in eine andere Stadt versetzt wähnte – einen unbekannteren Teil von London vielleicht. Staunend lief ich durch die List- und die Weststraße, den Eibenweg und den Breiten Weg, bis ich in der Oststraße meine Neugier nicht mehr zügeln konnte und zwei Männer ansprach, die sich an einem Gartenzaun unterhielten.

«Entschuldigung», rief ich, «was ist denn das für eine Siedlung?»

«Das», sagte einer, «ist das Negerdorf.»

Bei der Erklärung des Namens waren sich die Nachbarn nicht ganz einig. Es habe hier einst einen Kohlenhändler gegeben, sagte einer, weshalb die Straßen und die nackten Füße der spielenden Kinder oft schwarz von Kohlenstaub gewesen seien. Unsinn, sagte der andere – die Siedlung sei gebaut worden, als Deutschland nach dem Ersten Weltkrieg seine Kolonien verlor und man Wohnraum für die rückkehrenden Verwaltungsbeamten brauchte. Manche der Zuzügler hätten afrikanische Bedienstete mitgebracht – ein seltener Anblick im damaligen Berlin, daher der Name. Er selbst, erzählte der Mann, habe bei Umbauten am Dach seines Hauses Bretter entdeckt, auf denen der Schriftzug «Swakopmund» eingebrannt war, der koloniale Name einer Stadt in Westnamibia.

Ansonsten kann man in Johannisthal das Ruinengelände des einstigen «VEB Kühlautomat Berlin» bestaunen, dessen Industriehallen in stiller Schönheit vor sich hin bröckeln. Oder man kann der Frage nachgehen, was im Antlitz und Gedächtnis einer Stadt langfristig mehr Spuren hinterlässt: Filmateliers oder Flughäfen. Beides gab es hier mal, beides gibt es heute nicht mehr. Vom Flugplatz Johannisthal, wo einst Deutschlands legendäre erste Pilotin Melli Beese abhob, ist ein riesiger, dem Tempelhofer Feld nicht unähnlicher Park geblieben. Auch geblieben sind Straßennamen wie Segelfliegerdamm, Sportflieger- und Pilotenstraße, Fokker-, Junkers- und Melli-Beese-Straße. Geblieben ist schließlich das wissende Nicken, mit dem hier alle reagieren, die man nach dem alten Flugplatz fragt.

Von den Johannisthaler Filmstudios dagegen, wo in Berlins goldenen Zwanzigern Fritz Lang «Dr. Mabuse» drehte und Friedrich Wilhelm Murnau «Nosferatu», scheint kein Gebäude, kein Straßenname und kaum eine Spur im Gedächtnis der Johannisthaler geblieben zu sein. Wen ich auch fragte, alle zuckten gleichgültig mit den Schultern.

***

Gefühlte Mitte: Rathaus
Sektorenzugehörigkeit bis zur Wiedervereinigung: Sowjetisch (Ost-Berlin)
Fläche: 7,0 km² (Platz 54 von 97)
Einwohner: 21 024 (Platz 55 von 97)
Bevölkerungsdichte: 3015 Einwohner/km² (Berlin gesamt: 4323/km²)

Durchschnittsalter: 44,7 (Berlin gesamt: 42,7)

Verkehrsanbindung: Regionalbahn (Bahnhof Schöneweide), S-Bahn (Linien S8, S9, S45, S46, S47, S85), Tram (diverse Linien), Bus (diverse Linien)

Leute: Melli Beese (erste deutsche Pilotin, erlernte ab 1910 auf dem Flugplatz Johannisthal das Fliegen und eröffnete dort 1912 eine eigene Flugschule), Gregor Gysi (Linke-Politiker, aufgewachsen in Johannisthal)

Sehenswürdigkeiten: Kolonialbeamtensiedlung (Reihenhaussiedlung im Gartenstadtstil, gebaut nach dem Ersten Weltkrieg, Am Alten Fenn/Oststr./Weststr./Breiter Weg), VEB Kühlautomat Berlin (historisches Industrieareal, zu DDR-Zeiten genutzt zur Produktion von Kühlgeräten, heute Ruine, Segelfliegerdamm/Groß-Berliner Damm), Villa Melli Beese (ehemaliges Wohnhaus der Pilotin, heute sozialpädagogisches Zentrum, Sterndamm 84)

Museen und Galerien: Museum Treptow (Regionalgeschichte, im ehemaligen Rathaus Johannisthal, Sterndamm 102)

Grünste Ecken: Landschaftspark Johannisthal, Königsheide

Gute Kneipe: Segelfliegerklause (Segelfliegerdamm 89)

Kalauer-Friseure: Pro Kopf Style (Sterndamm 45), Löwenmähne (Preußenallee 42)

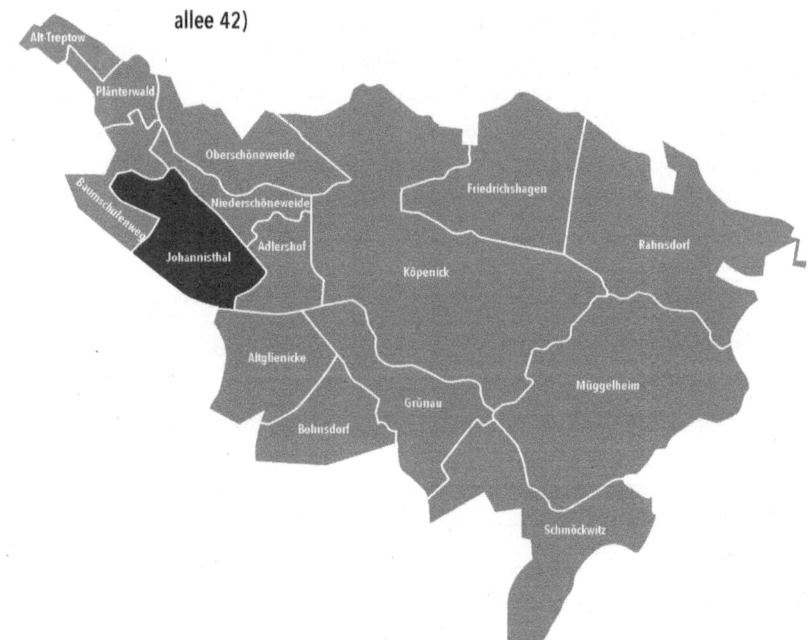

KÖPENICK

Wo Hochstapler Helden sind

Der Hauptmann stand in einem Meer aus Blüten. Jedes Mal, wenn ein frisch verheiratetes Brautpaar das Rathaus verließ, regneten neue Rosen- und Tulpenblätter auf den Bronzeoffizier vor der Eingangstreppe. Ich sah zu, wie eine Hochzeitsgesellschaft nach der anderen neben der Statue stehen blieb, um sich mit dem berühmtesten Köpenicker aller Zeiten fotografieren zu lassen.

Friedrich Wilhelm Voigt hieß der Schuhmacher, der sich 1906 mit einer Hauptmannsuniform aus Trödelbeständen den Gehorsam der halben Stadt ertrickste. Von der Straße weg rekrutierte er einen Trupp Soldaten und dirigierte ihn zum Rathaus Köpenick, wo er den Bürgermeister verhaften und sich alle Geldbestände aushändigen ließ. Niemand kam auf die Idee, ihn aufzuhalten. Als der Hochstapler wenige Tage später gefasst wurde, lachte bereits die halbe Welt über die uniformgläubigen Preußen. «Kein Volk der Erde macht uns das nach», soll Kaiser Wilhelm II. gesagt haben, als ihm von der Köpenickiade berichtet wurde.

Während ich durch Berlins größten Ortsteil lief, versuchte ich mir vorzustellen, was ein Mensch vom Schlage Voigts hier heute alles anstellen könnte. Im Schiedsrichteroutfit könnte er in der Alten Försterei auftauchen und dem 1. FC Union in einem verloren geglaubten Spiel den Sieg herbeipfeifen. Er könnte als Makler posieren und die reichen Wassersportliebhaber foppen, die es auf der Suche nach ufernahen Baugrundstücken nach Köpenick zieht. Mit einem Umzugswagen könnte er vor dem Köpenicker Schloss vorfahren und dem verdutzten Personal erklären, dass er die Möbel des Regierenden Bürgermeisters vorbeibringe – schließlich sei Köpenick (urkundliche Ersterwähnung: 1209) älter als Berlin (1237), weshalb das Stadtoberhaupt ab jetzt hier residiere.

Am Ende meiner Köpenick-Tour landete ich in der «Gardestube», einer kleinen Kneipe hinter dem Rathaus. Das Grammophon spielte eine kratzige Schellackplatte: «Am Sonntag geh'n wir beide aus, und abends bring' ich dich nach Haus', wie's weitergeht, verrat' ich nicht, darüber, Liebling, spricht man nicht ...»

Eine Schaufensterpuppe in Hauptmannsuniform lehnte an der Wand. Am Tisch daneben saß eine alte Dame, die mir einen Stuhl anbot. Gemeinsam aßen wir Grünkohl mit Pinkel und redeten über das Leben in Köpenick, wo die Dame seit ihrer Geburt vor mehr als 80 Jahren lebte. Zu DDR-Zeiten war sie Bibliothekarin in der Betriebsbücherei des riesigen Narva-Glühlampenkombinats an der Warschauer Straße gewesen. Als das Werk nach der Wende abgewickelt wurde, hatte sie keine Arbeit mehr gefunden. Es schmerzte sie bis heute.

Plötzlich wusste ich, wie meine persönliche Köpenickiade aussehen würde. In Schwarz gekleidet und mit einem Ring im linken Ohr würde ich meine Köpenicker Freundin ins Direktionsbüro der Staatsbibliothek Unter den Linden schleifen. «Schönen guten Tag», würde ich der Wessi-Chefin ins Gesicht rufen, «Klaus Lederer, Kultursenator! Darf ich Ihnen Ihre Nachfolgerin vorstellen? Neue Diversitätsleitlinie, Sie wissen schon: Verjüngung durch Reife. Ach was, noch nicht zu Ihnen durchgedrungen? Halb so wild, für Sie haben wir auch was Schönes – das Jobcenter Köpenick hat eine Hausbibliothek, da sind Sie ab morgen der Boss!»

* * *

Gefühlte Mitte: Rathaus

Sektorenzugehörigkeit bis zur Wiedervereinigung: Sowjetisch (Ost-Berlin)

Fläche: 34,9 km^2 (Platz 1 von 97)

Einwohner: 69 425 (Platz 17 von 97)

Bevölkerungsdichte: 1992 Einwohner/km^2 (Berlin gesamt: 4323 Einwohner/km^2)

Durchschnittsalter: 46,1 (Berlin gesamt: 42,7)

Verkehrsanbindung: S-Bahn (Linien S3, S47), Tram (diverse Linien), Bus (diverse Linien), Fähre (Linie F12 nach Grünau)

Leute: Friedrich Wilhelm Voigt (Hochstapler, Anfang des 20. Jhdts. bekannt geworden als Hauptmann von Köpenick), Romano (Musiker, eigentlich Roman Geike, geboren 1977 in Köpenick, bekannt geworden mit der Rap-Hymne «Köpenick»)

Sehenswürdigkeiten: Rathaus (neogotischer Verwaltungsbau von 1905, Alt-Köpenick 21), Hauptmannsdenkmal (Statue des Hochstaplers Friedrich Wilhelm Voigt, vor dem Rathaus Köpenick, Alt-Köpenick 21), Schloss Köpenick (Barockschloss des 17. Jhdts., Schlossinsel 1), Kietz (Fischerdorf mit mittelalterlichen Ursprüngen, am Dahme-Ufer entlang der Straße Kietz), Palais Anderson (barocke Stadtvilla von 1760, Alt-Köpenick 15), Alte Försterei (Fußballstadion, Heimspielstätte des 1. FC Union Berlin, An der Wuhlheide 263), Sender Köpenick (Kurz- und Mittelwellensendeanlage von 1952, heute Ruine, im Wald nahe der Siedlung Uhlenhorst), Müggelturm (Aussichtsplattform auf den Müggelbergen, Str. zum Müggelturm 1)

Theater: Schloßplatztheater (Familientheater, Alt-Köpenick 31), Stadttheater Cöpenick (Boulevard, Köpenzeile 117), Zilles Stubentheater (Inszenierungen rund um den Milieumaler Heinrich Zille, Jägerstr. 4)

Museen und Galerien: Museum Köpenick (Regionalgeschichte, Alter Markt 1), Hauptmannmuseum (Ausstellung zu Friedrich Wilhelm Voigt und seiner Köpenickiade, im Rathaus Köpenick, Alt-Köpenick 21), Kunstgewerbemuseum (Inneneinrichtungen aus Renaissance, Barock und Rokoko, im Schloss Köpenick, Schlossinsel 1), Gedenkstätte Köpenicker Blutwoche (Ausstellung zum SA-Terror gegen 500 NS-Gegner im Juni 1933, Puchanstr. 12)

Grünste Ecken: Bellevuepark, Volkspark, Neue Wiesen, Müggelberge, Köpenicker Forst, Mittelheide

Gute Kneipe: Gardestube (Rosenstr. 3)

Kalauer-Friseur: Maria's Haarspree (Grünstr. 10)

Ortsteilhymnen: Der Hauptmann von Köpenick (Drafi Deutscher, 1968), Köpenick (Romano, 2015)

MÜGGELHEIM

Wo sich Ost und West begegnen

Am nordwestlichen Ende des Müggelheimer Dorfangers steht eine Gedenktafel: «Müggelheim: Am 1. Juni 1747 von 20 Familien aus Odernheim/Pfalz gegründet.» Irgendwie versetzte mich dieser kurze Text in Western-Stimmung. Ich sah die pfälzischen Siedler vor mir, wie sie, Wind und Wetter trotzend, unbeirrbar gen Osten zogen, in Planwagen, dem Ruf eines preußischen Sheriffs folgend, der ihnen das Blaue vom märkischen Himmel versprochen hatte.

Am gegenüberliegenden Ende des Dorfangers, dem südöstlichen, steht ein zweites Denkmal. Auf dem Stein ist zu lesen: «Dem Begründer der Internationalen Erdmessung: Johann Jacob Baeyer aus Müggelheim.» Ein stilisierter Erdball zeigt das Netz aus Längen- und Breitengraden, das Baeyer als Mitentwickler der europäischen Geodäsie entscheidend prägte – seine Ideen eroberten vom märkischen Osten aus den Westen.

Während ich weiter durch Müggelheim lief, vorbei an niedrigen Einfamilienhäusern unter stattlichen Kiefern, machte ich mir Gedanken über den Westen und den Osten, Gedanken, wie sie einen in Berlin so oft beschäftigen, geosoziale Gedanken sozusagen. Bis ich plötzlich vor einem Schild mit der Aufschrift «Downtown Garage & Motel» stand. Ein dicker alter Chevy-Pick-up parkte vor dem Eingang. Neugierig betrat ich das Werkstattgelände.

Drinnen lernte ich zwei West-Enthusiasten kennen, die es kurz nach dem deutschen Ost-Ende zum ersten Mal nach Kalifornien verschlagen hatte. «Entweder man liebt det oder nich», erklärte mir Antje Werbelow. Die beiden liebten es, weshalb Christian Blaudschuk, der schon in der DDR an Autos geschraubt hatte, bald klassische amerikanische Achtzylinder nach Müggelheim importierte, imposante Muscle Cars, wie sie in der Downtown Garage heute den Innenhof füllen. Seine Frau richtete dazu ein Motel mit sechs unterschiedlich ausstaffierten Themenzimmern ein, vom California Room bis zum Route 66 Room, in denen nun Motorfreaks aus der ganzen Region übernachten, während nebenan ihre Wagen gepflegt werden. Ein Diner, in dem zu Countryklängen voluminöse Burger serviert werden, komplettiert das Ensemble.

Plötzlich fielen mir die Line-Dancer ein, denen ich ein paar Monate zuvor in einem Western-Restaurant in Grünau beim Üben zugesehen hatte, und der Grillmeister, der mir in der Barbecue-Kantine des Heinersdorfer Industriegebiets begegnet war, und all die anderen US-Begeisterten in den ehemaligen DDR-Ortsteilen. Nach der Wende muss durch den Osten eine irre Welle der West-Euphorie geschwappt sein.

Östlich des Müggelheimer Dorfkerns entdeckte ich dann noch einen verwunschenen kleinen Waldsee namens Krumme Lake – nicht zu verwechseln mit der Krummen Lanke am gegenüberliegenden Ende der Stadt. Als ich von dort aus schließlich zurück in Richtung Dorfanger lief, kam ich noch einmal am Denkmal für den Geodäten Baeyer vorbei. Auf dem Globus, der den Gedenkstein krönt, ließ ich meinen Finger über die Breitengrade gleiten. Folgt man ihnen nur weit genug nach Osten, landet man irgendwann wieder auf der anderen Seite des Erdballs, im Westen.

* * *

Gefühlte Mitte: Dorfanger
Sektorenzugehörigkeit bis zur Wiedervereinigung: Sowjetisch (Ost-Berlin)
Fläche: 22,2 km² (Platz 5 von 97)
Einwohner: 6970 (Platz 86 von 97)

Bevölkerungsdichte: 314 Einwohner/km² (Berlin gesamt: 4323 Einwohner/km²)
Durchschnittsalter: 48,4 (Berlin gesamt: 42,7)
Verkehrsanbindung: Bus (Linien 169, 369), Fähre (Linien F21 nach Schmöckwitz, F23 und F24 nach Rahnsdorf)

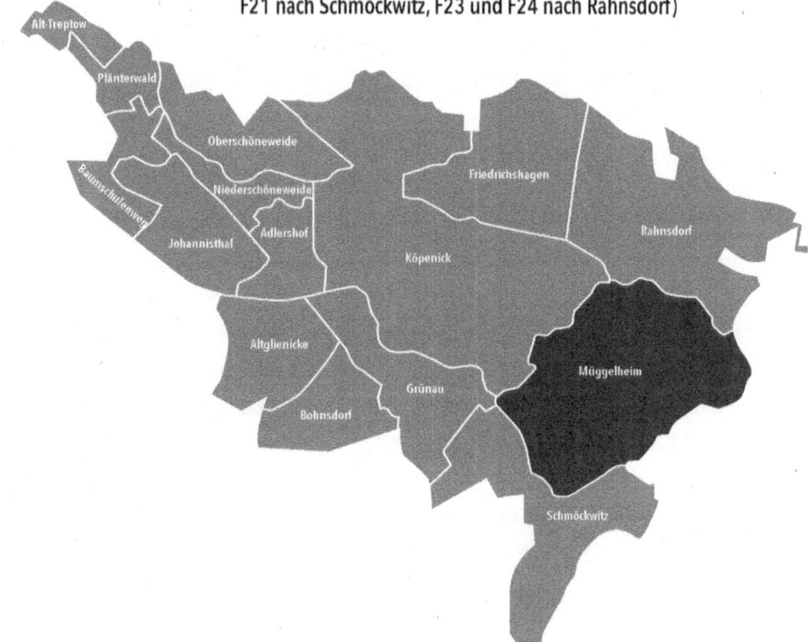

Leute: Johann Jacob Baeyer (Geodät, Mitbegründer der europäischen Gradmessung, geboren 1794 in Müggelheim), Curt Grottewitz (Schriftsteller, eigentlich Max Curt Pfütze, ließ sich 1891 als Landwirt in Müggelheim nieder und begründete mit seinen Werken über das Verhältnis von Natur und Mensch die Arbeiter-Wanderbewegung)

Sehenswürdigkeiten: Dorfanger (historisches Ortsteilzentrum mit klassizistischer Dorfkirche von 1804, Alt-Müggelheim), Gedenktafel für die böhmischen Gründer von Müggelheim (auf dem Dorfanger, Alt-Müggelheim), Denkmal für den Geodäten Johann Jacob Baeyer (auf dem Dorfanger, Alt-Müggelheim), Wohnhaus des Schriftstellers Curt Grottewitz (Alt-Müggelheim 15)

Museen und Galerien: Heimatmuseum (Regionalgeschichte, im Haus des Heimatvereins, Alt-Müggelheim 21)

Grünste Ecken: Müggelspreewiesen, Gosener Wiesen, Seddinsee, Große Krampe, Krumme Lake

Gute Kneipe: Downtown Diner (Müggelheimer Damm 267)

NIEDERSCHÖNEWEIDE

Wo die Wagen südwärts rollen

An der Köpenicker Landstraße blieb ich vor einer umzäunten Asphaltfläche stehen, die dicht mit Autos zugeparkt war. Neben der Einfahrt hockten ein paar Männer mit dunklen Bärten, die mir energisch zuwinkten. «Hast du was?», fragten sie, als ich näherkam. «Was hast du?» Es dauerte etwas, bis ich begriff, dass sie fragten, ob ich ein Auto loswerden wolle. Sie waren Palästinenser und handelten mit Gebrauchtwagen. «Export», erklärten sie mir. «Afrika.»

Eine Weile hörte ich den Händlern zu, die untereinander ein schnelles, hartes Arabisch sprachen, durchsetzt mit internationalen Markennamen: «Focus! … Jetta! … Punto!» Autos mit Berliner Nummernschildern rollten auf den Hof, Autos ohne Nummernschilder wurden sattelschlepperweise herausgerollt, um fern der Heimat ein zweites Leben zu beginnen. Ich hatte das Gefühl, mitten in Niederschöneweide auf ein städtisches Geheimportal gestoßen zu sein.

Niederschöneweide bestand, wie der Name schon sagt, einst aus Weideland. Die Wiesen wichen Teerern, Köhlern, Bleichern und Färbern, die sich am Spreeufer niederließen, gefolgt von jenen Industriebetrieben, die hier bis heute das Bild prägen, auch wenn manche nichts mehr produzieren, so wie die riesige Bärenquell-Brauerei, deren verklinkerte Werkhallen pittoresk vor sich hin bröckeln.

Weniger pittoresk sind die Baracken an der Britzer Straße, in denen zu NS-Zeiten Zwangsarbeiter untergebracht waren, streng sortiert nach Herkunft: Relativ human behandelt wurden die Westeuropäer, wie Vieh dagegen die Slawen. Ein Teil dieses einzigen erhaltenen Lagers seiner Art ist heute als Dokumentationszentrum zugänglich. Lange lief ich durch die Ausstellungsräume. Zitate von Zeitzeugen aus Niederschöneweide verdeutlichten, wie kontrovers das Lager hier offenbar gesehen worden war. «Es war verboten, sich am Zaun aufzuhalten. Kein Kontakt.» – «Die Bewohner haben mit ihren Kindern hier auf dem Spielplatz gespielt, die waren doch gar nicht eingesperrt.» – «Ich bin da fast nie vorbeigegangen.» – «Unseren Dackel haben die Italiener gefressen.»

Sieben Lagerbaracken gehören heute zum Dokumentationszentrum. In den übrigen fünf sitzen ein Autohändler, eine Kfz-Werkstatt, eine Kita, eine Sauna sowie die Kegelsportgaststätte «Völkerfreundschaft». In Letzterer bestellte ich mir ein Alster und kam mit dem Wirt ins Gespräch. Er erklärte mir, dass die Kegelkneipe die älteste ihrer Art in Berlin sei. «Gegründet 1956», sagte er stolz.

Als ich nach der Zeit davor fragte, verfinsterte sich sein Gesichtsausdruck. «Da wird nicht alles korrekt dargestellt», sagte er andeutungsreich. Es ging so weiter, wie ich befürchtete: Zwangsarbeiterlager, das klinge ja gleich nach KZ, dabei hätten sich doch die Fremdarbeiter («Fremd, nicht Zwang!») hier frei bewegen können, sie seien ernährt und medizinisch versorgt worden, «ungefähr so wie heute die Flüchtlinge» … Ich formulierte Einwände, aber wir fanden keine gemeinsame Sprache. Mein Alster war nicht einmal halb leer, und schon hatten wir uns in eine Sackgasse diskutiert.

Kurz bevor ich ging, blieb mein Blick an einem bedruckten Bierdeckel hängen, der an der Kneipenwand klebte. «Der Weltfrieden», stand darauf, «beginnt am Tresen und endet vor der Türe.»

* * *

Gefühlte Mitte: Schnellerstraße

Sektorenzugehörigkeit bis zur Wiedervereinigung: Sowjetisch (Ost-Berlin)

Fläche: 3,0 km² (Platz 85 von 97)

Einwohner: 14 335 (Platz 70 von 97)

Bevölkerungsdichte: 4731 Einwohner/km² (Berlin gesamt: 4323 Einwohner/km²)

Durchschnittsalter: 40,4 (Berlin gesamt: 42,7)

Verkehrsanbindung: Regionalbahn (Bahnhof Schöneweide), S-Bahn (Linien S8, S9, S45, S46, S47, S85), Tram (diverse Linien), Bus (diverse Linien)

Leute: John Blackburn (britischer Tuchfabrikant aus Yorkshire, gründete in Niederschöneweide 1869 eine Wollwarenfabrik am Spreeufer, die bis in die DDR-Ära in Betrieb blieb), Ernst Schneller (kommunistischer Reichstagsabgeordneter, ermordet 1944 im KZ Sachsenhausen, lebte in den 1920er und 1930er Jahren in der heute nach ihm benannten Schnellerstraße)

Sehenswürdigkeiten: Kaisersteg (Fußgängerspreequerung von Nieder- nach Oberschöneweide, Neubau von 2007 als Ersatz für die im Zweiten Weltkrieg von der SS gesprengte Eisenfachwerkbrücke, die 1898 als Fußüberweg für Arbeiter des AEG-Werks gebaut worden war), Bärenquell-Brauerei (neogotischer Backsteinindustriekomplex, gebaut im späten 19. und frühen 20. Jhdt., heute Ruine, Schnellerstr. 136), Friedenskirche (expressionistischer Backsteinsakralbau von 1930, Britzer Str. 3)

Museen und Galerien: Dokumentationszentrum NS-Zwangsarbeit (Ausstellung auf dem Gelände der ehemaligen Zwangsarbeiterbaracken, Britzer Str. 5)
Grünste Ecke: Spreeufer
Kalauer-Friseure: Hair Comet (Schnellerstr. 30), Pro Kopf Style (Sterndamm 7)

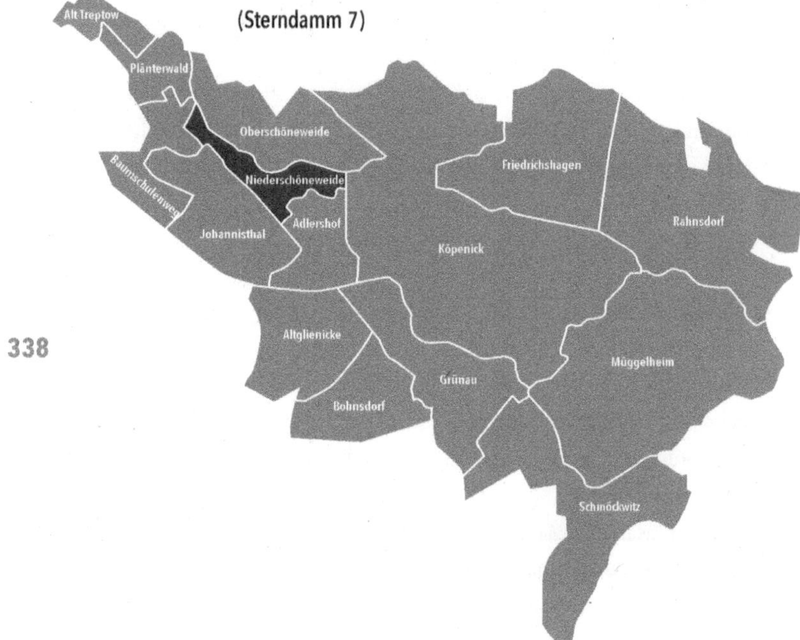

OBERSCHÖNEWEIDE

Wo der Strom in Strömen floss

Oberschöneweide war mal der größte Industriestandort Europas. Klingt unglaublich, steht aber mit genau diesen Worten auf einer Ortsteilinfotafel neben dem Anlegesteg der BVG-Fähre, die von Plänterwald quer über die Spree nach Oberschöneweide tuckert (Fahrzeit zwei Minuten, Tarif Kurzstrecke). Ich blieb lange vor der Tafel stehen und ließ mir die Wörter auf der Zunge zergehen: größter … Industriestandort … Europas.

Gut, das ist ein Weilchen her. «Elektropolis» wurde Berlin um die Wende vom 19. zum 20. Jahrhundert genannt, als die Stadt im Bereich Elektroindustrie weltweit führte. Zu verdanken war es Unternehmerpionieren wie dem AEG-Gründer Emil Rathenau, die das Spreeufer im Südosten der Stadt mit gigantischen Drehstromwerken und Akkumulatorenfabriken zubauten. Ein paar Jahre lang war Oberschöneweide tatsächlich so etwas wie das Hauptstromaggregat der elektrisierten Welt.

Dann zogen zwei Weltkriege dem Ortsteil den Stecker, und als mit dem Untergang der DDR-Industrie der finale Kurzschluss kam, ging in den Klinkerhallen am Spreeufer wortwörtlich das Licht aus. Nie dürfte Oberschöneweides vielzitierter Spitzname angemessener gewesen sein als in den oberschweineöden Nachwendejahren.

Gut, auch das ist jetzt ein Weilchen her. Obwohl von den spektakulären Industriebauten am Spreeufer keiner mehr seinem ursprünglichen Zweck dient, fand ich die labyrinthischen Werkhöfe entlang der Wilhelminenhofstraße voller Leben vor. Unzählige Handwerksbetriebe haben sich in den weitläufigen Hallen niedergelassen, dazu Fitness-, Yoga-, Kampfsport- und Tattoostudios, Billardsalons, Supermärkte, Sozialberatungen, Kinos, nicht zuletzt ein Carrera-Bahn-Stammtisch, den ich gerne besucht hätte, wenn er denn gerade getagt hätte.

Und dann sind da noch die Künstler. Von ihnen erzählte mir in den Reinbeckhallen ein Galerist mit schwarzen Klamotten und weißer Haarmähne, ein silberzüngiger, um keine philosophische Phrase verlegener Typ, wie man ihn sonst eher in Mitte antrifft. Ob ich gehört habe, fragte er, dass sich nur ein paar Räume weiter gerade die berühmte Jorinde Voigt ein Atelier einrichte? Dass fast daneben Ólafur Elíasson ein Fabrikgebäude umbauen lasse? Dass schräg gegenüber demnächst Alicja Kwade einziehe, in den Industriebau, den vor ein paar Jahren der Rockstar Bryan Adams gekauft habe, um hier seinem Nebenberuf nachzugehen, der Fotografie? Dass überhaupt die ganze Gegend nur so brumme?

Mir schwirrte der Kopf, während der Galerist mir in schwindelerregenden Superlativen den Aufstieg Oberschöneweides zum internationalen Top-Kunststandort ausmalte. Es klang, als werde der Ortsteil bald erneut die Welt elektrisieren, wie er es in einem anderen Jahrhundert schon einmal getan hatte.

Die Ernüchterung setzte erst ein, als ich bei «Dieter's Imbiss» am Rathenauplatz weichgekochte Spiralnudeln mit Tomatensauce aß und den Verlierern der Deindustrialisierung zusah, die hier schon mittags mit ihren Bierflaschen die Parkbänke besetzen. Dieter, der Imbissmann, sah mich überrascht an, als ich ihn fragte, was Oberschöneweide so zu bieten habe. «Nüscht», sagte er. «Nur Säufer.»

* * *

Gefühlte Mitte: Wilhelminenhofstraße
Sektorenzugehörigkeit bis zur Wiedervereinigung: Sowjetisch (Ost-Berlin)
Fläche: 8,2 km^2 (Platz 45 von 97)
Einwohner: 24 934 (Platz 51 von 97)
Bevölkerungsdichte: 3045 Einwohner/km^2 (Berlin gesamt: 4323 Einwohner/km^2)
Durchschnittsalter: 37,7 (Berlin gesamt: 42,7)
Verkehrsanbindung: Regionalbahn (Bahnhof Schöneweide), S-Bahn (Linien S3, S8, S9, S45, S46, S47, S85), Tram (diverse Linien), Bus (diverse Linien), Fähre (Linie F11 nach Baumschulenweg und Plänterwald)
Leute: Emil Rathenau (Industrieller, expandierte mit seinem Elektrokonzern AEG ab dem späten 19. Jahrhundert nach Oberschöneweide, begraben auf dem Waldfriedhof Oberschöneweide), Bryan Adams (kanadischer Musiker und Fotograf, richtete sich 2013 ein Fotostudio in einer umgebauten AEG-Halle in Oberschöneweide ein)
Sehenswürdigkeiten: Industriebauten am Spreeufer (diverse Werkhallen des späten 19. und frühen 20. Jhdts., an der Wilhelminenhofstr. zwischen Siemensstr. und Ostendstr.), Behrensbau (neoklassizistisches AEG-Werk

des Architekten Peter Behrens von 1917, Ostendstr. 1), Funkhaus Nalepastraße (moderner Studiokomplex, gebaut in den 1950er Jahren, bis 1990 Sitz des DDR-Rundfunks, heute gemischter Tonstudio- und Konzertbetrieb, Nalepastr. 18), Hochschule für Technik und Wirtschaft (Lehr- und Forschungseinrichtung auf dem Gelände des ehemaligen AEG-Kabelwerks Oberspree, Wilhelminenhofstr. 75A), Freizeit- und Erholungszentrum FEZ Wuhlheide (zu DDR-Zeiten Pionierlager, heute Erlebnispark mit Frei- und Hallenbad, Freilichtkonzertbühne, Stadion, Modellpark, Streichelzoo, Kletterwald und Parkeisenbahn, Straße zum FEZ 2)

Museen und Galerien: Industriesalon Schöneweide (Ausstellung zur örtlichen Industriegeschichte, Reinbeckstr. 9), Reinbeckhallen (Galerie für Gegenwartskunst mit Ateliers und Werkstätten, Reinbeckstr. 17)

Grünste Ecke: Wuhlheide

PLÄNTERWALD

Wo die Saurier trauriger sind

Plänterwalds berühmteste Sehenswürdigkeit liegt auf dem Rücken und bleckt ihre Kunststoffzähne in den Berliner Himmel. Sprayer haben ihren Bauch mit Tags verziert, aber was genau da steht, kann man aus der Ferne nicht lesen, ein hoher Zaun versperrt den Zugang. Wer vorbeiläuft, bleibt unwillkürlich stehen und starrt durch die Maschen. Tatsächlich – da liegt der letzte Dinosaurier der DDR.

Bekannt ist das Ding inzwischen offenbar im ganzen wiedervereinigten Deutschland. Am Rand des verwilderten Spreeparks kam ich mit zwei schwäbischen Rentnern ins Gespräch, die vergeblich versuchten, ihre Teleobjektive durch die Zaunmaschen zu quetschen. «Die Toura sen scho Monade im voraus ausbucht», klagten die beiden. «Mir hen ogrufa, aber koi Schongs.»

Am vergitterten Haupteingang waren ein paar Bauarbeiter dabei, einen Pavillon aufzustellen, der demnächst über den untergegangenen Vergnügungspark informieren soll. Einer von ihnen, ein Bär von einem Mann, erzählte mir mit überraschend furchtsamer Stimme, dass der Wind manchmal das alte Riesenrad in Bewegung setze, das Quietschen schrille dann durch den ganzen Park, sehr unheimlich sei das.

Plänterwald ist ein seltsam zersplitterter Ortsteil. Rund um die S-Bahn dominieren Kleingärten und Garagenzeilen. Im Nordwestzipfel, am Treptower Park, stehen Altbauten mit verwinkelten Höfen, in denen sich alternative Wohnprojekte niedergelassen haben – ein Zettel an einer Laterne schien mir den Geist des Kiezes gut zusammenzufassen: «Wir, 40 Jahre jung, friedvoll und naturverbunden, suchen eine Wohnung mit friedvollen Nachbarn … Herzlichen Dank und friedvolle Grüße! PS: Den Aushang entfernen wir der Umwelt zuliebe, sobald wir fündig geworden sind.»

Ansonsten besteht Plänterwald vor allem aus vierstöckigen DDR-Plattenbauten vom Typ Q3A, deren Bewohner hier in den 1950er Jahren ein- und bis heute nicht wieder ausgezogen sind, wie mir die Wirtin des Lokals «Jawoll!» in der Galileistraße erzählte. Nicht jeder habe zu DDR-Zeiten so nah an der Mauer leben dürfen, die Wohnungen wurden an verlässliche Bürger vergeben: Verwaltungsmitarbeiter, Lehrer, Journalisten, heute alle verrentet, aber nach wie vor prägend für den Ortsteil.

Die Wirtin selbst war in Eberswalde aufgewachsen, aber sie erinnerte sich gut an Schulausflüge in den Spreepark. Mit der S-Bahn fuhren die Klassen damals nach Plänterwald, und wenn die Schüler dort ausstiegen, konnten sie vom Hochgleis über die Mauer hinweg auf Neukölln herabsehen, bevor der Lehrer sie weiterscheuchte. «Eine völlig fremde Welt», erinnerte sich die Wirtin. «Ich war sicher, dass ich da niemals hinkommen würde.»

Vertrauter war ihr die Spreeparkwelt mit ihren damals noch aufrecht stehenden Sauriern, dem Riesenrad, der Achterbahn, dem Autoscooter. Besonders im Gedächtnis geblieben war der Wirtin die Geisterbahn. «Jedes Mädchen», erzählte sie, «träumte davon, einmal mit einem Prinzen da durchzufahren, der schützend den Arm um sie legt.»

Ich glaube, wenn mir das nächste Mal jemand erzählt, dass in der DDR nicht alles schlecht war, werde ich sofort eine Geisterbahn voller knutschender Teenager vor Augen haben.

* * *

Gefühlte Mitte: Lokal «Jawoll!»
Sektorenzugehörigkeit bis zur Wiedervereinigung: Sowjetisch (Ost-Berlin)
Fläche: 3,0 km² (Platz 86 von 97)
Einwohner: 11 397 (Platz 75 von 97)
Bevölkerungsdichte: 3781 Einwohner/km² (Berlin gesamt: 4323 Einwohner/km²)

Durchschnittsalter: 44,7 (Berlin gesamt: 42,7)

Verkehrsanbindung: S-Bahn (Linien S8, S9, S41, S42, S85), Bus (diverse Linien), Fähre (Linie F11 nach Oberschöneweide)

Lokalpromi: Norbert Witte (Schausteller, betrieb in der Nachwendezeit mit seiner Frau den Spreepark, floh nach dessen Insolvenz im Jahr 2001 mit einem Teil der Fahrgeschäfte nach Peru, scheiterte dort am Aufbau eines neuen Freizeitparks und wurde 2003 in Berlin verhaftet, nachdem er versucht hatte, im Gestänge seines Fahrgeschäfts «Fliegender Teppich» 167 Kilogramm Kokain von Peru nach Europa zu schmuggeln – inzwischen wieder auf freiem Fuß)

Sehenswürdigkeiten: Spreepark (angelegt 1969 als Kulturpark Berlin, nach der Wende abgewickelt, 1992 wiedereröffnet als Spreepark, seit Insolvenz im Jahr 2001 geschlossen und nur im Rahmen von Führungen zugänglich, Zukunft unklar, Kiehnwerderallee 1), Eierhäuschen (Ausflugslokal von 1892, seit der Wende geschlossen, Sanierung geplant, Kiehnwerderallee 1), Rathaus (Verwaltungsbau von 1910 im Stil der Neorenaissance, heute Sitz der Bezirksverordnetenversammlung und des Bezirksamts Treptow-Köpenick, Am Plänterwald 23)

Grünste Ecke: Plänterwald

Ortsteilhymne: Es war im Plänterwald (Frank Schöbel, 1977)

RAHNSDORF

Wo die rausten Stürme wüten

Ein altes Eisenkreuz steht vor der Dorfkirche von Rahnsdorf. Die eingeprägte Inschrift erzählt vom grausigen Ende eines Müggelseefischers. «Hier ruht in Gott Carl Ludwig Kahlenberg, geb. 9. Januar 1836, ertrank 9. Dezember 1863.» Und auf der Rückseite: «Das Wasser war mein Sterbebette / Am Abend war mein letzter Tag / Vergebens rief ich: rette! rette! / Weil niemand mich ertrinken sah / Da schlief ich dann in Angst und Pein / So nach und nach im Wasser ein.»

Während des Rests meiner Wanderung bekam ich einen Satz nicht aus dem Ohr, den ich vor Jahren bei Fontane gelesen hatte: «Die Müggel ist bös.»

Dabei wirkte der See an jenem Tag eher heiter. Auf dem Weg zum Dorfkern war ich am Strandbad Müggelsee vorbeigekommen, der wahrscheinlich einzigen Badestelle der Stadt, wo man sowohl vollverschleierte Migrantinnen als auch vollentschleierte Ossis antrifft – Erstere im Strandcafé, Letztere im FKK-Bereich. Draußen auf dem Wasser stritten sich Windsurfer und Segler brüllend um die Vorfahrt, am Strand hörten Teenager deutschen Arschloch-Rap, kurz: Es war ein Berliner Sommertag, wie er schöner nicht sein konnte.

Rund um die Dorfkirche aber erzählten gleich mehrere Gedenksteine Gruselgeschichten von verunglückten Fischern. «Der Müggelsee ist nicht ohne», bestätigte mir ein älterer Herr, dem ich im Inneren des Gotteshauses begegnete. Er stand auf einer langen Leiter und klaubte mit einer noch längeren Stange Spinnweben aus den Ecken. Seit fast 50 Jahren segelte er über den See, er kannte die plötzlich losbrechenden Stürme, die schon Fontane Angst eingejagt hatten. Wer die Müggel bezwungen hat, dachte ich, der balanciert auch unbekümmert auf Kirchenleitern.

Die Fischer, denen Rahnsdorf seine Existenz verdankt, sind fast komplett aus dem Ortsteil verschwunden, nur noch ein einziger befährt den See. Am Ufer betreibt er einen Imbiss, der leider nur am Wochenende geöffnet ist. Im Lokal «Neu-Venedig» dagegen gibt es nur importierten Meeresfisch aus der Kühltruhe, serviert von einer Kellnerin, deren Anblick mir bestätigte, was bei meinen Ortsteilwanderungen zur Regel geworden ist: Den tätowiertesten Menschen der Stadt begegnet man entweder ganz in der Mitte oder ganz am Rand.

Die von Kanälen durchzogene Wassersiedlung Neu-Venedig, in der das Lokal liegt, scheint trotz ihres weltläufigen Namens nicht die weltoffenste Ecke Berlins zu sein. «Suchst du was?», fragte mich ein finster dreinblickender Anwohner, als ich an seinem Garten vorbeilief. Ich verneinte. «Sieht aber so aus», knurrte er. «Weil du hier über jeden Zaun guckst.»

Ich beschleunigte meine Schritte, hörte aber nicht auf, über jeden Zaun zu gucken. Hundewarnschilder, Deutschlandflaggen und Buchsbaumhecken zogen an mir vorbei, dazwischen ein Kleinwagen mit der Heckscheibenaufschrift «Todesstrafe für Kinderschänder». Von anderen Berliner Einfamilienhausvierteln scheint sich Neu-Venedig eigentlich nur dadurch zu unterscheiden, dass viele Häuser hier nicht eine, sondern zwei Garagen haben: vorne fürs Auto, hinten fürs Motorboot.

Man sagt über Berlin gerne, dass die Stadt mehr Brücken habe als Venedig. Ich frage mich, was sich die Leute in Venedig so über Rahnsdorf erzählen.

* * *

Gefühlte Mitte: Fürstenwalder Allee / Ecke Seestraße

Sektorenzugehörigkeit bis zur Wiedervereinigung: Sowjetisch (Ost-Berlin)

Fläche: 21,4 km² (Platz 6 von 97)

Einwohner: 10 622 (Platz 78 von 97)

Bevölkerungsdichte: 495 Einwohner/km² (Berlin gesamt: 4323 Einwohner/km²)

Durchschnittsalter: 47,5 (Berlin gesamt: 42,7)

Verkehrsanbindung: S-Bahn (Linie S3), Tram (Linie 61), Bus (Linie 161), Fähre (Linien F23 und F24 nach Müggelheim)

Leute: Andreas Thamm (Fischer, betreibt die Müggelseefischerei mit Imbiss am Seeufer), Ingeborg Hunzinger (Bildhauerin, lebte und arbeitete von 1953 bis zu ihrem Todesjahr 2009 in Rahnsdorf)

Sehenswürdigkeiten: Dorfkirche (neoromanischer Sakralbau von 1888, mit Kirchhof und Fischergräbern, Dorfstr.), Müggelseefischerei (Fischereibetrieb mit Imbiss, Dorfstr. 13), Strandbad Müggelsee (Freibad mit denkmalgeschützten Eingangs- und Umkleidebauten von 1930, Fürstenwalder Damm 838), Neu-Venedig (Wohn- und Wassersportkolonie, angelegt 1926, an den Kanälen zwischen Fürstenwalder Allee und Müggelspree), östlichster Punkt Berlins (am Ufer des Flakensees, 52° 26′ 21″ N, 13° 45′ 47″ E)

Grünste Ecken: Seeufer, Dünenlandschaft Püttberge, Rahnsdorfer Forst

SCHMÖCKWITZ

Wo die Fische mager sind

Fontane war wenig beeindruckt von Schmöckwitz. Im vierten Teil seiner «Wanderungen» beschreibt er das Dorf 1882 als «öd und ärmlich». Die örtliche Kirche sei ein «trister Bau», der Gesamteindruck bestürzend: «Was hier so niederdrückend wirkte, war die Abwesenheit alles Freien und Selbständigen; die Armut kann poetisch sein, die Armseligkeit nie.»

Als sei das nicht genug, gibt Fontane den Schmöckwitzern noch ein paar Seitenhiebe mit, als er in den «Wanderungen» die faszinierende Geschichte des Fischers Kahnis erzählt. Dieser

«hatte eine junge Frau, eine Kossätentochter aus Schmöckwitz, die sehr blond und sehr hübsch war, viel hübscher, als man nach ihrem Geburtsort hätte schließen sollen». Als 1806 Napoleon mit seinen Truppen in Brandenburg einrückt, fürchtet Kahnis, die schmucken Franzosen könnten seiner Frau den Kopf verdrehen. Er siedelt darum mit ihr auf eine winzige Insel im Seddinsee um, unter einem Vorwand, den seine Frau ihm gutgläubig abnimmt, weil ihr Verstand «gerade die Höhe von Schmöckwitz hielt». Der Plan geht auf: Kein Franzose setzt je einen Fuß auf die Insel. Als Napoleons Truppen ein paar Jahre später wieder abziehen, haben sich der Fischer und seine Frau dort so gut eingerichtet, dass sie einfach bleiben. Auch als nach einem langen, glücklichen Eheleben die blonde Schmöckwitzerin stirbt, verlässt Kahnis die Insel nicht, von der ihn am Ende der Geschichte erst sein eigener Tod scheidet.

An dem Samstag, an dem ich Berlins südöstlichsten Ortsteil besuchte, wurde dort zufällig gerade ein Dorffest gefeiert. Ein Fischer verkaufte Räucherlachs aus Norwegen und Hering aus der Ostsee. Im Seddinsee und den übrigen Schmöckwitzer Gewässern, erklärte er mir, seien die Fische nicht fett genug zum

Räuchern. «Die taugen nur zum Braten oder Kochen.» Vielleicht, dachte ich, war Schmöckwitz deshalb so ärmlich, als Fontane das damalige Fischerdorf besuchte.

Auf einer Festbühne sangen ein paar Schmöckwitzer in gestreiften Fischerhemden Volkslieder. Davor war ein kleiner Bücherstand aufgebaut. Ein älterer Herr lenkte meine Aufmerksamkeit auf eine von ihm selbst verfasste Abhandlung über Fontane. «Eine Gegendarstellung», erklärte er mir – die Geschichte vom Fischer Kahnis sei nämlich gar nicht wahr. Gelebt habe auf der Insel im Seddinsee vielmehr ein alter Tunichtgut, der mit seiner Stieftochter neun uneheliche Kinder gezeugt habe. Der Fontane-Experte war ein sympathischer Mann, und seine Gegendarstellung kam mir nicht unplausibel vor, aber ich wurde den Verdacht nicht los, dass er die Fischergeschichte eher aus lokalpatriotischen Beweggründen in Zweifel ziehen wollte, weil damit auch dem Rest von Fontanes Schmöckwitz-Schmähungen der Ruch des Erfundenen anhing.

Bei einem Wassersportclub am Dahme-Ufer lieh ich mir ein altes DDR-Faltboot und paddelte damit durch den halben Seddinsee, bis ich in der Mitte die kleine Insel erreichte. Sie nennt sich heute Seddinwall und ist ein Campingplatz. Ich kam mit einem freundlichen Zeltgast namens Tom ins Gespräch, der hier schon seit den 1960er Jahren jeden Sommer verbrachte. Er versicherte mir, dass er in all der Zeit auf der Insel niemals auch nur einen einzigen Franzosen gesehen hatte.

* * *

Gefühlte Mitte: Dorfkirche
Sektorenzugehörigkeit bis zur Wiedervereinigung: Sowjetisch (Ost-Berlin)
Fläche: 17,1 km² (Platz 12 von 97)
Einwohner: 4582 (Platz 91 von 97)
Bevölkerungsdichte: 267 Einwohner/km² (Berlin gesamt: 4323/km²)

Durchschnittsalter: 47,9 (Berlin gesamt: 42,7)

Verkehrsanbindung: S-Bahn (Linien S8, S46), Tram (Linie 68), Bus (Linien 168, 733), Fähre (Linie F21 nach Müggelheim)

Leute: Horst Bosetzky (Krimiautor, geboren 1938, lebt in und schreibt über Schmöckwitz), Wolfgang Stadthaus (Regionalhistoriker, setzt sich in seiner Studie «Der Fischer von Kaniswall – Dichtung und Wahrheit» mit Fontanes Darstellung von Schmöckwitz auseinander)

Sehenswürdigkeiten: Dorfkirche (klassizistischer Sakralbau von 1799, Alt-Schmöckwitz), Seddinwall (Insel im Seddinsee), südlichster Punkt Berlins (im Zeuthensee, 52° 20′ 18″ N, 13° 38′ 52″ E)

Grünste Ecken: See- und Flussufer, Schmöckwitzer Forst

QUELLEN

Einwohnerzahlen, Flächenangaben, Bevölkerungsanteile nach Geschlecht, Herkunft, Familienstand und Durchschnittsalter: Amt für Statistik Berlin-Brandenburg, basierend auf Einwohnerregister, Stand 31. Dezember 2022. (Herzlichen Dank an Berlins freundlichste Statistikerin Sabine Stöckmann für die Recherchehilfe!)

Beliebteste Babynamen: Landesamt für Bürger- und Ordnungsangelegenheiten, meistvergebene erste Vornamen für neugeborene Mädchen und Jungen im Jahr 2022 nach Geburtsbezirk.

Alle sonstigen Angaben: Aktualisiert im April 2023.

Anmerkungen: In der Rubrik «Verkehrsanbindung» sind teils auch Haltestellen und Linien aufgelistet, die sich nicht im Ortsteil selbst, sondern in dessen unmittelbarer Nähe befinden.
Rechnerische Abweichungen von 100 in Prozentsummen sind Rundungen geschuldet.